GRAND STRATEGIES IN WAR AND PEACE

战争与和平的大战略

[美] 保罗 · 肯尼迪 Paul Kennedy
时殷弘　李庆四 译

世界知识出版社

国际关系学名著系列

本书译者

时殷弘　李庆四

总序

编译这套书，是我们多年的心愿。

二十多年前，中国国门打开。中国向世界开放，主要是向西方开放。西方的思想文化通过各种渠道涌入，这是中国近现代史上的又一次“西学东渐”。比起前几次“西学东渐”来，其规模和内容都扩大和丰富了许多。在众多的“西学”中，关于国际关系的西方学说占了一块相当突出的位置。这个现象很值得研究。追想前一次“西学东渐”，即上个世纪的“五·四”时期，很少有西方“国际关系学”进入中国。这与当时中国基本上还是听任列强宰割的国际地位有关。“救亡”都还来不及，何能奢谈“国际关系”？不过，尽管在那么困难的环境中，还是有一些介绍欧洲外交史的著作问世。武汉大学、北京大学、清华大学还专门开设了国际研究课程。

20世纪70年代末80年代初以来，“西学”中的国际关系学说得以在中国较大规模地传播，恐怕与美国的力量（亦可称其道“硬力量”和“软力量”的综合）和中美文化交流活跃这一现实有关。“西学”中的国际关系学说俨然就是美国的国际关系学说。“以美国为主”是这一次“西学东渐”的一大特色。

然而，美国并不是我们现在所接触的西方国际关系学说的发源地。三百多年前，在欧洲出现了近现代国际关系体系的基本框架时，美国尚未立国。北美还是英国的殖民地。稍后一些，当欧洲的一些思想家、政治家在构筑政治学和国际关系学说的一些基本理论时，美国还在忙于地理上的拓荒。当时美国人对世界的了解并不比闭关锁国的中国人多。

美国真正成为西方国际关系学说的重镇，其发展是在第一次世界大战结束以后。因为欧洲已不是国际政治的中心舞台。第一次世界大战的结果是这一中心舞台向欧洲的两侧转移。待到第二次世界大战结束之后，美国从欧洲“引进”了一批重量级的国际关系研究者和实践者，再辅之以雄厚的资金支持，“国际关系学”便在美国得到了真正的大发展。当然，这与美国的超级大国地位以及美国的全球战略需要有直接关系。这便是20多年前中国国门打开，又一次“西学东渐”时中国人面对的那种美国国际关系学派林立，文章汗牛充栋的蔚然大观。再到美苏“冷战”结束，美国成为唯一支配性的超级大国之后，其话语霸权在国际关系这一领域中就更加明显了。这一显然携带着巨大的历史惯性力量的现象，随着“全球化”，还在持续显现。

不过，于那些需要对世界有尽可能透彻了解的当代中国人，尤其是致力于学习国际关系的青年学子来说，要紧的是了解一些本源的东西，如西方的文明史，扩张史，国际关系史，以及背后的基本观念和思想，或谓陈乐民先生多次提醒的，要注意西方“精神的历史”。这种“精神的历史”当包括西方国际关系学说的本源性思考在内。这一本源性问题，实际上是西方学说的核心价值观。它们产生在欧洲，后来又被一代代美国学者们继承了。我想，这就是为什么刘同舜先生在为《当代西方国际关系理论》作序时，特别地指出“就核心概念的归纳和理论框架的锤炼而言，英国学派的‘国际关系’‘国际社会’和‘世界社会’的哲学基础、历史底蕴和分析方法，较之‘主流’的现实主义、新现实主义和新自由主义似高出一筹”。

所以说，我们现在翻译出版的这一套书，是在介绍西方国际关系的“精神的历史”。这些书是西方学界认可的真正的“经典之作”，被作为“经典教材”一版再版，不断成为西方国际政治课堂中的必读书目，并影响了一代又一代的西方国际政治战略人士、外交家和学者。现在我们看到的国际关系的各种表象，西方大国的外交政策，战略考虑，其实都出于他们的“精神历史”的本源。西方的大学，包括美国大学的课堂，并不数典忘祖。他们讲授政治学理论和国际关系理论，亦多要从古希腊讲起。现任哈佛大学肯尼迪政府管理学院院长的约瑟夫·奈是曾用了大工夫，把修昔底德的一部《伯罗奔尼撒战争史》翻烂吃透了的。这是他们精神家园的最终皈依。我们要了解西方，不能不了解他们的精神家园。

西方国际关系学说中的核心观念究竟是什么？我们所编译的这套书中做了比较透彻的介绍。应该说，介绍西方国际政治学说的核心观念，或本源性思考，是这套书的一大特色。中国读者和青年学生可以通过阅读这套书了解西方的这一领域学说的核心部分，如果仅仅停留在阅读一些介绍性的著作上是达不到这一点的。当然，介绍性的著作亦必不可少。

实际上，在知识的汪洋大海中，人很容易迷失。牛津大学国际关系讲座教授亚当·罗伯茨1991年在北京大学的一次国际会议上说，“我们都不应忘记以现代面目出现的思想体系常常不过是古老主题的变种”。为了加强他的观点，他还引用了法国政治活动家、思想家德·托克维尔的一段名言：

“有多少道德体系和政治体系经历了被发现、被忘却、被重新发现、被再次忘却、过了不久又被发现这一连续过程，而每一次被发现都给世界带来魄力和惊奇，好像它们是全新的，充满了智慧。之所以会如此，并不是由于人类精神的多产，而是由于人类的无知，这种情况简直令人难以置信。”

罗伯茨教授指出，德·托克维尔的讽刺性评论特别适用于国际关系领域。他并没有说明为什么会这样“特别适用”，但当我们读了这一套书后，倒是不妨去深想这个“百年命题”。

与此相关的，这套书的作者都是在西方被公认的“大家”或“大师级人物”。他们的共同点是多具欧洲背景。这与上面所提及的近现代国际关系史的发展是承接的。他们代表着欧洲从启蒙运动、工业革命并走上向全世界扩张道路的实践的理论思考。国际关系理论只能从实践中总结，而不能只在书斋中进行概念上的自我循环。这些作者对历史和现实的深切关注，是他们的著作能够站住脚的根本，即他们思考的出发点和归宿都是国际政治实践，而他们的贡献是将这些实践变成一种历史哲学。

复杂纷繁的世事一旦被透彻简洁的方式提高到哲学境界，它们便走出了粗俗和原始，便具有了知识美感。更何况作者们所提出的历史哲学命题对后人仍有意义。“问渠哪得清如许，为有源头活水来。”中国古人用诗的语言所表达的，也许就是这个意境。

担纲这一套书翻译工作的主力是中国国际关系领域中已具成就的中年学者，还有一批崭露头角的年轻学者。他们都有多次赴欧美日发达国家深造和在外讲学、交流的经历。他们对中西政治文化的体悟，既来自于书斋，亦得之于实践。翻译原著，其实是一件十分艰苦的工作，绝不是粗通一些外文便可对付得了的；要编辑出版成书，也有种种不易。直至今日，大部分译稿都已脱手之际，译者仍对文稿中的一些专门用语苦思冥想。因为政治文化背景的不同，有时的确无法将西方大师们思考的神貌用完全相符的中文语词表达出来。“难哉译事”，难是难在“神”上，而非“词”上。但是，如上所说，这一批中青年学者都受过两种文化的教育，现在又都在中国的著名高校执教，他们在实践中交融了两种文化的优长，更深感要让年轻的中国学子们了解西方原著的必要。在他们的努力下，终于有了这一套书。这是我们要特别感谢他们的。

我们也要特别感谢世界知识出版社的领导和编辑。他们视野开阔，既看到了世界的过去，也想到了中国的未来。他们的良苦用心和勤恳敬业，是支持我们完成翻译这套书的重要精神支柱。

袁　明

2002年10月

前言

下面各篇文章的首要目的，在于向读者展现“大战略”的历史实例研究，亦即展现对于这么一类努力的成败的评价，那就是欧洲各强国试图整合其全部政治、经济和军事目的，从而维护其长期利益。本书各章集中于考察欧洲大战略的某些经典实例，从古代罗马到丘吉尔的英国，从西班牙帝国到苏联。与关于战略的许多其他研究不同，这些文章往往关注国家政策的非军事方面，如同关注其军事方面，并且在许多场合既关注大战略在战时的演变，也关注它在平时的发展。

本书的第二个目的更多地是当代性而非历史性的。它关系到目前正在展开的一种辩论，辩论的主题是美国在当今世界上所应实行的轻重缓急次序之恰当平衡，换句话说便是大战略。美国虽然在许多方面不同于传统的欧洲列强，但也必须形成将在一个复杂和迅速变化的世界上确保其长期利益的种种政策；因而，它需要以一种内在连贯的方式，既为战争的可能性，也为和平年代整合自己的政治、经济和军事目的。编者撰写的两篇文章——一篇在各项历史实例研究之前，另一篇在它们之后——试图将这些欧洲经验同当今美国的形势联系起来。

保罗·肯尼迪

目 录

第二部分 大陆强国的大战略

第一章　战争与和平中的大战略：拓展定义

保罗·肯尼迪

在许多关于武装力量和战争的性质的较老文献中，做了一种两个分析层次之间的简单划分，那就是战术和战略。这样一种划分显得完全直截了当，尤其对于那些在军事学院从事未来战场指挥官培训的人来说是如此。有如克劳塞维茨所主张，“战术是在战役中运用部队的艺术；战略是运用战役来赢得战争的艺术”。[1]而且，对于军人来说，有什么能比配置部队和赢得战争更重要？

然而像大多数简单的定义那样，这个定义也需要修改，并且需要作进一步的再划分。例如，战术本身或许可以划分为部队作战的种种实际方法（步兵方阵、兵种组合等），划分为将领对于全军或舰队的机动调遣，即“大战术”，像它有时被提到的那样。[2]依据别的权威，操作单个会战或战役（例如布伦海姆会战或加利波利战役）被最恰当地说成是发生在**作战**层次（operational level），处于战术层次与战略层次之间。[3]

正如战术可以在各个不同层次上加以分析和理解，战略也能够这样。战略这个词有一种用法，其中心含义差不多是纯军事性的，例如道格拉斯·黑格将军在西线的战略，或者道格拉斯·麦克阿瑟将军在太平洋的“跳岛”战略。如此，它几乎或完全没有为考虑冲突的非军事方面留下余地，或者为交战国作为一个整体的、长期的和**政治的**目的留下余地。因此，为了涵盖这些方面，军事著作家们已经提议最适当的用语是**大战略**（grand strategy）。用爱德华·米德·厄尔的话说，“战略是控制和使用一个国家（或国家联盟）的种种资源、包括其武装力量的艺术，以求针对其实在、潜在或纯粹假想的敌人来有效地促进和确保其至关紧要的利益。最高形态的战略——有时被称作大战略——是这样的东西：它将国家的各项政策和各种军备如此地整合为一体，以致诉诸战争，要么成为不必要的，要么以最大程度的胜利可能来这么做”。[4]依凭这么一个定义，厄尔大大扩展了关于“大战略”的研究范围，将平时和战时的国家政策都包括进来。然而在其含意方面，也许甚至这也不如军事著作家巴西尔·利德尔·哈特爵士在其《战略论》一书中提出的论辩那么激进。他在那里提出，由于“战争的目的在于获得一种更好的和平——即使只是从你自己的观点来看更好的和平……因而带着对你期望的那种和平的不断关注来进行战争至关紧要”。因而顺理成章的是，“如果你全神贯注于获胜，而不虑及其后果，你就可能打得过于精疲力竭，以致无法由和平得益，与此同时这和平差不多肯定是个糟糕的和平，包含着又一场战争的祸种”。[5]

这一论辩导致利德尔·哈特引出两个广泛的结论。第一在于**胜利**这个词的含义的扩展，因为（他感到）“**真正的**胜利意味着战后和平的状况和本国人民的境况优于战前。只有能够取得一个迅速的结果，或者一场漫长的努力能够在经济上同国家的资源相称，这个意义上的胜利才是可能的。目的必须调整得同手段适应”。[6]

第二个结论直接出自利德尔·哈特的信念——国家决策者面对的关键任务在于将目的和手段联系起来。这个结论就是，“大”战略必须涉及的远不止是监管战役。相反，

> 大战略既应当估算、也应当开发国家的经济资源和人力，以便维持作战军队。它还应当估算和开发道义资源，因为鼓舞人民的志愿精神往往就像拥有较有形的力量形态一样重要。大战略还应当调节各军种之间以及军队和工业之间的力量分配。不仅如此，**作战力量只是大战略的工具之一**，它还应当考虑并应用财政压力、外交压力、商业压力以及（并非最次要）伦理压力的力量来削弱对手的意志……它不仅应当把各种不同工具结合起来，而且应当如此调节它们的使用，以致为自己的安全和繁荣而避免损害未来的和平状况。[7]

虽然这些话相当抽象、笼统，但它们并不是在真空中陈述的。有如许多后来的观察家所指出，利德尔·哈特的大战略定义与他亲身的个人环境紧密相关。[8]1916年在索姆中了毒气并受伤后，他不仅对黑格的正面进攻，而且对英国在第一次世界大战中的“欧陆义务”战略形成了一种强烈的批评。为了恢复战场机动性，他极力主张“间接路线”（indirect approach）

至上观念，从而变得同“闪电战”的思想由来有不解之缘。不仅如此，利德尔·哈特厌恶英国（据他看来）过分投身于西线战场，这导致他为“英国战争方式”辩护，换句话说就是为一个岛国的“传统战略”辩护，这个岛国主要依靠制海权，并且用海上封锁、财政资助和外围作战等手段，而**不是**一支大规模的欧陆远征军来为联盟——组合起来争取击败任何追求用武力统治欧洲的强国的联盟——作贡献。这么一种大战略是节省的（按照英国的人力和资源两者来说是如此），适度的和有节制的，而且像在18世纪时对法国的斗争中那样，涉及对目的和手段的不断评估。1914年至1918年的英国战略违背了这一传统，且因为代价太大而意味着这个国家及其人民在“胜利”中的境况并不优于先前。[9]

过去20年里，利德尔·哈特的战略诊断受到了许多批评。各个不同的作者断言它表现了一种对于18世纪战争模式之一的怀旧情绪，而这一模式在20世纪已变得远不那么有效，因为无论是海上封锁，还是外围作战，都无法打倒威廉德国（更不用说纳粹德国）；只有一种全面、不屈不挠和耗费巨大的“欧陆义务”才能保证做到这一点。而且，如果利德尔·哈特的主张就英国战略来说多少有缺陷，它们要由其他国家（例如波兰）采纳就远不那么适当，也远不那么管用。[10]

然而，如果说利德尔·哈特关于英国战略的思想仍旧是可争议的话，那么他对大战略整体的研究和理解所作的贡献却非常重要。他以及稍后厄尔主张的是实质性地拓展这个术语的定义，显示一个恰当的大战略必须是怎样一种复杂和多层的东西，并且由此将它同赢得一场特定的会战或战役的、纯粹作战性的战略非常坚决地区分开来。

这个定义变得究竟有多宽，值得做某种进一步的思考。首先，真正的大战略现在像关注战争一样多地（或许甚至更多地）关注和平。它关系到应当作用几十年甚或几百年的政策的演化和整合。[11]它既非止于战争结束，亦非始于战争爆发。这就是——利德尔·哈特认为——克劳塞维茨所谓战争是“政策的另一种手段的继续”的真正要义。[12]

其次，大战略关乎的是目的与手段的平衡，既在战时，也在平时。国务家们仅考虑如何赢得战争是不够的，还需考虑代价（最广义的代价）会有多大；仅下令向这个或那个方向派遣舰队和大军是不够的，还须保证它们获得适当的补给，并且由一个欣欣向荣的经济基础得到维持；在和平时期仅订购一系列武器系统是不够的，还须仔细检查防务开支造成的影响。

诚然，利德尔·哈特本人对战争的资金供应几乎全未表现出什么兴趣，甚至对战争后勤这样至关紧要的领域也是如此；[13]然而，在他对一场战争是否得大于失，或者是否本来能够以较小的代价取胜的强调中，而且特别是在他对英国传统政策之经济目的和经济支柱的突出说明中，他提示了后来的历史学家开始认为是核心要素的大战略成分。[14]

最后，因为这一更广泛的定义包含了比在战场本身发生的事态多得多的东西（甚至比武装力量自身中间发生着的事态还要多的东西），大战略的研究者就需要将一整批在传统的军事史中通常不予包含的因素考虑进来，它们包括：

1. 节俭使用和调控国家资源的关键意义，以便达到上面谈及的、目的和手段之间的平衡。正如近来关于欧洲早期现代国家的史学现已表明的那样，拨弄紧缺的资源是君主和国务家们始终不断的全神贯注之事，也是在决定胜败方面单独一个最重要的因素。[15]在工业和技术化战争时代里，大战略的经济成分占有一个至少同样关键的位置。

2. 外交既在平时，也在战时的重大作用，用以通过获取盟国、赢得中立国的支持和减少敌国（或潜在敌国）的数目来改善本国的处境——以及胜利的前景。例如，难以想象如法国没有俾斯麦在外交上成功地孤立柏林先后的各个敌手，会有19世纪60年代在普鲁士领导下辉煌地迅速完成的德意志统一。同样是依靠外交武器（加紧法俄同盟，争取意大利和西班牙，铸成英法协约），特奥菲尔·德尔卡塞领导下的法国外交部在1900年以后帮助“弥补了”法国对德经济和军事劣势。[16]反过来，一种笨拙的外交——有如威廉二世治下德国的和勃列日涅夫治下苏联的外交——能够太经常地削弱一国的大战略地位。

3. 国民士气和政治文化问题，它不但在战场上重要，而且在民众支持战争目的和承受战争负担的意愿，或者承受和平时期庞大国防力量的代价的意愿方面也是重要的。在很大部分意大利民众中间缺乏对墨索里尼军事冒险的热情，相反日本人却确信胜利之外唯一光荣的选择就是死，这提供了此等非物质因素的重要性的现代范例。然而，较近的事情——美国介入越南的情形也是如此，在那里人员和资源的巨量投入未由美利坚民族的大众支持维持下去，这同克劳塞维茨关于战争的政治成分具有中心意义的信念相抵触，并且不顾利德尔·哈特的观察，即鼓舞“人民的志愿精神往往就像拥有较有形的力量形态一样重要”。[17]

因而，大战略的症结在于**政策**，即在于国家领导人为了维持和增进国家长期的（即在战时与平时的）最佳利益而将军事和非军事的所有要素集合在一起的能力。这么一种努力充满着不可估计之事和无法预料的“摩擦”。它不是契合约米尼传统的一种数学，而是契合克劳塞维茨见识的一种艺术，并且是一种难以把握的艺术，因为它在政治、战略、作战和战术这几个不同层次上运作，它们全都互相作用，推进（或阻碍）主要目的的实现。

我们这个星球上的每个国家，其历史、地理和文化都是独特的，正如每场战争都不一样，每个战役本身都是特殊的。然而，总是有着某种统一的东西，它出自我们共同的人性。其中之一，就是加诸这个世界上的**政治实体**——无论是古代帝国还是现代民主国家——的要求：要求它们想出种种途径，使自己能够在一个来回振荡于战争与和平之间并且变化不绝的、往往是威胁性的无政府国际秩序中生存下去，兴旺昌盛。考虑到参与进来起作用的所有独立的变量，大战略永不可能是精确无疑和事先注定的。相反，它依靠对政治实体的目的和手段做不断的和明智的再审视，依靠克劳塞维茨和利德尔·哈特（尽管他们有许多歧异）最尊重的两样无形的东西——智慧和判断力。最后，我们需要懂得智慧和判断力并非孤立地被创造出来；它们由经验形成，由经验优化，其中包括历史经验。

在此展示以下的各项大战略实例研究正是本着这一观点。它们全都属于欧洲的历史经验，而且全都相当自然地关系到“大”国而非“小”国或中等规模国家。[18]由于利德尔·哈特本人的大战略概念出自他对16至20世纪英国经验的研究，因而三篇文章集中于该国。作者约翰·哈登多尔夫、迈克尔·霍华德和埃利奥特·科恩都各自使用一场重大的战时斗争为场景，来说明英国人逐渐形成一种大战略的努力，它将政策的所有必要成分——欧洲的和欧洲以外的、军事的和外交的、经济的和政治的——整合为一体。尽管有随时间推移发生的所有变化，但他们证实了英国大战略史事中问题和“解决办法”两者的一种根本连续性。无论是在马尔博罗时期还是在丘吉尔时期，伦敦的决策者们都面对很大程度上相同的场景：同盟不得不予以维持，但这些纽带往往不受欢迎和扭曲性的后果需要被减少到最小程度；对彻底胜利的追求不得不对照代价——一场欠成熟的或抱负过大的战役的代价；战术上的无能和作战的挫折不断危及最精明的战略招数；资源匮乏，或者正在大力投身于无法放弃的战区这一点造成的制约迫使英国（用吉青纳勋爵的话说）“像我们必须、而非想要的那样”[19]进行战争，而且往往使拥有既定的战略蓝图变得一文不值。因而，一个人一次又一次地被下述情况所打动：灵活性和经常的自我评估至关重要，广阔的眼界和平衡必不可少，大战略的政治方面处于中心地位。

另外五篇文章（作者分别为阿瑟·费里尔、约翰·H. 埃利奥特、丹尼斯·肖瓦尔特、道格拉斯·波奇和康多莉扎·赖斯）紧随并补充关于英国战时大战略的这三篇。所论国家本身是有意被挑选出来的，以便向读者提供在时间和地点两方面皆大为不同的一套实例研究，它们是：罗马帝国，它有着或许是历史上最成功地（即使是下意识地）得到经久维持的大战略；现代早期的西班牙帝国；19和20世纪的德国和法国，其战略如此紧密相关，却又如此大不相同；还有过去和当今的苏联。同样，在所有这些实例中，着重点并非只在于赢得战役，甚或赢得战争，还在于胜利应当在其中被确定的广泛的政治[20]环境。所有实例都意在像克劳塞维茨和利德尔·哈特那样，以尽可能最广阔的方式来设想大战略。

文集以编者对当今和未来美国大战略的思考结束。这由于几个原因似乎是合适的。美国今天在许多方面占据一个同早先的“头号”强国如罗马、西班牙和英国类似的地位。[21]它在全球不同部分面临对它的利益的威胁；从来没有足够的武装力量保证在每一个地方都安全，因而不能不确定轻重缓急次序；即使在和平时期，它也必须考虑战争并备战，虽然想不到这样的备战会削弱其长期力量的地步；它还需要将其大战略的军事方面同非军事的外交、技术和文化整合为一体。所有这些都必定是发生在一个不断变动的世界上，在那里要将昙花一现的事态与那些将改变战略地形的事态区别开来极为困难。

因此，本论文集的目的是两方面的。首先，要展示一套关于大战略的历史实例研究，它们综合和概览了从古典时代到现在最重要的欧洲强国的经验。如此，它们可以被用于研究课程或用来增进一般的学识。[22]

第二方面的目的在于像丘吉尔本人运用历史那样，运用这些实例研究来指导实践。无疑，美国决策者在20世纪终了时处于其中的种种环境是特殊的。同样无疑，历史不会在狭义的意味上重演。然而，甚至在美国领导人试图形成他们自己的“综合的长期战略”[23]之际，他们也应当带着对历史的知晓，带着对大战略的那些存在于所有时代、所有国度的共性的理解来这么做。

注　释：

1 Carl von Clausewitz, *On War*, edited and translated by Michael Howard and Peter Paret (Princeton, N.J., 1976), pp.127-132; John R. Elting, *The Super-Strategists* (New York, 1985), p.2, 引自美国军事学院的一本手册。
2 Archer Jones, *The Art of War in the Western World* (Urbana, Ill., 1987), p.55.
3 "作战性军事活动涉及一场特定战役的各个不同方面的分析、规划、准备和操作"。引自 *Military Effectiveness* (London and Boston, 1988), 3 vols., edited by Allan R. Millett and Williamson Murray, vol.1, p.12。
4 Edward Mead Earle, ed., *Makers of Modern Strategy* (Princeton, N.J., 1943), p. viii.
5 Basil Henry Liddell Hart, *Strategy*, 2nd revised edition (New York, 1974), p.353.
6 Ibid., p.357（着重标记系引者所加）。
7 Ibid., p.322（着重标记系引者所加）。
8 有两部著作对此做了最彻底的论述，其中持同情态度的为 Brian Bond, *Liddell Hart: A Study of His Military Thought* (London, 1977), 持批判态度的为 John J. Mearsheimer, *Liddell Hart and the Weight of History* (Ithaca, N.Y., 1989)。
9 这在哈特的下面一部书里得到了最充分的明确表达：Liddell Hart, *The British Way in Warfare* (London, 1932), 尤其是其中第一章"英国的传统战略"。又见下列两项著作中的观察：Michael Howard, "The British Way in Warfare: A Reappraisal" (Neale Lecture, London, 1975); Bond, *Liddell Hart*, chapter 3。
10 此种批评的例子除了上面注8和注9所引的著作外，见 Michael Howard, *The Continental Commitment* (London, 1972); Correlli Barnett, *Britain and Her Army* (London, 1970); Paul Kennedy, *The Rise and Fall of British Naval Mastery* (London and New York, 1976)。
11 大概就是出于这个原因，英国和罗马（见本论文集所载阿瑟·费利尔的文章）是迄今最经常地得到研究的大战略历史范例。
12 Liddell Hart, *Strategy*, p.353.
13 在 Martin van Creveld, *Supplying War: Logistics from Wallenstein to Patton* (Cambridge, 1977) 一书中，至少就陆战来说，战争后勤问题已得到了极好的论说。
14 在此领域内后来的学术研究的几个例子，见 John Brewer, *The Sinews of War* (London and Boston, 1989); P.G.M. Dickson, *The Financial Revolution in England* (London, 1967); Paul Kennedy, *The Rise and Fall of British Naval Mastery*; Jon T. Sumida, *In Defense of Naval Supremacy* (London and Boston, 1989); David French, *British Economic and Strategic Planning, 1905-1915* (London and Boston, 1982)。
15 我已试图在 *The Rise and Fall of the Great Powers* 一书第二和第三章里概括这类文献，然而又见近来 Geoffrey Parker, *The Military Revolution* (Cambridge, 1988) 一书第二章里极好的综论。
16 这方面的最佳著作为 Christopher Andrew, *Théophile Delcassé and the Making of the*

Entente Cordiale (1968)。

17 见上面注7引语。对越南战争的一项“克劳塞维茨式的”批评见 Harry G. Summers, *On Strategy: A Critical Analysis of the Vietnam War* (New York, 1982)。

18 无疑，在理论上说一个小国有可能形成一种大战略，但后一术语据一般理解，意味着有广泛（即不仅是当地）利益和责任的一个国家将其手段和目的调和起来的努力。

19 见本书第三章。

20 就西班牙而论，“政治的”包括“王朝的”和“宗教的”；就苏联而论，它包括“社会的”和“意识形态的”。

21 Michael Howard, “Imperial Cycles: Bucks, Bullets and Bust,” *The New York Times Book Review*, 10 January 1988.

22 见本文集内埃利奥特·A. 科恩的文章，特别是其第一节。

23 见 *Discriminate Deterrence*, report of the Commission on Integrated Long-Term Strategy, cochaired by Fred Iklé and Albert Wohlstetter (Washington, D.C., 1988)。

第 一 部 分

英国战争方式

第二章 同盟、包围和消耗战：西班牙继承战争中的英国大战略（1702—1713年）

约翰·B.哈登多尔夫

现代的研究者们在思考西班牙继承战争中的英国大战略时，面临几个麻烦问题。头一个便是那个老问题：战争事件多半以个人方式予以叙述。英文的研究著作尤其如此，它们受马尔博罗公爵的个人传记左右，受马尔博罗的已刊个人书信被用作英国战争操作的主要资料来源这一做法支配。第二，研究这个时期的大部分历史学家与其说关心对外政策问题，不如说对国内党派政治感兴趣。虽然这些倾向有某些重要的例外，[1]但它们仍在标准的教科书中造成了这样的观点：在18世纪，国务大臣们并不认真和连贯地思考大战略，而是宁可把它留给马尔博罗那样的人。

这种观点经久不消，部分地是因为大战略的研究者不会找到单独一集文件，它保存了有关英国在西班牙继承战争中所起作用的那些设想、观念和目的。一个人渴望有一套详细的、包含完整的内阁纪录的文件集系列，或者发现白厅内某个战略决策委员会的秘密文件。然而，所能得到的只是大臣偶尔以很难辨认的潦草字迹涂下的简短笔记，那是他在某次内阁会议上为自己写的，还有堆积成山的命令和指示、众多报告、单调的各部门之间日常往来公文，连同散藏于英国各地的档案馆和图书馆、美国一些地方以及欧洲大陆的外交档案馆中的零星私人函件。

若要知道这次战争中英国大战略的任何情况，似乎就必须经过演绎过程来推断，同时筛选那些积极参与大战略制定和实行过程的人的文件。如同丘吉尔所声称，如果马尔博罗的理解“扩及所有各个战区，而且只是他的权威保证了规划设计和协调一致的行动……那么他虽然只是……一名臣子，实际上却是英国的主宰”。[2]假如丘吉尔说得对，那么标准的观点大概就是准确的，然而文件提示了某种不同的东西。

首先，这样一种说法暗示了某种同英国宪政发展的更大模式颇为不同的状况，它似乎是通则的例外，而不是这一展开着的过程的组成部分。无疑，马尔博罗是个重要人物，并且做出了伟大贡献，但是对文件的研究显示，他是在一部复杂的政府机器的框架内起作用，这部机器不容许其内任何一个单独的部分行使至高无上的支配。有如威廉·布莱克斯通爵士对英国政府各不同部分之间关系的刻画，它们像“机械装置中各个独特的动力，共同驱动政府机器朝一个方向运动，这个方向与它们各自单独动作本会有的驱动方向大不相同，然而与此同时是个它们各自都参与，并且出自它们全体而形成的方向”。[3]

在英国，西班牙继承战争期间战略得以制定的那个体制是个分散的体制。在其中，殖民地总督、特使和陆海军司令官们显著地影响国内决策并担任政府的耳目，提供决策所依据的见识、建议和理解。与此同时，在伦敦做出的决定是若干委员会或部局——例如贸易委员会和海军部——的产物，它们就来自海外的意见行事，向内阁提出关于这些意见的建议。在战争的很大部分时间里，内阁本身有各个不同的委员会，处理各种不同问题，为内阁讨论做准备，进行详细的安排，监督在内阁中批准的计划的执行。各个国务大臣是内阁的关键性行政代理，但他们本身并不是决策者。内阁经过其所有成员的一致意见，在女王在场情况下做出决定。马尔博罗既是特使，又是战场总司令，而且还是内阁成员，然而并无文件证据提示他侵篡了国王之下内阁治理之程序。[4]在其发展的这一点上，英国的内阁制度还未发展到有一位首相作为普遍公认的“同事中居首位者”（primus inter pares）的阶段，虽然最接近这一地位的人是格多尔芬勋爵，而非马尔博罗。

缺乏20世纪风格的战略规划文件，这使人必须从截然不同的资料来源和各种各样的文件中人为地构建出英国基本战略观的一个轮廓。为了做到这一点，首先必须看所有各色特使和外交代表同海上的舰队司令、战场上的陆军将领、殖民地总督、贸易委员会和海军部的公私往来函件，看国务大臣们下达的命令和官员们零散的笔记，看财政部的开支纪录。由此能勾勒出一幅合成图景，从这里的某个短语取一笔，从那里的某段话取另一笔，同时系统地检查涵盖十余个战争年头的非常广泛的文件。

战略形势

18世纪初向外看世界，英国看到欧洲被1672—1678年和1689—1697年间漫长的战争搞得大为疲惫，并且在财政上精疲力竭，但同时又面对1700年西班牙国王查理二世去世造成的两难局面。这个问题被预见到已有近40年之久，但没有轻而易举的解决办法。狭义地说，这是个王朝性问题：谁将继承无子嗣的查理而成为下一个西班牙国王？如果它只是个关于谁将继承其头衔的法律问题，它本来能容易解决。然而并非如此，因为一个新国王的继位涉及欧洲国际政治中最基本的考虑。

查理之死导致哈布斯堡家族在西班牙的终结。一个王朝结束了，需要有另一个王朝来取代它的位置。将继承西班牙王位、统治这个弱国——连同其环绕世界的庞大帝国——的君主，将处于一种在欧洲少有其自身权势的地位。可是，这位新君随他一起带上王位的政治和家族联系却能深刻地影响其他欧洲国家，因为它们使西班牙领地，连同与西班牙及其属地的贸易置于列强之一的直接控制之下。

关于西班牙王位传承问题的法律产生了两个主要候选人：法国国王路易十四和奥地利皇帝利奥波德一世，亦即波旁家族的权利要求对哈布斯堡家族的权利要求。倘若他俩当中的任何一个取得对全部西班牙遗产的完全权利，不管是经过他们本人，还是经过他们的子嗣，权势平衡（均势）和贸易平衡就都会受到影响。

英国和荷兰共和国都深为担忧，虽然它们对西班牙王位继承都没有权利要求。对荷兰人来说，西属尼德兰先前起着抵御法国人的壁垒作用，而如果它由某个第三国，例如一个独立的西班牙或巴伐利亚控制，便将依旧如此。但是在法国控制下，它就能够像它过去往往充当的那样，成为从法国进攻荷兰的通道。控制了西属尼德兰的强国也控制了谢耳德河口，连同其贸易口岸和敦刻尔克港，后者能被如此容易地用来威胁英国，并且截断在北海的英荷海上联系。另一方面，如果西班牙变成受法国统治，荷兰和英国在美洲、亚洲、地中海的贸易格局和它们同西班牙本身的贸易就会被减小，甚至被切断。相反，如果一位独立的君主继承了西班牙王位，这贸易就能得到维持甚或扩展。早在1698年，威廉三世就已向法国表明，波旁家族继承整个西班牙君主国将意味着一场同英国和荷兰共和国的战争，并且也意味着同奥地利的战争，后者由于它自己的王朝性权利要求而反对这继承。从1689到1701年，英国积极介入试图解决这一问题的外交谈判。[5]在谈判中，英国追求确定对西班牙领土的一种分割，这种分割将创造出政治均势，从而使得海上强国对自己不会被排除出任何贸易区感到放心。

1700年万圣节，西班牙国王查理二世驾崩，第二天他的遗嘱当着一大群贵族的面被打开。这项文件宣告，西班牙君主国的任何部分都不得从其主体中分割出来。西班牙的世界范围的利益和领地将为下一代西班牙人予以维持。在遗嘱中，安茹公爵腓力——路易十四的孙子——被指定为查理二世的继位人，是为西班牙国王腓力五世。他如果不行，继承权将传给他的弟弟贝里公爵，再下来则传给哈布斯堡大公查理。

要由法国来决定究竟是接受查理国王的遗嘱，还是遵守先前与英国和荷兰人缔结的分割条约的原则。在遗嘱的消息传到巴黎后，这个问题得到了法国政府的仔细考虑。在什么是恰当的行动方针问题上意见不一；然而经过充分考虑，路易十四接受了这个遗嘱，宣告安茹公爵为西班牙国王腓力五世。

英国的目标

虽然法国摒弃了同英国人和荷兰人缔结的分割条约，但18个月过后才实际宣战。在英国，国会和公众的舆论在此问题上争执不已。许多人反对任何战争，认为战争会毁了英国的商业，并且相信除非遭到攻击，英国就不应参战。[6]其他人认为，如果国会像一场战争之后公众情绪一般要求的那样，坚持要解散陆军，英国和荷兰就几乎一无所能。[7]有一种可能性，那就是法国将横行于西班牙，英荷两国则将为争夺东、西印度群岛的财富彼此交战。许多人争辩说，只靠使用英荷两国的海军，就能够阻止法国人拥有“它们将得以能够凭海陆两路主宰整个欧洲的、获得其帝国财富的途径”。[8]

既作为英国国王，也作为荷兰执政，威廉的头号关切在于阻止西属尼德兰落到法国手中。[9]按照事态本身的性质，威廉认识到欧洲不会长久保持和平，尽管国内舆论并非如此。他认为，最明智的行动方针是同北方各国君主和尽可能多的德意志邦君达成防备性协议。[10]在荷兰舆论支持下，他鼓励联合省议会开始在这些事情上进行谈判，虽然他在英国被阻止这么干。前一年里，若干国务大臣因为在缔结分割条约方面起的作用而遭国会弹劾，这表明国会不赞成英国介入这些欧陆事务。

直到法国部队于1701年2月5日和6日夜里突然开进西属尼德兰，英国舆论才转变为坚决要阻止法国的进一步侵犯。[11]国务大臣查尔斯·赫奇斯在对英国驻海牙代表说了下面一番话表明了这一点："你从国会两院、特别是下院的议事记录会看出来，我们觉醒了，感觉到我们那危险的邻国做过头，而且正在采取有力的措施以维护我们自身，维护欧洲的安宁。"[12]

为了实现这些目的，国会授权国王同其他欧洲国家举行谈判，缔结必要的同盟。1701年6月，马尔博罗奉国王之命在海牙进行这些谈判，"以维护欧洲自由，维护英国的财产和安宁，并且削减法国的过度的权势"。[13]这些要素是英国在其缔结同盟谈判中依以行事的基点。条约本身在其前言中概述了基本的问题。三大盟国拒绝路易十四为其孙子提出的对西班牙王位的权利要求，与此同时谴责法军开进西属尼德兰、米兰公国和西印度群岛。最重要的是，它们害怕腓力在西班牙继位能标志法国和西班牙合为一体，这将"在短时间内变得对所有人如此强大可怕，以致它们可以轻易地自认统治整个欧洲"。[14]

对于英国来说，中心问题在于取消法国统治欧洲的能力。并非确知法国是否有明确的计划要扩展其领土和控制，但英国的决策者们是从一个合乎情理的前提出发，即路易十四治下的法国将着手尽可能支配西班牙的事务。因此，王朝性的联系预示，法国权势顷刻间就将在西班牙以及西班牙在意大利、尼德兰和海外的属地进行扩张。当法军开进尼德兰和意大利北部时，英国的国务家们，连同欧洲的其他国务家，都假定法国不仅能够，而且图谋利用由腓力五世登上西班牙王位造就的那种王朝性联系。威廉国王说，法国权势的这么一种急剧膨胀将在各个最敏感的领域影响英国："在我们的贸易方面，这贸易不久就会在它所有可贵的分支内变得岌岌可危；在我们国内的安宁方面，我们无法指望这安宁会长久延续下去；还有在英国应当起的作用方面，这作用就是参与维护欧洲的自由。"[15]在瑞士的一位英国外交官更直率地道出了问题所在。他写道："除了武力或对法国人的繁荣的某种打击之外，没有任何东西能使之就范……除了他们羸弱，你就不可能有安全。"[16]

尽管名义上和平仍在继续，但欧洲的其他国家为了在可能的进攻面前捍卫自己，被迫武装起来准备战争。荷兰共和国的实体安全直接受到法军开进西属尼德兰的威胁。荷兰安全与英国安全之间的联系长时间以来一直为人理解，英吉利海峡远岸对于英国国防的战略重要性也是如此。[17]如果任何敌人取得了对多佛海峡以东的欧陆海岸之不受阻碍的控制，那就造成了显而易见的危险。许多人都记得，正是一股“新教”东风，使得威廉能于1688年驶过英国舰队并在托尔湾登陆，而后者却因海风海潮所阻，在泰晤士河口动弹不得。[18]

威廉入侵的方法在十多年后被记忆犹新，他登上王位的原因也是如此。安妮之子、年轻的格洛斯特公爵去世，这意味着斯图亚特王朝在英国的终结和重新解决英国继承问题的必要。[19] 1701年，国会在《继承解决法》（*Act of Settlement*）中对此作了规定。安妮之后，王位将传给信仰新教的最近的后嗣，亦即汉诺威的女选帝侯索菲娅，她继承了亡夫的爵位。国会的继承规定权在1689年确立，并由路易十四在1697年的利斯维克和约中予以默认。国会制定的《继承解决法》是英国舆论的一种表达，它并非阻绝外部对于英国继承问题的干涉的保障。威廉的前任——信仰天主教的詹姆士二世栖身于路易十四宫廷，这完全不能让人放心。普鲁士驻伦敦代表当时评述道，法国和西班牙的联合直接威胁到在英国的新教势力。确实，许多人相信天主教权势在国外的继续增长危及新教在英国的生存。[20]在维也纳，英国外交官乔治·斯特普尼感到绝望，因为他总是无法说服皇帝全心全意地支持英国的目标。他担心，利奥波德将通过教皇和耶稣会士的调停来秘密地实现他自己的目的，“然后丢下我们，在法国或西班牙联合起来将某个威尔士亲王，或某个贝利公爵，或任何别人强加给我们的任何时候，坐视我们竭力为自己的自由和宗教奋斗”。[21]

大同盟条约在海牙签署后几天，詹姆士二世身亡。路易十四立即宣布詹姆士之子为英格兰、苏格兰和爱尔兰之王詹姆士三世。法国如此迅速并毫无保留地承认觊觎王位者为国王，使得英国人民大感震惊。威廉三世立即命令英国大使在不向法国宫廷告别的情况下离开巴黎回国，[22]与此同时撵走法国驻伦敦代表。法国承认“假威尔士亲王”使英国人大惑不解，使人严重怀疑其用心。这一承认看来是对英国国会的王位继承规定权的直接挑战，对光荣革命解决办法所确立的那些原则本身的直接挑战。正是在欧洲国际关系非常紧张、路易十四适才禁止其臣民同英国通商的时候，来了这一承认，它看来是对英国可能有的最大挑衅，惟公然的武装进攻除外。一位在海牙的英国外交官对这一系列事件感到吃惊，评论说，“上帝要使谁灭亡，首先使他们发狂，并使他们一意孤行”。[23]

在国内，国会被激起采取直接行动。1702年年初，下院通过决议，要求威廉国王在同其他国家缔结的所有条约中插入一个条款，申明不得同法国媾和，直到英国“由于法国国王予以的大侮辱，即承认并宣布假威尔士亲王为英格兰、苏格兰和爱尔兰之王而得到赔偿”为止。[24]

这一条款添进大同盟条约，加上它随后由皇帝和荷兰共和国批准，[25]意味着盟国承认了英国的一大主要目标。它力求使欧洲各国承认，规定由新教谱系继承英国王位的国会权利超过天主教谱系的遗传权利。通过谋求这一承认，英国试图在一个已经在国内满意地得到解决的问题上消除外部干涉的威胁。

随着威廉三世去世，法国在欧洲的威胁成了中心问题，因为它危及均势。这个问题如此重要，以致安妮女王在即位时予以强调。她于1702年3月向枢密院宣布：“我认为，值此首番向你们讲话之际，宣布我本人的这么一个看法是适当的，那就是贯彻我们为反对法国的巨大强权而正在进行的准备至关重要。我将不失时间地向我们的盟国提供所有保证，保证我将不遗余力地追求英国的真正利益，连同它们的，以支持共同事业。”[26]

当1702年5月15日盟国共同对法宣战时，英国所见的目标是有限的。它并不追求毁灭它的敌人。它追求的是改变其敌人的政策，限制法国造成未来威胁的能力。英国开战的基本目的在于确保它自身的安全，阻止对革命解决办法的外国干预，并且获得和维护它在国外的贸易。英国的国务家们确信，为了实现这些目的，欧洲就必须存在一种将阻碍任何一国干预另一国正常发展的权势均衡。虽然这也可以使其他国家得益，但它将特别使英国能达到自己的主要目的。对于在欧洲实现这种政治形势，法国权势通过法王之孙腓力继承西班牙王位而来的潜在增长造成了主要的和直接的威胁。一名波旁家族的王公之继承王位，其本身并不是威胁，然而军事的和政治的趋势提示，潜在的危险将变成现实。针对法国和腓力五世麾下西班牙军队的英奥荷大同盟一开始就基于一个前提：西班牙的遗产必须分割，西班牙和法国王权永远不得联为一体。荷兰人和英国人起初答应帮奥地利取得西班牙在意大利的遗产中一个正当的、合乎情理的部分，而绝不是对西班牙领土的全部控制。

英国为实现其目标的战略

法国是欧洲头号军事强国。在进攻面前，其军事目的将是维护和防守一个在地理上紧凑的阵地。它虽然在海上较弱，但拥有一支大规模的陆军，数量等同于大同盟诸国能够投入战场与之作战的兵力。不仅如此，法国还拥有单独一个指挥和后勤系统之利。它还得到几个关键性盟友的支持。其中首屈一指的是巴伐利亚选帝侯马克斯·伊曼纽尔，查理二世国王曾任命他为西属尼德兰总督。他的兄弟——科隆选帝侯兼列日主教——容许法国人占领莱茵河与玛斯河沿岸的关键性要塞。此外还有萨伏依的维克多·阿马德斯，此人于1696年脱离了早先同英国人和荷兰人的联盟，以重建他在意大利西北部的精疲力竭的邦国。接下来还有教皇克莱门特十一，其友善的中立有利于路易十四国王，不利于利奥波德皇帝，并且鼓励了意大利的君主们朝这个方向行事。

在欧陆，荷兰人在盟国中间拥有最强和训练最佳的陆军，兵员数量近十万人。哈布斯堡陆军接近这一规模，但组织得不那么好，薪饷也较低。三国中英国人拥有的陆军规模最小。然而在海上，情况就反过来了：哈布斯堡全无能力，荷兰人同意提供八分之三的海军力量，英国则提供八分之五。

英国面对的实际军事难题，在于如何以可得的资源对付法国的强大军力。英国的基本战略思想是在尽可能多的战线上同法国的优势兵力交战，以便迫其分兵，从而削弱其力量。由于这是个任何单一的欧洲国家都无法独自实现的目标，战略的关键就在于维持这样一个同盟：它积极有为，用几支军队来进行一场进攻性的战争。从最好处着想，英国谋求拥有一个将从几处攻击法国的同盟：从低地国家，从德意志，从意大利；它还将在伊比利亚半岛攻击腓力五世的军队。以这种方式，在英国人对这场战争的大战略理解中，每个战区内的战役在本质上互相关联。

为维持这种类型的战争，其他几个要素是必需的。盟国的海军优势对于支持在半岛和在意大利的军事行动不可或缺，对于维持在所有各地区的交通联络同样必不可少。不仅如此，在不同的海岸据点进行的两栖袭击，连同通过持异见的新教群体发动造反的尝试，也被用来进一步抽减集中于各主要战线的法国军力。在若干场合，例如就法国北部的皮卡尔迪和布洛涅规划的两栖登陆，它们被设计来创设战区之内的新的作战焦点。它们是这么一种尝试：防止那类旷日持久、难以终止和胜负不决的围城战，就像在里尔和图尔内发生的那样。

为补充其军事努力，英国计划使用其海军力量攻击从美洲载运白银回国的西班牙舰队，以此削弱法国和西班牙的经济。此外，还通过禁运谷物来尝试若干形式的经济封锁。

从1702—1711年，每新的一年都看到周而复始新的努力来应用同一个战略概念，那就是通过盟国在几个战线上的积极进攻来包围法国，并且打一场消耗战以达到有限的政治目的。文件资料清楚地显示，这一得到宽泛勾勒的概念指导了英国对其陆海军力量的运用。它同样是其财政资源和外交的运用所依据的，这些被用来获取恰当的战略地位，并且影响盟国力量的使用，促使它们同英国一起贯彻这一战略。

在某种程度上，它是一种不切实际的概念，因为它未能考虑执行方面的困难、盟国间国家目标的分歧、法国的反制战略、事变的影响以及战争进程中变化着的政治形势。广义地说，这战略并非直接旨在依靠陆战和海战来达到英国基本的国家目标。虽然某些作战行动针对的是这些目标，但陆海战略的主要目的系由当时欧洲的特定形势与其同均势的关系所决定。大量证据显示，这一支配性的战略主题贯彻始终，直至战争的最后阶段。

拿英国的外交努力和目标与其自身资源的实际使用和利用相对照，有一点便显而易见，那就是伦敦的政府部门完全明白，它的大战略无法只靠一国独自来贯彻。

英国要对欧洲大陆上的战争作出直接贡献，移动和维持部队的能力必不可少。特别是，海军必须维持一条安全的通道，使英国部队和战争物质能经此前往伊比利亚半岛和地中海地区，并沿较短的路程前往佛兰德。为履行这些功能，海军的主要作用大抵是防御性的，维持一个稳固的基地，使陆军得以从那里实施对法攻势。不过，海军的进攻作用没有被忽视。它同私掠船联合起来，袭击法国的补给线，当法国舰队出现时与之交战，并且经常使得法国舰队扬帆出海成为冒失之举。此外，海军还在若干场合被用来对法国展现一种额外的威胁，办法是试图沿海岸登陆，并在持异见者中间煽动造反。

如英国对欧洲大陆上的战争所理解的那样，根本问题在于为陆军提供机动性，在支持其两大主要军团方面维持交通联络，而且有选择地应用其陆海军力量和财政资源来保持同盟在几个战区进攻法国的总的有效性。

执行方面的困难

英国的大战略概念是个简单的概念，但像克劳塞维茨后来将提出的那样，在战争中即使最简单的事情也是困难的。这些困难中有些一早就出现了，而另一些则是在时间推移和事态展开过程中才出现。

从一开始就清楚的难题之一，是需要以人员和物资供应来增大荷兰、英国和奥地利的军队。这么做的关键，在于向较弱的国家和各小邦国提供金钱补贴，以便给部队发放军饷和提供补给。这将英国卷入了一种复杂的外交过程，由此而来在战争期间缔结了近70个不同的条约。更重要的是，它涉及向外国部队支付大量金钱。在大多数场合，英国支付一半成本，与荷兰人分担开支。

部队的来源有限。斯堪的纳维亚国家在早先的几场战争中提供了许多人员，但1700年在瑞典、丹麦、波兰和俄国之间爆发的北方大战使得大同盟得不到这一兵力来源。丹麦早早退出了这场冲突，从而可以提供兵力，然而许多小国随北方大战的持续而开始担心它们自己的安全，因而其贡献小于相反情况下本可做出的。这当然是法国人并非未加利用的一种形势。

这一体系的关键，在于有随时可用的现金或信贷，能被用来购买部队和补给。这意味着必须维持一个繁荣和扩展着的经济。就英国和荷兰的经济而言，它们都大大依赖海外贸易，因而很大部分海军力量不得不用于防御性作战，保护贸易免受敌方袭击之害。对于从美洲和东印度返航的护航舰队来说尤其是如此，特别是在从南大西洋当中圣赫勒拿岛开始的最后一段航路上。与此相似，在近海海域海军舰只既为沿岸贸易、也为海外贸易提供进一步保护。一套巡航体系涵盖了英国海岸的每个地带。尽管国内有一些海岸要塞、警戒兵力和卫戍部队，但英国的防卫主要是在海上。

按照大战略的广泛含义，英国的防卫行动意在补充它对法国的进攻性战争。然而在分配有限的陆海军资源的意义上，这两大需要造成了一种紧张。为了贯彻对法国的两栖攻击，往往必须减少用于其他目的的兵力。

这一紧张在英属美洲殖民地特别明显，这些殖民地在战争期间表现出一种愈益增长的渴望，要攻击欧洲敌国拥有的邻近殖民地。问题开始于南方，当时那里发生了对在佛罗里达的西班牙人的征伐，而且它也是西印度群岛的英属殖民地领导人一心想望的。北方的殖民地人只要能够满足于保持和平，然而当战争降临到他们头上时，他们也加入了针对法国的图谋和征伐。在北美大陆，防守稀疏，边境移民据点无法抵挡坚决有力的袭击。在缺乏他们自己的适当防守的情况下，殖民地人相信消除敌人威胁的最佳办法，在于摧毁或夺取袭击敌方移民据点。1702年对圣基茨的攻击、1707和1710年对罗亚尔港的攻击以及1711年对魁北克的攻击，其背后的基本道理皆在于此。在多数场合，如果这些计划要加以贯彻，殖民地人就需要母国的实质性援助。伦敦政府部门支持这些计划的能力不仅取决于事先的规划，而且（更重要）取决于欧洲的战况和主要战区对兵力的需求。没有什么兴趣要扩张英国的领地，但对现存的英国人种植园和来自它们的贸易是否安全有着深深的关切。

英国力求增进的是其贸易而非领地。然而，防守不列颠和保护英国的境外利益并不是完全消极的事业。英国的基本利益基于国家的经济成长，而这成长是经过一种殖民地和海外贸易的重商主义体系实现的。就此而言，维护贸易也就是维护经济成长，但它并非19世纪意义上的“帝国主义”。[27]

战略实践

战略并非只是一个关于如何为一国的政治目的使用力量的概念，它是在一种形势环境中对真实力量的实际指导。在观察英国大战略的真实的实践时，可以看到三大阶段，它们分别对应于1702—1704年、1705—1711年、1711—1712年这三个时期。

第一阶段

在第一个时期里，英国试图为实施它的整个大战略概念来替大同盟定位。虽然战事开始于低地国家，但需要做许多事情来激活其他战区。为此着手打了两大系列战役。一个系列是意在打通一条进入地中海地区的通道，以便包围法国，并且从南面和东南面对它发动攻势。另一个系列意在确保奥地利，使之能够进行一场对法攻势。

英国力求通过挫败路易十四的一项企图来确保大同盟的东部联系，这企图就是将巴伐利亚及其强有力的军队用作手段，毁坏英国大战略概念的实行。正值英国的外交引诱未能将巴伐利亚纳入大同盟时，后者1704年在布伦海姆的战败消除了对奥地利的最危险的威胁，而且鼓励了奥地利和德意志诸邦君支持大同盟。

不仅如此，英国在布伦海姆的胜利还补足了它在地中海的作战行动，[28]那是起始于1702年它夺取加的斯的尝试。此举失败后，英国于1703年力图吸引葡萄牙加入大同盟，以提供一个进入地中海的门户和在伊比利亚半岛的立足之地。随后而来的夺取直布罗陀和1704年马拉加海战确保了英荷舰队在地中海的地位，为经过海上援助奥地利提供了一个手段。这使萨伏依相信脱离法国怀抱为好，该国遂于1704年底加入大同盟，从而完成了对法战略包围圈。

正如朱利安·科尔贝特爵士所指出，英国舰队在1703年至1704年海战中的战略是规避同法国人交火，直到英国已取得一个不可剥夺的海军地位，从而迫使法国放弃争夺海上交通的斗争为止。英国为了获得包围法国所必需的盟国而付出了高昂的代价。[29]就葡萄牙和萨伏依而言，作为交易的一部分，英国皆不得不答应帮助它们实现额外的战争目的。最重要的是，英国专门同意利奥波德一世和葡萄牙将查理大公置于西班牙王位的要求。在1703年时，这一同意似乎是合乎情理的，因为它使得一位独立的哈布斯堡王公能够戴上西班牙王冠，照旧不受维也纳或巴黎的直接控制。几乎完全无法预料到，在战争结束之前，皇帝及其长子约瑟夫都会死去，将皇冠留给年轻的查理。

第二阶段

1705—1711年这一时期的特征，是英国反复试图依其大战略概念来协调和配置大同盟的兵力。它敦促自己的所有各个盟国同时攻击法国。英国部队继续同荷兰人在低地国家并行作战；尤金亲王和路德维希（巴登的）两人麾下的帝国军队，连同萨伏依公爵的军队，被用于德意志和意大利战场。在葡萄牙，置于英荷指挥下的一支葡萄牙军队被敦促从西面进攻西班牙，与此同时一支同盟两栖兵力在其东海岸登陆。巴塞罗那和加泰罗尼亚于1705年被攻占。翌年经历了在佛兰德的拉米伊大会战和夺取尼德兰南部，加上盟军开进马德里。尽管有这些成功，同时还有旨在截断法国谷物供应的协调一致的努力，但法军在西班牙和葡萄牙都击退了同盟国家，于1707年在阿尔马纳萨打败同盟军队。同一年，同盟国家夺取土伦的关键性努力失败，这一努力是一场陆海联合进攻，使用了同盟舰队与萨伏依公爵和尤金亲王统率下的陆军。英国海军在1708年重获势头，制止了法国人的一项企图，即突破其包围，使一支老是觊觎王位者麾下的军队在苏格兰登陆。在低地国家，马尔博罗战胜法军，赢得了奥德纳德战役和马尔普拉克特战役。

与此同时，使奥地利和德意志邦君们分散精力的若干重要因素被消除。瑞典军队于1709年入侵乌克兰，扭转了它先前侵入萨克森的西向挺进，正是这挺进似乎使北方大战与西班牙继承战争有交织起来的危险。在匈牙利，皇帝对库鲁茨起义占了上风。[30]然而，这两项事态都未有英国追求的那种效应，即导致从奥地利和德意志发动有力的对法攻势。与此同时，在半岛的战争伴随双方身感消耗的重负和资源的流失，并未带来决定性的结果。

随着伦敦政府反复徒然努力，试图激发所有各战区同时进攻法国未果，英国公众对令人疲倦的一系列非决定性战役变得愈益不满。这就是一连串政治诡计的背景，它们扳倒了行政部门，连同格多尔芬和马尔博罗，而将罗伯特·哈利捧上权位。1710年秋天的一场大选赋予托利党显著多数，并且引起了进一步的大臣更换。

这一系列事件引起了若干反响。哈利政府是依据和平政纲上台的；大面上它显得提倡不惜任何代价的和平。哈利本人相信，他的政策是通过既定的战争战略来迅速实现和平，一种对所有盟国来说都将是正义的和平。然而，盟国以怀疑的眼光看待英国新领导人。马尔博罗作为一名宫廷宠臣、关键的外交家和得胜的将领，被许多人视为大同盟的黏合剂。在国外，它经常被当作使英国战争努力的全权指引者，而不是较平凡、也较准确地被当作一个复杂的官僚决策过程中的重要人物。他的政治影响的衰落和行政部门内的变动，被错误地解释为英国战争政策的突然更改，而不是国内政治争吵和宫廷龃龉的结果。

马尔博罗在佛兰德的辉煌胜利使那个战区的重要性在人们的心目中过

度突出，遮掩了存在于英国对其外交、金钱、人员和舰船的使用背后的那个概念。某些历史学家揭示，公众舆论决定了英国的战争政策。在这么一种理解中，公众辩论似乎反映了严肃认真的不同的战略选择：它们要么基于陆军，要么基于海军；要么着重佛兰德，要么着重西班牙；要么是大陆义务方针，要么是海军制胜战略。事实是，哈利政府立即回复到英国从战争开始就一直运用的战略，以此作为迫使法国谈判的最有效手段。在西班牙的连续败北，连同对其他盟国继续战斗下去的能力和意愿的怀疑，阻止了哈利政府将其所有希望寄托在军事解决上面，然而前九年里一直实行的战略梗概显然是其头号行动方针。

第三阶段

哈利政府掌权大约一年时，决定英国政策的一个关键因素改变了，从而造就了战略实施的第三阶段。1711年4月，约瑟夫一世皇帝在统治仅仅六年后驾崩。同年11月，查理大公——同盟国家中意的西班牙国王候选人——当选约瑟夫的后继者，是为查理六世皇帝。他的当选令英国的政策和战略面临两难。作为皇帝，查理保证了奥地利在反法战争中的立场，但如果大战略要在逻辑上贯彻到底，均势就会由于将西班牙、意大利和东西印度群岛纳入奥地利直接控制之下（如果查理同时还是西班牙国王的话）而倾覆。作为葡萄牙在1703年得以被纳入大同盟的那个条约的一部分，英国、荷兰和皇帝都已同意支持查理的权利要求。

在这困难、尴尬的形势下，英国试图继续将其大战略用作对法国施加压力的最有效的手段，与此同时试图从这一实力地位出发，取得一种对大同盟有利但基于均势的和平。停火于1712年间一经实现，英国便仔细地使用自己在地中海地区的兵力来阻止西班牙和神圣罗马帝国在皇帝查理六世之下联合起来，同时取得英国想要的那种商业和领土特殊安排。从战争一开始，英国就力求赢得一个独立的、不受欧洲任何强国支配的西班牙，以便利英国的商业发展，并且保障免于任何欧洲强国控制的政治独立。它在1711—1712年间依旧这么做。

然而，盟国认为“背信弃义的英国佬”背弃了一项在它们想来长期存在并且可靠无虞的承诺——为查理取得西班牙王位。不再坚持在西班牙获胜，哈利政府看来正在实行一种两面三刀的政策，办法是首先鼓励盟国在所有各个战区作战，不再支持查理未来在西班牙登基，然后看似谋求单独媾和。这一猜疑损害了大同盟作为战争工具的效率。尽管如此，哈利政府继续力图使大同盟依旧为其战略目的运行，然而到1712年已经显而易见，英国在运用其大战略概念方面的观点和目标不同于它的盟国。

直到那时为止，战略的手段也能够用作目的。构成大同盟得以构建和保持团结的正是手段，即英国希望用来同法国作斗争的大战略。诸盟国同意打败法国，它们各自都希望作为大同盟的组成部分达到特殊的王朝、财政、外交、领土或军事性的目的。英国利用了这些希望，从而使大同盟可以创造出它能够在其中达到自己最终目的的环境，然而它很少将这些最终目的用作基础来同其他盟国达成一致。

在整个战争过程中，英国始终把自己视为同盟领袖，同作为它的最亲密支持者的荷兰联合行动。然而，英国的看法和行为基于一己的民族国家观点，而非一种更广泛的欧洲或大同盟事务观念。同其他国家一样，它自视为中心，显得难以充分理解其盟国的观点、需要和抱负。最重要的是，无论是在1711年以前还是在以后，英国行政部门都未能懂得它自己的长期目的追求如何能显得像是对盟国的威胁。虽然伦敦政府理解盟国的某些抱负，以至将其用作参战激励，但与此同时英国看来假定它自己的欧洲均势概念——作为国家独立、商业发展和国际影响的必要条件的均势概念——对于盟国来说同样非相信不可和同样重要。

以一样的方式，英国未能充分理解盟国与之抵触的目的，而就是这样的目的使它们转而不去贯彻英国的大战略概念。虽然在国家间的关系中，这些问题并非罕见，但它们在西班牙继承战争中引起了英国与其盟国之间愈益加剧的紧张。在许多场合，大同盟的协同成就使每个盟国都感到满意，但满意的原因当然往往不同。例如，布伦海姆战役是马尔博罗和英国行政部门在德意志人和奥地利人鼓动下着手打的，但其目的在英国人眼里并非只是救援奥地利，而是为了维持同盟，并且便利盟国在西班牙、意大利和德意志对法的进一步军事行动。在其他国家眼里，这轻重缓急次序却正好反过来。

在发起导致1713年乌特勒支条约的谈判时，英国自视代表同盟行事。它谋求一种它认为对盟国来说是一碗水端平的公正的和平，与此同时也达到它自己的目的。行政部门颇为诚挚地相信自己正在对盟国负责任地行事，但在这么做时它未能理解它们的不同观点的性质。到头来，盟国所能做的不超过一个个勉强同意英国业已造就的和平。乌特勒支和约创造了一种均势，在哈布斯堡家族和波旁家族之间分割西班牙君主国，并且给了英国充实的贸易好处，连同在直布罗陀、米诺卡岛、圣基茨、纽芬兰和赫德森湾的领土。它还保障了英国王位仅由新教徒继承。因而，经过一场以同盟、包围和消耗为特征的战争，英国实现了至少十多年前就已经确立的目的。

然而，正是在这最后阶段里，国内政治迫使英国领导人中止了战争的势头，开始把握一种就他们的目标而言讲求实际的解决办法。在战争中，由集中关注手段转变到集中关注目的绝非易事。到1712年，法英两国都已达到了这么一个地步：能够根据它们各自的目标和继续打下去的高昂的预计代价，来缔造彼此间的一种协议。法国能够以商业和领土让步为代价，将腓力五世维持在西班牙王位上，而与此同时其他盟国不得不重新考虑它们在此环境中能够达到什么目标。对它们中间的某些国家来说，这场战争是不成功的，引发了在此类环境中通常都抑制谈判的紧张的国内辩论。[31]

结　论

英国对西班牙继承战争的看法和进行方式有其经济、政治、外交和海陆军事各个方面，而对这些方面的一番分析显示，英国始终一贯地力图使用它的所有资源来达到它自己的、英国特色的各项目的。国际外交、财政和陆海军力量统统以一种互相补充的方式得到运用，以实现这些目的。操作战争的前后相继的政府目标专一，激发它们行动的是这么一项事实：该国的战略问题在于维持欧洲均势。欧洲均势是最佳的实际安排，英国经此能够维持自己的国家安全、政治独立和商业发展。在它们各自的领域内，英国的海员、军人和外交官为实现这些目的而效劳。

注　释：

1 对该领域的一项总的概览，见 Henry L. Snyder, "Marlborough and the Reign of Queen Anne: The Status of Current Studies," *British Studies Monitor*, V.8, no.3 (1978), pp.3-15。

在过去十年里，对这主题所作的最重要贡献是多卷本 A.J. Veenendaal, ed., *De briefwisseling van Anthonie Heinsius* (The Hague, 1976) 的继续出版。第11卷于1990年面世，将所载文件从1702年延伸到1710年底。一部较早的著作——David Francis, *The First Peninsula War* (London, 1975) ——对理解英国之参加在西班牙和葡萄牙的战争做出了重要贡献。Edward Gregg, *Queen Anne* (London, 1980) 一书显示了安妮女王的重要性及其影响。关于盟国的英文文献继续其传记性方式，但增添了新的视角。最重要的成果有：Derek McKay, *Prince Eugene of Savoy* (London, 1977); John Spielman, *Leopold I of Austria* (London, 1977); Charles W. Ingrao, *In Quest and Crisis: Emperor Joseph I and the Habsburg Monarchy* (West Lafayette, Ind., 1979); Geoffrey Symcox, *Victor Amadeus II: Absolutism in the Savoy and State* (London, 1978); Ragnhild Hatton, *George I: Elector and King* (London, 1978)。其他著作包括 Linda Frey and Marsha Frey, *A Question of Empire: Leopold I and the War of the Spanish Succession, 1701-1705* (Columbus, Ohio, 1983); Andrew Rothstein, *Peter the Great and Marlborough: Politics and Diplomacy in Converging Wars* (London, 1986)。作为聚焦于一国在整个战争期间的政策和操作的一项研究，Klaus-Ludwig Feckl, *Preussen in Spanischen Erbfolgekrieg* (Frankfurt am Main, 1979) 一书补充了我本人的 *England in the War of the Spanish Succession* (New York, 1987)，与此同时 J. R. Jones, *Britain and the World, 1649-1815* (London, 1980) 一书提供了一项对于英国对外政策的广泛的概览。

2 Winston S. Churchill, *Marlborough: His Life and Times*, 6 vols. (London, 1933-1939), V. 1, pp.3,4.

3 William Blackstone, *Commentaries on the Law of England* (Oxford, 1765), vol.1, p.151.

4 John Hattendorf, “English Government Machinery and the Conduct of War, 1702-1713,” *War and Society*, V. 3, no.2 (September 1985), pp.1-22.

5 对1689到1701年期间英国外交的研究可见于下列著作：M.A. Thomson, “Louis XIV and the Origins of the War of Spanish Succession,” in R.S. Hatton and J.S. Bromley, *William III and Louis XIV* (Liverpool, 1968), pp.140-161; S.B. Baxter, *William III* (New York, 1966), pp.364-401; Wolfgang Michael, “The Treaties of Partition and the Spanish Succession,” in *The Cambridge Modern History* (New York, 1908), V.5, pp.372-400; Sir George Clark, “From the Nine Years’ War to the War of the Spanish Succession,” in *The New Cambridge Modern History* (Cambridge, 1970), V.6, pp.381-409; J.W. Smit, “The Netherlands and Europe in the Seventeenth and Eighteenth Centuries” and J.R. Jones, “English Attitudes to Europe in the Seventeenth Century,” in J.S. Bromley and E.H. Kossman, eds., *Britain and the Netherlands in Europe and Asia* (London, 1968), pp.13-55; Jones, *Britain and the World*, pp.149-162。

6 威廉三世国王致安托尼·海因修斯，1700年12月14日，载于 F.J.L. Kramer, ed., *Archives ou correspondence inédited de la maison d’ Orange-Nassau* (Leiden, 1909), 3rd series, V.3, p.296 (此后该卷略写为 *Archives...Orange-Nassau*)。

7 莱斯特郡档案馆，芬奇文件，4950盒，未署名且无日期的信件（1700年年中）。

8 见 Godfrey Davies, “The Reduction of the Army after the Peace of Ryswick, 1697,” *Journal of the Society for Army Historical Research*, V.28 (1950), pp.15-28。

9 威廉三世国王致安托尼·海因修斯，1700年11月19日，载于*Archive... Orange-Nassau*, p.242。

10 威廉三世国王致安托尼·海因修斯，1700年12月17日和1701年1月21日，载于*Archive...Orange-Nassau*, pp. 305, 374。

11 勒黑米塔盖致联合省议会，1701年2月12日，大英图书馆，另增手稿17677WW, 卷宗141。

12 查尔斯·赫奇斯致亚历山大·斯坦厄普，1701年2月21日，公共档案馆，国务文件104/69, 卷宗132v。

13 给马尔博罗公爵的指令，1701年2月26日，公共档案馆，国务文件104/69, 卷宗152ff。

14 "The Treaty of Grand Alliance, 1701," in A. Browning, ed., *English Historical Documents, 1660-1714* (London, 1953), V.8, p.873.

15 *Journal of the House of Lords*, V.17, p.6 (1701年12月31日)。

16 威廉·阿格利昂比致查尔斯·赫奇斯，1701年7月13日，公共档案馆，国务文件94/75。

17 例如见：H.A. Lloyd, *The Rouen Campaign, 1590-1592* (Oxford, 1973), pp.37, 70; J.E. Neale, *Queen Elizabeth I* (New York, no date), pp.237,238。

18 Clyve Jones, "The Protestant Wind of 1688: Myth and Reality," *European Studies Review*, V.3 (1973), p.216.

19 就此所作的综合研究见：M.A. Thomson, "The Safeguarding of the Protestant Succession, 1702-1718," in Hatton and Bromley, *William III and Louis XIV*, pp.237-251; J.P. Kenyon, *Revolution Principles: The Politics of Party, 1689-1720* (Cambridge, 1977); G.E. Gregg, "The Protestant Succession in International Politics, 1710-1716" (伦敦大学博士学位论文，1972年)。

20 博内特致弗雷德里克国王，1701年1月21日，大英图书馆，另增手稿，30000E, 卷宗6,7。

21 乔治·斯特普尼致威廉·布拉特威，1701年6月1日，大英图书馆，另增手稿，9720, 卷宗3—5。

22 亚历山大·斯坦厄普致威廉·布拉特威，1701年9月23日，大英图书馆，另增手稿，21,489, 卷宗51。

23 同上。

24 *Journal of the House of Commons*, V.13, p.665 (1702年1月10日)。

25 皇帝批准书，1702年3月22日，公共档案馆，国务文件108/131；荷兰批准书，1702年6月8日，公共档案馆，国务文件108/337。

26 "女王陛下首次出席圣詹姆士宫枢密院会议之高雅宣言"，1702年3月8日，公共档案馆，殖民部文件，324/8, 卷宗40。

27 Daniel A. Baugh, "British Strategy During the First World War in the Context of Four Centuries: Blue-Water versus Continental Commitment," in Daniel M. Masterson, ed., *Naval History: The Sixth Symposium of the U.S. Naval Academy* (Wilmington, Del., 1987), pp.87-89.

28 John Hattendorf, “English Grand Strategy and the Blenheim Campaign of 1704,” *International History Review*, V.5, no.1 (February 1983), pp.1-19.

29 见 Sir Julian Corbett, *Some Principles of Maritime Strategy*, annotated with an introduction by Eric J. Grove (Annapolis, Md., 1988), 附录：“绿手册”。

30 John Hatterdorf, “The Rákòczi Insurrection in English War Policy, 1703-1704,” *The Canadian-American Review of Hungarian Studies*, V.7 (1980), pp.91-102.

31 见 Fred Charles Iklé, *Every War Must End* (New York, 1971), pp.1-16。

第三章

英国在第一次世界大战中的大战略

迈克尔·霍华德

20世纪前半期的"大战略"基本上在于动员和部署财富、人力和工业能力等国家资源，连同盟国以及可行情况下中立国的这些资源，以达到在战时实现国家的政策目的。[1]

上面的定义——在其中我试图将克劳塞维茨那著名的格言改得适应总体战时代——是规定性而非描述性的。所有战略都大体上是目的性的；军事行动应当被规划来实现战争为之而打的政治目的。然而，这是个更经常地被违背而非被遵守的原则。通常，轻重次序正好颠倒过来。战略家发觉，他的规划由眼前的军事和政治的必需决定而不顾他本人的意愿，而且这些必需累积起来决定了战争目的。正如英国陆军国务大臣吉青纳勋爵在1915年的一个关键时刻所说，"我们必须像我们必须的那样、而不是像我们想要的那样进行战争"。[2]的确，英国在第一次世界大战中的经历提供了一项关于这一现象的绝佳的实例研究对象。

克劳塞维茨在将战争分为"有限战争"和"绝对战争"这两大范畴时，或许更有益。"有限战争"是为政治目的而战，"绝对战争"却是为了打倒敌人，强令他接受一方希望的无论何种和平。[3]德国历史学家汉斯·德尔布吕克进一步精制了这个概念，将战略分为"消耗战略"（Ermattungs strategie）和"歼灭战略"（Vernichtungs strategie）。[4]这些范畴并不必然重合。在追求很有限的政治目的时，能够使用某种歼灭战略：这正是俾斯麦在1866年对哈布斯堡帝国的战争和1870年对法国的战争中所做的，其时敌军在战场上的彻底失败继之以很温和的和平条款。相反，可以使用某种消耗战略来争取毁灭对手的政治存在本身，就像尤利塞斯·格兰特在1864—1865年对南方邦联军队所做的。但是，所采取的战略总是更有可能由手段的可得程度、而非目的的性质来决定。

1914年时，欧洲大陆没有任何人设想实行一种消耗战略。“进攻精神”在第一次世界大战开始时所以占如此大的优势，有许多心理上和军事上的原因，然而一个并非最次要的原因，在于明白欧洲社会基于其上的社会共识的脆弱性。到处是统治精英对抗躁动不安的工人阶级，后者的社会主义领导人显得越来越活跃，越来越有威胁性。伊凡·布洛赫在其巨著《未来的战争》中告诫说，现代武器很可能在战场上造成旷日持久的消耗，而这消耗会导致国内的经济、社会崩溃。[5]就他自己的国家——俄国在1905年的情况而言，他的预言已经被证实。作为德国（如果不是世界）的头号战争权威而受人尊敬的阿尔弗雷德·冯·施里芬伯爵在1905年一篇著名的文章里写道：“当支持成百万人（的军队）要求投放数十数百亿（马克）时，就无法实行一种消耗战略。”[6]速胜既被视为军事必须，也被视为社会必须：一场为时短暂的战争更多地是一项必须，而不是“一个幻想”。[7]

无论如何，支配所有军事思维的战略模式，是由前一个世纪里西欧的战争经验所确立、两位伟大的军事大师拿破仑·波拿巴和赫尔穆特·冯·老毛奇所操作的那种战略模式，即运动战，目的在于确保迅速和决定地战胜战场上的敌军主力。这一观念塑造了英国军事战略家们战前的思想，就如它塑造了他们的欧陆同代人战前的思想一样。诚然，海军思想家们从拿破仑战争的经验中得出了不同的结论，争辩说有效的海上封锁本身就将是决定性的，因为它使得敌人无法将战争持续进行下去。然而，在海军部陈述的这一观点与陆军参谋本部提出的论辩（即一切战略努力都应投入到迅速有效地干预那些大会战——很可能像在1870年那般决定战争结局的大会战）之间的战前争执当中，政治当局宣布赞同后者。[8]在战前英国人们普遍相信——正如在战前欧洲人们更普遍地如此——冲突将以在法国和波兰的一系列旷日持久的浴血拼斗得到解决，而所有兵力都应当尽可能快地投入其中。在这些以外，即使试图去窥视也是毫无意义的。

然而假定这些拼斗取得胜利，那么在英国人看来它们被打算服务于什么政治目的？什么是英国的“战争目的”？我们必须始终非常小心地将下面两者区别开来：一是“战争目的”，即交战国希望如果赢得战争它们就去做的那些事情，二是它们起初投入战争的原因。然而就英国而言，这两者没有多大差别。它1914年8月参战的动机是完全防御性的：维护一种它在其中作为占优势的全球性强国的政治现状。当时所声称以及在整个战争期间仍继续声称的一点，即它在为维护英帝国而战斗，并非纯属浮言虚辞。这现状越来越受到德国野心的威胁，而且以德国的海军扩充计划和国内宣传为证，德国的具体目标在英国人看来不仅是英国本身，而且是整个“不列颠治下的世界和平”（Pax Britannica），亦即英国权势得以支配欧洲以外世界的那个体系——愈益增长的德国权势将要取代的一个体系。[9]

英国政府在1914年所宣布的唯一直接和具体的战争目的，是恢复比利时的完整。这个目标将英国在欧洲大陆的战略利益同它关于自己是国际法维护者的主张协调起来。然而在这之外，还有着更具野心的目标，那就是即使并非摧毁德国的权势，也是摧毁其获取权势的意愿。英国公众舆论越来越意识到对于国际稳定的威胁，这威胁来自普鲁士式的强暴风尚，来自在海因里希·冯·特赖茨克和弗里德里希·冯·贝尔恩哈迪的著作中可见的扩张性民族主义和武力颂扬。这些军国主义情绪对于温和力量的胜利对大多数英国人来说显而易见，即使他们不知道宣布德国宰相贝特曼·霍尔维克在1914年“九月计划”（September Program）中陈述的战争目的。[10]因而，就像一个世纪以前法国被肃清波拿巴主义一样，德国必须被肃清“普鲁士主义”而得到净化，经改造再次成为“欧洲协调”的一个负责任的成员。

1914年时，没有人像在第二次世界大战中开始相信的那样，相信这将不得不依靠一个涉及德国社会在其征服者手中幡然改换的、急剧的政治和社会工程学过程来实现。1914年时，关于缔造和平的思维如同操作战争的思维一样，由19世纪的经验支配。人们希望，德军在战场上的失败，连同随后对德国领土的占领，会导致一个被教训过的德国政府走到会议桌前。这个政府会同意把阿尔萨斯—洛林还给法国，并且说服奥地利将波斯尼亚、黑塞哥维那，或许还有其他一些斯拉夫地区割让给塞尔维亚。如果德军在1914年彻底失败，这也许会发生。我们可以遗憾它没有发生。在战争的这一阶段上，虽然英国人与其盟国一起实行的是打倒战略，但他们的战争目的仍相当有限。他们并无愿望将德国惩罚到如此地步，以至同法俄两国的帝国竞争如果在战后重新发作，英国就无法依靠与德国的合作。确实，正是对法国人和俄国人的担心，就像对德国野心的担心一样，将导致英国在土耳其加入其敌人的行列后立即制订在中东的领土攫取计划，这些攫取将使它的非洲属地与亚洲属地连接起来，并且使它获得对印度洋及其沿岸领土的牢固可靠的统治。[11]

可是在1914年，战后要做什么的问题极少被提出来考虑。在战争的头几个月里，随德军不可抗拒地横扫法国和比利时，问题在于如何避免战败；接着，是如何在战场上打败这些军队。英国政府面前的问题是它怎么能够在与法俄两国结成的同盟框架内，最好地促进实现这个目标。

1914年，规模甚小的英国陆军，包括其所有高级参谋人员和指挥官，几乎统统被派往法国，在那里它对挡开灾难起了显著作用。参谋本部的估计是正确的：所预期的大会战确实发生了，若无英国远征军在第一次伊普雷战役中所作的贡献，它们本来很可能打败。事实上，这些会战仍然不是决定性的。这一结果（或者宁可说无结果）加强了英国战略家中间的传统派。如果战争像目前显然正在成为的那样旷日持久，英国就应当如同在先前的各次战争中那般限制它的陆上义务，主要在海上施展其力量。这将使它能够封锁德国，保持它往外部世界的供应线畅通，逐渐加强财政和经济实力，以此像在先前的同盟战争中那样帮助大陆盟国，并且灵活地使用有限的军事能力，那是它的“制海权”将使它能够做的。

这很可能就是陆军国务大臣、英国最杰出的军人吉青纳勋爵所抱的观点，他在战争的早先月份里是实际上的军事独裁者。由于他未曾写下任何东西，也未同他的内阁文职同僚或陆军部内的参谋本部讨论过自己的计划，我们无法确信无疑。吉青纳肯定预计战争将持续三年之久。他打破了所有先例，征召一支志愿陆军，那最终将数达100万人以上。然而，不清楚他最后要用这支军队来干什么，而且可能他自己也不知道。无论如何，至少两年内它不会准备就绪以投入行动。对吉青纳的意图有一个最可信的解释，系由戴维·佛伦奇提出。根据这一解释，吉青纳估算到英军在两三年时间内更臻其有效实力的顶峰时，敌方兵力和盟国兵力都将打得无可补充。到那时，英国人以其自身力量相对无损，将处于一种能保证获得最好地护卫自身利益的和平条件的地位，并且不致以业经受到根本削弱的状态出来对抗他们的传统敌手。[12]

在支持这一解释方面，必须记住吉青纳是一位帝国军人，以扩展和捍卫大英帝国度过他的整个军人生涯。1892—1899年作为在埃及的英军总司令，他的主要长期敌人是法国人，1899年在法绍达对抗并压倒了法军。1902—1909年作为在印度的英军总司令，他投身于组织在次大陆的英国和印度军队，准备对俄战争。在他看来，同这些强国的同盟只能被视为暂时的：随德国威胁的消失，老的竞争肯定将重演，英帝国必须被置于有利地位来对付它们。

自16世纪以来，避免以帝国利益为代价大规模投入欧陆战争这一愿望，一直是英国战略思维中的一个成分；吉青纳会在他的内阁同僚中间找到许多支持，支持他不乐意将新的部队在绝对必需之外哪怕稍微快些或多些地投入法国。因而，他和他们很容易听得进关于这些部队在其他什么敌方可以有利可图地加以使用的提议。最具吸引力的提议是由海军大臣温斯顿·丘吉尔于1914年11月提出的，即它们应被用作一支两栖兵力的一部分，打通达达尼尔海峡，夺取君士坦丁堡，将土耳其踢出战争。丘吉尔一提出这个建议，他的内阁同僚们便群起支持。他们声称，这样的一记重击将给身受巨大压力的俄国盟友带去直接的帮助，因为它将使其土耳其敌手从高加索前线分兵，并且为盟国对俄供应开通其黑海港口。它还将在巴尔干地区吸引盟友，尤其是保加利亚和希腊，从而给身受更大压力的盟国塞尔维亚提供救援。而且，土耳其的失败将使英国不仅能通过在巴勒斯坦建立一个立足点来保护它在埃及的地位，还能扩展它在阿拉伯半岛和波斯湾的影响，那里丰富的石油蕴藏已经被视为具有全球性战略意义。[13]

这样一场战役的战略好处看来确实如此富有吸引力，以致没有人太担心战术上的困难。因而，派去夺取达达尼尔海峡的兵力以这么一种方式来领导和装备：仿佛是为了对一个文化落后、技术低劣的敌手——如同1882年时的埃及人——进行一场旧式的殖民地远征。结果是惨遭灾难。达达尼尔战役的失败如同此后西线攻势的败北，太清楚地显示了：不管战略目标构想得多好，它们只能依靠战术上的成功来达到。战略规划必须不仅由政治目的决定，也由可得的军事工具的有效性决定。无论如何，达达尼尔战役的战略原理本身大成问题。将土耳其从战争中踢出去不会影响德国的基本力量。巴尔干中立国在其政策方面，受俄德两国争雄的东线战场的事态进程影响，甚于受地中海地区发生的任何事情影响。而且，即使协约国在巴尔干站住脚，它们的后勤困难也会将其置于一种相对于德国的决定性劣势，就像它们几个月后在使一支部队在萨洛尼卡登陆时确实发现的那样。决定性战区、能够在那里输掉或赢得战争的战区，是东线和西线战场。

1915年时，不管英国战略家们可能如何打算，东线是主要战区，因为德国人决定使之如此。在这一年的进程中，东部德军给俄国造成了那么惨烈的失败，以致其西方盟国开始怀疑其继续将战争打下去的能力，更怀疑其政府这么做的意愿。是缓解东部压力的需要迫使法军和英军继续其西线攻势。实现战略突破、导致决定性的重大结果的期望不复存在：现在的目的是压住德军，消耗德国兵力。这是由法国最高统帅部确定的一种战略，吉青纳仅仅非常勉强地让自己被拖着接受这一战略。他担心，假如他不这么做，不仅俄国人，甚至法国人（它们已经遭受了100多万人的伤亡）就可能受引诱去媾和。正是在这个阶段上，他猛地悟到了一个真理：一个人不得不像自己必须的，而非想要的那样进行战争。

因此，1915年期间英国的战略几乎不知不觉地被改换了。1914年时，英国部队被投入欧洲大陆，以贯彻一种打倒战略，帮助在寥寥几场决定性战役中摧毁敌军。现在，它们留在那里实行一种消耗战略，一种随法国力量逐渐衰落英帝国将不得不发挥愈益增长的作用的战略。[14]

在这样一种战略中，英国人只有靠比他们自己的消耗更快的速度来损耗敌人的资源和意志力，才能取得成功。不仅如此，这种战略还是由战术上的必须规定的。火力效率的巨大增长，战场上机动性的近乎绝然消失，防御力量沿一条有限的战线的高度集中——所有这些都意味着只有依凭大炮火力，才能摧毁敌军和占领地盘。大炮是工业上强大的西欧国家有优良的条件来提供的一种武器，而它们在1915年开始装备自己的整个经济（并且越来越多地连同美国的支持）来提供之。

这在英国导致了关于战争的重大战略辩论。问题不像后来各种战时回忆录中描述的那样是在“西方派”和“东方派”之间，即在希望集中力量于西线的人们与希望找到一条经地中海打击德国盟友的“间接路线”的人们之间。[15]达达尼尔战役的失败已实际上排除了后一种意见。它将在两年以后再度兴起，其时于1917年秋天，帕申德莱战役那漫长的悲惨使得甚至最热烈地主张集中于西线的人也已经泄气。在1915年，争论是在下列两者之间：一方面是那些相信英国应当回到限制其欧陆作战义务，主要通过其工业、财政和海军力量来起作用的传统战略的内阁成员，另一方面是提倡立即彻底动员一切资源而不惜任何财政和社会代价、以求迅速取得彻底胜利的人们。

第一种方针的首要倡导者是负责战争之经济操作的大臣，即财政大臣斯蒂芬·麦克纳和贸易委员会主席沃尔特·朗西曼。他俩都属于执政的自由党内的保守分子，而自由党是个温和派和激进派组成的联盟，由首相赫伯特·阿斯奎斯越来越艰难地主持。他们在所有信仰健全的财政的人中间、在拥有土地的传统的社会成分（这些成分害怕“大坏蛋们”所提倡的彻底投入的社会代价）中间找到了支持。后一种方针的主张者包括军方本身、正在越来越多地占据下院席位的上升的商业阶级、发行量巨大的报纸和激进派政客。后者由大卫·劳合·乔治和温斯顿·丘吉尔领导，其中劳合·乔治正在迅速地变成阿斯奎斯内阁中的主导人物，一年后将取代阿斯奎斯任首相，丘吉尔则虽然因为达达尼尔惨败大为丢脸，但不久便被召回官府，先任军火大臣，然后任陆军国务大臣。第一派整天担心国家破产，第二派则时时害怕输掉战争。

1915年秋天，在对待引入“全国义务服役制”（一个不那么自由的社会本将称之为“征兵”）的建议上面，这一辩论达到了激烈状态。[16]在战争头几个月的大众积极响应之后，自愿入伍不再能满足扩充军队、替换伤亡所需的人数，而这人数是军方预见到为维持它现在正规划着的攻势所必需的。因此，激进派要求征兵，以产生一支将使打倒战略再次成为可能的军队。但它遭到传统派的反对，理由是它将致命地损害英国贯彻消耗战略的工业和经济能力。激进派占了上风。征兵的第一阶段于这年年底开始。与此同时，在尚蒂伊举行的一次会议上，协约国军方领导人议决在西线和东线两处发动协调一致的攻势，以迫使德国人在俄国人（并非不可想象还有法国人）首先求和以前诉诸停战。当吉青纳的新部队全部投入时，英国对这协同攻势的贡献将是打索姆河战役。即使这场进攻不像道格拉斯·黑格将军仍在希望的那样导致突破，它也被指望来对德军施以如此的惩罚，以致其领导人会被迫求和。

然而在索姆，就像在达达尼尔一样，战术上的失败将毁了大战略概念。1916年2月，德国人进攻凡尔登。这一打击按照德国最高统帅部的意图是要引入一场消耗性拼斗，使法军流血至死，而且它确实大量减少了可用于计划在7月发动的协约国协同攻势的兵力。由于德国以进攻凡尔登夺取了主动权，英国的任务无论如何被搞得更加困难。然而更契合问题的是训练不足，英国新部队在每个层次上都缺乏经验，它们采取的战术笨拙不灵，扩充过快的支援性炮兵在技术上失败，而且——这是最重要的——相信猛烈的支援火力和小心翼翼的战役规划能够代替基本的战场技能。

索姆河攻击的失败把英国拖进了漫长的消耗折磨，那是战略辩论中的双方都希望避免的。由于它是在火力的发展有利于防守的时候采取攻势，因而攻守之势对它不利。俄国革命和法军在1917年春天的近乎崩溃使事情更糟。此外，英国获得北美工农业资源的能力受到威胁，这不仅是由于德国潜艇战的成功，还由于英国在美信贷的耗尽。1917年春天，即在索姆河畔的“大推进”以如此大的胜利期望被发动之后刚刚六个月，英国的战争领导们就不得不在思索失败的可能性。4月间美国的参战将拯救他们，这更多地是靠它为他们提供了无限的信贷，连同美国海军在击败德国潜艇方面的合作，而不那么靠它提供了新的军队，因为这些军队在变得有效以前还要经过远不止一年时间。

1916年的事态显露了工业化战争的性质当中又一项可怕的发展。“消耗”不再是个在战场上磨损敌方军队力量的问题。只要有可以得到的人来替换，并且有武器来装备这些人，军队的伤亡就能够得到弥补。因此，真正的打击目标，或如克劳塞维茨所称的“重心”，不再是军队本身；它是国民继续给这些军队提供人员和物资的能力，更是国民这么做的意志。换句话说，它是敌方社会的凝聚力，那在1914年以前看来是那么令人惊恐的脆弱，但往后已证明是那么出人意料的坚韧。“歼灭战略”概念取得了一种新的、更致命的含义。

战争目的在双方都是总体性的。没有什么能比德国政府在1917年4月所起的一项作用更清楚地表明这一点，那就是它在便利列宁及其布尔什维克同事从瑞士返回俄国、以便加速临时政府的崩溃上面所起的作用。和平要以毁坏一个社会结构为代价来取得，尽管这个社会结构的稳定同整个欧洲社会的稳定休戚相关。在另一方面，英国政府从1917年起，发动了一场持续的政治战，支持哈布斯堡君主国的心怀不满的斯拉夫少数民族独立，尽管这个国家的多民族结构在过去几个世纪里维持了这一最易动乱区域的稳定，而这个国家的消失将使东欧成为彼此敌对的德俄两国野心的牺牲品。[17]最后，伍德罗·威尔逊总统将在1918年11月授予德国人和平条款，先决条件是他们遵照俄国人的榜样推翻君主制，尽管这君主制（虽有其一切弊端）为德国国民提供了一个忠诚焦点，而其消失将使舞台留给更为险恶的势力兴妖作怪。从1917年往后，欧洲各交战国在被战时宣传搞得狂热的民众的充分支持下，开始走上既在军事上也在社会和政治上互相毁坏的道路。英国并不例外。

在战争进入这灾难性的最后阶段以前，本来能否实现和平？简短的回答是能，但只是按照德国的条件。直到1917年底为止，德军总是取胜。在东线，俄国已经战败，巴尔干已被蹂躏。在西线，法国人和英国人已成强弩之末：他们已无力进一步进攻，担心地等待德国正在准备于翌年春天发动的打击。美国参战由于德国潜艇战的成功而无法发挥作用，而潜艇战的胜败之势只是刚刚开始扭转。直到1917年底为止，任何不将德国留作欧洲大陆霸主的和平俱无可能。

然而，有美国人做后盾，无论是英国人还是法国人都不会接受德国规定的和平。到1918年夏初已经清楚，西线的德国陆军无法在德国海军输掉战争以前赢得战争。到那时，德国国内的社会分裂已大为加剧，而到秋天，美国武器装备大量涌入西欧使协约国有可能颁令维持他们自己的和平条件。

从所有这些可以引出什么结论？英国最初的大战略目标——削减德国的权势而不摧毁它或使它永久怀抱敌意——是明智的。同样，做到这一点的最有效办法（如果可能的话）本来是以一种打倒战略在战场上击败它的军队。英国人发觉自己不得不实行的消耗战略就像每个人都担心的那样，无异于互相自杀，尽管这过程比预想的漫长，而且英国力量在军事、经济和社会方面被销蚀的程度对下一代人来说仍未变得清楚。[18]然而，替代性办法不会是某种精巧和没有痛苦的“间接路线战略”。它会是在德国首先摧毁俄军，接着摧毁法军之时袖手旁观，然后在德国潜艇使英国迫于饥馑而屈服之前缔结可能缔结的那种和平；或者，最好是等待美国参战。然而在1917年以前，美国参战或如果参战就会非常有效看来是很不可能的。

本着后见之明，我们可以看到在工业社会里，军队的消耗全无可能与国民的消耗——精神和社会两方面的消耗——割裂开来。战后在英国，几个很有进取心的战略思想家开始寻求“一击败敌”的妙方。有人希望在轰炸机里面找到它，另有人求诸坦克。然而流行的俗见认为下一场战争将和上一场非常相像，因而明智之举在于避免它。[19]这是一种将支配此后20年里英国治国方略的信念。

注　释：

1 Michael Howard, *Grand Strategy*, V.4, *U.K. Official History of the Second World War, Military Series* (London, 1972), p.1.

2 Philip Magnus, Kitchener: *Portrait of an Imperialist* (London, 1958), p.349.

3 Carl von Clausewitz, “Note of 10 July 1827,” in *On War*, Michael Howard and Peter Paret, trans. and eds. (Princeton, 1976), pp.69.

4 Gordon A. Craig, “Delbrück: The Military Historian,” in Peter Paret, ed., *Makers of Modern Strategy* (Princeton, N.J., 1986), pp.326-353.

5 Jean de Bloch [Ivan Bloch], *La Guerre future*, 6 vols. (Paris, 1898); 该书的英译本为 *The Future of War* (Boston, 1899)。

6 Alfred von Schlieffen, “Der Krieg in der Gegenwart,” in *Gesammellte Schriften* (Berlin, 1913), V.1, p.11.

7 例如见 L.L. Farrar, *The Short-War Illusion: German Policy, Strategy and Domestic Affairs, August-December 1914* (Santa Barbara, Calif., and Oxford, 1973)。

8 整个这一辩论详见 Samuel R. Williamson, *The Politics of Grand Strategy: Britain and France Prepare for War, 1904-1914* (Cambridge, Mass., 1969)。

9 关于德国右翼势力以及很大程度上德国政府的野心，见 Fritz Fischer, *Griff nach der Weltmacht* (Düsseldorf, 1962); 英译本为 *Germany's Aims in the First World War* (London, 1967)。

10 “九月计划”设想德国在东、西欧进行广泛的征服和在海外进行帝国兼并。关于这个计划见 Fishcher, *Griff nach der Weltmacht*。

11 例如见 Elizabeth Monroe, *Britain's Moment in the Middle East*, 1914-1971 (London, 1981)。

12 David French, *British Strategy and War Aims, 1914-1916* (London, 1986)。又见他的论文“The Meaning of Attrition, 1914-1916,” *The English Historical Review*, V.103, no.407 (April 1988), p.385。

13 关于 Gallipoli 战役的最好描述见 Robert Rhodes James, *Gallipoli* (London, 1965)。又见 Martin S.Gilbert, *Winston Churchill*, vol.3, *Companion Volume*, part 1 (London, 1972), pp.278ff。

14 对英国战争努力之发展的一项全面论述，见 Trevor Wilson, *The Myriad Faces of War: Britain and the Great War, 1914-1918* (Cambridge and Oxford, 1986)。

15 特别见：Sir William Robertson, *Soldiers and Statesmen*, 2 vols. (London, 1926); David Lloyd George, *War Memoirs*, 2 vols. (London, 1938)。

16 见 R. J. Q. Adams and P.J. Poirer, *The Conscription Controversy in Britain, 1900-1918* (London, 1987), pp.144-195; French, *British Strategy*, pp.158-195。

17 V.H. Rothwell, *British War Aims and Peace Diplomacy* (London, 1971), pp.221-228。然而，该书也显示了英国政府内部在这个问题上的分歧。

18 一项权威的分析见 J.M. Winter, *The Great War and the British People* (London, 1985)。

19 对两次大战之间英国战略制订的最充分论述见于N.H. Gibbs, *Grand Strategy*, V.1, *U.K. Official History of the Second World War, Military Series* (London, 1976)。

第四章　丘吉尔和第二次世界大战中的联盟战略

埃利奥特·A·科恩

人们往往认为，温斯顿·丘吉尔是通过他所表现的不屈不挠的精神，连同他在一场漫长的浴血斗争中用以激励英国人——以及所有自由人民——的那种辉煌的豪言壮语，来为赢得第二次世界大战做出了他的伟大贡献。然而，他是不是一位战略家？更确切地说是不是一位优良的战略家？在这个问题上，他的同事们和历史学家们看法不一。例如，在战后发表的一部日记里，一位长期怀抱怨意的军事幕僚赞同性地援引了澳大利亚总理罗伯特·孟席斯的一句话："只是丘吉尔壮观和勇敢的领导，才弥补了他那可悲可叹的战略意识。"[1]其他军事幕僚和观察家强烈地不同意这种观点，[2]它在帝国参谋总长艾伦·布鲁克的日记中得到了最带诅咒性的表述。今天，丘吉尔的领导之无可否认的英雄性质，加上他战时生涯那一桩桩著名的古怪之处，留下了这么一个形象：他才气横溢而性情易怒，无疑必不可少，却是一头"在瓷器店里横冲直撞的公牛"，而非一名老谋深算、审慎精明的战略家。按照后一种眼光评价丘吉尔，滤去神话般英雄的炫目光芒，合乎分寸地看待那迫使他的将军们分心的、公牛般坏脾气的顽固，绝非轻而易举之事。而辨识丘吉尔战争方略的最佳途径之一，在于研究1940—1945年期间他如何处理同盟战争问题。

思想准备:《世界危机》和《马尔博罗》

丘吉尔作为一个成熟的人，花了大约30年时间思索平时和战时的高层指挥问题，并且亲身经历了这些问题，于1940年出任首相。这在民主国家的国务家们中间独一无二。第二次世界大战期间，丘吉尔在管理英国政府方面大得益于这一经历。他的许多同代人也是如此：他们参考1914年至1918年大战的种种难题和解决办法来讨论他们当时的困境和前景。

特别有意思的是看丘吉尔在其四卷本的大战论述——《世界危机》(*The World Crisis*)——当中，如何反思1914—1918年操作联盟战争的教训。丘吉尔转向历史，包括他本人生涯的历史，并非仅仅为了消遣或自我辩护，而是为了寻求教益。他具有一种引人注目的、从他自己缩放的错误中学习的能力。例如，他虽然无悔地辩护1915年的达达尼尔战役，但仍承认自己在强行一项仅仅勉强得到高级指挥官们支持的军事行动上面犯了错误，并且在1940年仔细地构设一种体制，它将防止在未来重新发生类似的情况。[3]

在反思第一次世界大战的事件时，丘吉尔最看重这场斗争的联盟性质。多年后，他告诉他的秘书：一个人要理解那场战争，只需阅读爱德华·斯皮尔斯所著《1914年的联络》和《胜利的前奏》两书（它们叙事文笔优美，集中于联盟政治）。[4]丘吉尔是个当然的克劳塞维茨主义者，坚持政治特别是联盟政治在战争操作中的首要地位。他说："在最高层次上，真正的政治和战略是一个东西。将一个盟友招到战场中来的谋略，同赢得一场重大战役的谋略一样有用。获取一个战略要点的谋略，可以不如安抚或威慑一个危险的中立国的谋略那般富有价值。"[5]在他看来，在使德国人遭受厄运的三大错误中，两大最重要的是联盟战略错误。由于入侵比利时，德国人从一开始就将英国招入战争；由于宣布无限制的潜艇战，他们以后又将美国招入战争。[6]与此类时，丘吉尔论证说德国人浪费了他们的战略机会，那在于对协约国联盟中较弱的成员施以致命的打击，寻求政治的、经济的和较狭义的军事的效果。因此，在1916年，德国人本来应当规避西线，以集中用兵于俄国和东欧；在1918年，他们本来应当将意大利踢出战争，而不是在一番不顾后果的、要么全有要么全无的欧洲霸权争夺中，将自己所剩的全部力量投入西线进攻。[7]

依据同样的道理，丘吉尔认为协约国未能整合它们的国家军事努力，从而一次又一次地危及自己的事业。克劳塞维茨写道，战争是个整体，"在战争中，甚于在任何其他事情上，我们必须以观察整体的性质着手"。[8]丘吉尔相信，在1914—1918年，"作为一个整体的战争问题是从许多不同的、互不关联的立足点上被牵引的。战争并非僵硬呆板地分成各个部分：

分成法国、俄国和英国等各个盟国，分成陆上、海上和空中，补给与战斗人员，宣传与机器装备等；它事实上只是在一个既定时期里起作用的所有力量和压力的总和。然而，它被予以支离破碎的处理。在研究、思考、指挥和行动达到即使不完美的统一以前，必须有经年累月严酷的教诲”。[9]在丘吉尔看来，单纯的愚蠢或固执并没有解释战略的这一可以责备的支离破碎。弊端部分地在于政治家和将军们对战争的绝对需要了解得太慢，部分地在于国家间有着内在的和近乎不可调和的差异，因为“危机时节每个大国都有它自己的行事方式”。[10]

丘吉尔认为，这是个可怕的两难。对和平时期的和谐与进步是如此可贵的妥协精神和耐心，在战争中将“只意味着士兵们由于其军政领导人迟疑不决而毙命”。在战争中，“明晰的领导、猛烈的行动、刚性的决定”不仅是必需的，而且甚至是仁慈的。在战争中，被放任自流的事情不会自行改善或自行消失，而会“毁灭性地爆发”。[11]幸运的是——丘吉尔认为——民主制政府的灵活性使得国家能够形成为了单独一国进行战争所需要的有力的行政权。然而，只有国务家们的最大努力，才能在一个由各国组成的国家联盟里面保证一致和明晰。因此，丘吉尔虽然在某些方面是菲迪南德·福煦元帅的严厉批评者，但赞扬他懂得协约国在战场内外统一的必要。与菲利珀·贝当不同，他“摆正了协约国军队的各项战略必需的位置。在其中，无可攀比的首要必需是法军和英军的联合”。[12]

于是，联盟战争的两个关键特征在《世界危机》中凸现出来。它们是：（1）旨在分裂敌方联盟和扩大己方联盟的战略机动至关重要；（2）战争现象的统一性与各国（以及较小的组织）以支离破碎的方式来对待战争的倾向相矛盾。20世纪30年代期间，丘吉尔在其六卷马尔博罗公爵（1650—1722）——他的伟大祖先的传记中，进一步探究了联盟战略的这两个方面。[13]一种富有特征的混合渗透在这部著作中：一方面是关于“多国组成的联盟虚弱、自私之弊”的悲观主义，另一方面则是关于有志气、有灵感的治国方略之可能性的乐观主义。[14]丘吉尔写道：“所有联盟的历史都是盟国互相抱怨的历史。”[15]他发觉西班牙继承战争有一个同刚刚打过的那场大战——也是同将要打的那场大战——的相似之处：

> 这是一场周边对中心的战争。当我们反思盟国的自私目的、嫉妒和缺陷，反思它们的许多天然有分歧的利益，反思就任何一项必需措

施取得共同和及时的一致意见的重重困难，反思那种拖延一切旷日持久的人类努力的精神和物质疲劳时……我们就不能认为路易十四会如此长久地坚持其“偶不胜奇”的格言有什么奇怪。处于中心位置，拥有对世界上最强大、且逢其最显著迸发之一的那个国家的完全控制，掌握事先早早规划、择时打击不同地方的权力，并且最重要的是确定无疑能得到含蓄的服从，因而他打得那么好又那么久几乎毫不足怪。奇迹在于，在欧洲那并无准备的文明当中竟能找到任何力量来挡住他，更不用说征服他。[16]

丘吉尔再次描述了联盟战争中盟国间分歧的不可避免性，特别是弱国或受到致命威胁的国家试图向较强的国家转嫁负担的倾向，连同它们选择谨慎而非大胆、宁愿[17]模棱两可而非果断坚定的倾向。他写道：“无法像操作单独一国的军队那样来操作一个联盟的军队。”在丘吉尔的心目中，马尔博罗所以伟大，关键在于他懂得并接受了这个事实，同时力争从“一个试图进行战争但极为笨拙的联盟的种种阴谋诡计、相反目的和半吊子措施”当中形成一个内在连贯的战略。[18]

从第一次世界大战开始到第二次世界大战结束的30年里，丘吉尔用来分析战略的语言表现了引人注目的连续性。在《世界危机》和《马尔博罗》中，读者发现1940—1945年间伟大的国务文件的同一些主题和用语。丘吉尔总是挑选出两三个主导局势的“头等事实”，并且特别注重“时间因素”。无论是谈论17和18世纪之交的联盟政治，还是谈论1941年时一个严阵以待的英国的未来战略，他都试图分析各种不同利益的“真实比例”，谈论“将一个盟友编织到战争结构中去”这一任务。[19] 1914—1941年这一时期里，他的立场凡有看似变化之处，都是朝向更彻底地评价联盟战争的麻烦性质。甚至在他于第二次世界大战期间的公开声明中，他也继续提醒他的听众：每个盟国都将“自然地从一个不同角度和在一个多少是不同的关系中来看（每个）战区”。[20]丘吉尔对于在战争操作方面实现统一的困难的理解，并未使他陷入一种简单的悲观主义，反而激励他进行更大的努力；但是，这确实影响了他对待战争的整个战略方式。

联盟战略的诸层次

同等的伙伴

丘吉尔在第二次世界大战期间的同盟战略操作方面，面对四个层次的问题。在这些层次当中的第一个，也是最重要的层次上，他与大同盟中他的两大伙伴美国和苏联共事。他在1942年2月15日的演说中概括了这些关系的重要性，其时英国刚遭受了它在这次战争中最大的灾难之一——新加坡的沦陷：

> 现在局势怎么样？总的来说，我们生存下去的机会比1941年8月时候是大还是小？英帝国或英联邦生存下去的机会如何？我们在上升还是下降？……
>
> 当我概览和估算美国及其巨大资源的力量时，当我感到它们现在同我们，同整个英联邦在一起，而且不管战争延续多久直至死亡或胜利永远如此时，我无法相信全世界有任何别的事实能够与这相比。这就是我一直梦想、追求和为之努力的，现在它已经实现。
>
> 然而还有另一个事实，在某种意义上有着更为直接的作用，那就是俄国军队没有被征服或摧毁。
>
> **于是，这里有两个极其根本的事实，它们最终将支配世界形势，以先前从来不可能的一种方式使胜利成为可能。**[21]

在这篇演说中，就像在其他战时演说中一样，丘吉尔非常坦率地表露了他的战略谋算的大前提。

但是，丘吉尔并不认为美国参战和苏联坚持东线陆战这“两个极其根本的事实”显得像是国际政治的某种自然法则的结果。他相信，没有英国的坚持不懈的努力，就无法造就一个有效的大同盟。特别是，遭到入侵的眼前威胁在1940年冬天刚过去，他就将形成这个同盟当作自己的当务之急。

战后，丘吉尔如此描述他刚得知日本袭击珍珠港时的澎湃心潮：

此刻，我得知美国完全陷入了战争，不打到底就不会脱身。因此，我们无论如何已经赢了！是的，在敦刻尔克溃退和法国沦陷之后，在奥兰的可怕的插曲和入侵的威胁之后……我们已经赢得了战争。英格兰将活下去；不列颠将活下去；英联邦和英帝国将活下去。没有人能够说出这场战争会延续多长时间，或者会以什么方式结束，而且在此刻我也不关心这些……我们不会被消灭。我们的历史不会完结。我们或许甚至作为个人也不必去死。希特勒的命运被注定了。墨索里尼的命运被注定了。至于日本人，他们将被碾得粉碎……前面还有许多灾难、无可估量的代价和磨难，但关于结局没有更多的疑问。

愚人们（愚人多多，不仅是在敌国国内）可能瞧不起美国的力量。有人说他们软弱，还有人说他们永远不会团结起来。他们将离得远远地鬼混。他们永不会开始搏斗。他们永不会忍受流血……然而我研究过美国内战，那是一场不顾一切地打到底的殊死搏斗。我的血管里流着美利坚人的血脉。我想起了爱德华·格雷30多年前对我说的一句话：美国像“一座巨型锅炉。一旦在它下面燃起火焰，它能产生的力量无穷无尽”。我充满着激情和感情上床，进入了被拯救者和感恩者的梦乡。[22]

这里有两点引人注目：第一是丘吉尔对胜利的信心，这信心虽经1942年初的灾难而不动摇，与其幕僚不那么乐观的看法不一样；[23]第二是他隐含地承认，直到1941年12月为止，他一直认为战争有可能以一种格外可怕的失败告终。

从1940年和1941年美国越来越支持英国的那个时期，到盟国基本战略在1942年和1943年间的塑造，再到1944年和1945年里轴心国的最终失败，丘吉尔通过调控对美关系，对英国在第二次世界大战中的胜利做出了他的最大贡献。从一开始，丘吉尔就比他的任何同僚都更充分地评价了美国加入英国一边的意义。的确，如果说丘吉尔在1940年和1941年有什么争取胜利的大战略的话，那主要就在于安排美国作为英国的伙伴公开加入对德作战。[24]当然，并非只有丘吉尔才认为同美国结盟非常可取，甚至绝对必要。然而，他对这一任务的坚持不懈的一心关注，他对美国军事和工业潜力的评价，确实超过战时内阁和军事参谋班子中他的军政同僚。

从一开始，丘吉尔就准备对美国人做出可观的让步，以便使他们越来越接近战争。1940年8月，他的战时内阁同僚对富兰克林·D.罗斯福总统提议用50艘过时的美国驱逐舰交换英国在北美的基地表示保留。丘吉尔提醒他们说，“如果这个提议得到通过，美国就将朝着站在我们一边参战迈上一大步。向一个交战国出售驱逐舰肯定不是一项中立的举动”。[25]与此类似，当内阁惊恐地注意到英国金融资源迅速萎缩时，丘吉尔告诉他的同僚“如果军事处境会意外地恶化，我们就将不得不为了获胜而把我们所有的一切抵押出去，必要的话将英国工业的任何每个部分的留置权给予美国”。[26]确实，在整个战争期间，特别是在1941年以前的时期里，丘吉尔审议每个重大的战略决定时都把这么一个问题置于他考虑的最前列：这会如何影响美国的态度，如何影响它最终加入战争？[27]

丘吉尔相信，美国有着巨大的、而且确实是决定性的战争潜力。[28]英国政府的许多其他成员并不持有这一看法，或者至少不像丘吉尔那般坚信之。对于美国在第一次世界大战中的军事表现，较近的回忆不佳，当时美国召集了庞大的军队，但往往发现自己不得不用欧洲的武器来装备它们。1941年和1942年里，英国军方领导人认为他们自己的国家“疲软”，他们的地面部队不大抵得上德国人，然而美国人似乎对打仗而言更缺乏准备，或者更不适合于战争。[29] 1942年1月，约翰·迪尔爵士从华盛顿致函随他之后担任帝国参谋总长的艾伦·布鲁克：“我从未见过一个国家对战争如此全无准备，而且如此软弱。”[30]总的来说，英国军事专家们对美国地面和空中部队的军事信条和效率评价很低，前者由匆忙筹集的征召兵员构成，后者则怀抱不现实的白昼精确轰炸信条。[31]

不仅如此，美国巨大的军事生产能力对外部观察家来说并未变得一目了然，直到战争的后三年为止。[32]换句话说，美国在1940年生产的军火量不到英国的一半，在1941年生产的约等于英国的三分之二，在1942年等于英国的两倍，在1943年为英国的三倍多，在1944年近乎英国的四倍。1941年时，英国已达到其最大军事产出能力的59%，而美国只达到了自己最大军事产出能力的11%。[33]到头来，美国1340万军火制造工人的生产量是其780万英国同行的四倍。[34]随着战争的进展，英国在战争物质方面变得越来越依赖美国。用官方史的话说，珍珠港事件以前，美国对英军火供应

"微乎其微"。然而在1942年，英国军火的十分之一来自美国，1943—1944年里更是达到显著超过四分之一。[35]在某些关键领域，特别是坦克、登陆舰和运输机，美国生产的占到英国需求量的40%到50%。[36]

三大要素塑造了英国在大同盟中的影响：它肩负的人力和物资负担；它能够动用来压在敌人身上的兵力分量；还有最重要的是它的领导人在说服盟国领导人接受英国观点上面的技能。表一揭示了1943年里美英两国的战争——工业相对**分量**改变得多么迅速。直到1944年春天为止，英国同敌人有战斗接触的师仍比美国多大约四分之一或三分之一；然而到1945年1月，美国同敌人接触的兵力至少比英国多60%。[37]与此类似，美国对欧空中攻击在1942年微不足道，1943年底以前相当有限，直到1944年才变得充分起来。[38]

表1　主要交战国战斗军火生产量，按年度开支计

（1944年美国军火价格，百万美元）

国家	1935—1939年	1940年	1941年	1942年	1943年	1944年
美国	1.5	1.5	4.5	20.0	38.0	42.0
联合王国	2.5	3.5	6.5	9.0	110	11.0
苏联	8.0	5.0	8.5	11.5	14.0	16.0
德国	12.0	6.0	6.0	8.5	13.5	17.0

这样，在整个战争过程中，英国对美国的讨价还价地位显著恶化，并且是在几个方面显著恶化。而且，丘吉尔也并非是以一种吓人的强势开始这场战争：1940年和1942年时，英国几乎倾家荡产，甚至是在它的部队在接二连三的惨败中被从欧洲大陆赶出去的同时。作为英国在法国、希腊和北非接连败北的一个结果，美国人对英国的军事能力和战略极为怀疑。[39]英美关系在许多地区充斥着紧张，特别是在远东。美国官员，包括罗斯福总统，对在殖民地问题和诸如战后空运安排等经济问题上向英国人严厉施压极少迟疑懊悔。[40]

因此，丘吉尔及其幕僚到1944年6月底为止（当时他被迫就攻入法国南部一事屈从于美国人的意愿）一直能够在差不多每个重大的战略问题上占上风，就更为引人注目。1942年攻入北非，继之以1943年攻入意大利和1944年攻入法国，代表了一种丘吉尔式的战略蓝图的展开，那同他为1942年第一次华盛顿会议起草的备忘录中所展示的并无太大区别。甚至在战争末期，丘吉尔依然保持着颇大的行动自由：1944年12月，虽然美国反对，包括暂停对该地区英国部队的一切海军支持，但他仍在希腊进行了一番大致成功的干涉。他在自己的二战回忆录里，刻意描绘了一幅过分美好的英美“特殊关系”图景，这在很大程度上是因为他相信英国作为一个强国的未来取决于同美国的联系。尽管晚近的历史学家们正确地断定，英美同盟包含许多冲突和竞争，但确实存在过——并且继续存在着——特殊关系。在对外政策、防务规划、情报搜集和评估方面的合作一直继续到今天，它在不小程度上出自丘吉尔奠定的基础。根据先前种种同盟的标准而非抽象的和谐概念来判断，英美同盟过去是，现在也仍然是一项非凡的成就。[41]

丘吉尔以三种方式构筑英美同盟。他同富兰克林·罗斯福的独特的通讯来往，他们在反复不已的会议上建立起来的亲善友情，乃众所周知。在战争过程中，他给总统发去了大约950件信函，并且从总统那里收到了750件，平均每三天两人之间就有一次通信来往。在差不多所有场合，丘吉尔都亲自起草函件，这表明了他赋予这一来往的重要性。他有一次说：“没有哪个情人曾经像我仔细琢磨罗斯福总统的每一项任性和奇想那样琢磨过他的情妇。”[42]对于他俩的最精明的观察者之一写道：他们的关系基于一种“自然随和的亲密”，然而“他们当中不管是哪个，时刻不忘自己是谁和代表什么，也不忘对方是谁和代表什么。实际上，他们的关系始终维持在最高的专业水平上。他们是干同一行——全球规模的政治军事领导——的两个人，而这一行是个绝顶的阳春白雪之地，极少数驻足者极少有机会与同行伙伴在一起交流切磋。他们以专业者的老练的眼光彼此赏识对方，而这一赏识产生了某种程度的钦佩，产生了对于对方之专业问题的富有同情的理解，那是较次等的从业者达不到的”。[43]一种难得的志同道合意识浸透了这一关系，但也必须有分寸地看待它。无论是丘吉尔还是罗斯福，都不认为仅此就会使两个盟国之间的关系和谐无间，或消除它们在利益和观点上的基本差别。

这种通过个人关系来追求同盟的做法还延伸到别人身上。例如，丘吉尔重视同德怀特·艾森豪威尔将军拉关系，在攻入欧洲大陆前的几个月里同他一起进餐多达每周两次。[44]与此类似，从一开始丘吉尔就懂得哈里·霍普金斯作为罗斯福的特使和亲信的重要性，成功地努力使他成了自己的亲密朋友。就像他对英国的将领们那样，他会特别邀请这两个美国人到他的乡间别墅契克斯度周末，将交际性的消遣同战略辩论结合起来。由此确立的亲密关系完全没有阻绝争执，但它确实创造了一种亲善气氛，在其中这些争执可以得到解决。

在同美国人打交道方面，丘吉尔除了严格的个人层次之外，还在其他两个层次上运作。首先，从战争一开始，他就向美国公众及其精英呼吁。1940年和1941年间那些洋溢着英雄气概的演说，其听众既有英国人，也有美国人，而丘吉尔懂得并且赏识这一事实。因此并非偶然，他在1940年6月18日告诫说："如果我们败了，那么全世界，**包括美国**，包括我们了解和关怀的一切，将统统坠入一个新的黑暗时代的深渊，它由败坏了的科学搞得更险恶，也许也更长久。"[45]至少同样重要的，是他在美国发表的那些辉煌和受到热烈接受的演说，特别是1943年5月19日他对国会的演讲和同年9月6日他在哈佛大学的致辞。[46]到战争结束时，因为他个人的声望，丘吉尔作为英国战争统帅的地位已变得实际上无可挑战，而美国人对他的广泛赞颂对此起了几乎同样大的作用。

丘吉尔还通过合作的体制化来构筑英美同盟。尽管他以一名不可预测的好闹独立的人著称，但他懂得战略的组织方面，并且致力于这个方面。联合参谋总部在1942年的创立（该步骤得到了丘吉尔的支持，由此压倒了英国参谋本部的保留）也许是这些组织工作中最重要的，但还有其他的组织成就。将英美两国运输和军火生产组合在一起的各委员会，在布莱彻利公园和战场上的联合情报努力，还有为西北欧、地中海和东南亚设立的各个盟军最高统帅部：所有这些都带有丘吉尔的烙印。

同另一个大盟国——苏联，丘吉尔从未取得、也不期望有多少接近于同美国那般密切的关系。他的确维持了同斯大林之间的一种个人信函联系，虽然从未达到他同罗斯福的通信往来的那种篇幅和密切程度。[47]整个战争期间，丘吉尔始终争取使他同苏联的关系达到一种平衡。他在1939年的一项公开断言，即尽管有莫洛托夫—里宾特洛甫协定，苏联仍然同西方国家有共同利益[48]由事态发展得到了证明。1941—1945年决定他的大多数对苏交道的核心信念，始终是他在德国入侵俄国之日所讲的：一方面，"在过去25年里，没有人是比我更一贯的共产主义反对者。我不会收回我就此讲过的任何话"。另一方面，"然而在目前展开着的景象面前，所有这一切都消退了。往昔连同其所有罪恶、愚蠢和悲剧迅速消退了……任何人，任何国家，凡坚持同纳粹作战，都将得到我们的援助。任何人，任何国家，凡同希特勒走在一起，便是我们的敌人……因此，俄国的危险就是我们的危险，也是美国的危险，正如任何一个为自己的家园而战的俄国人的事业，就是地球每个角落的自由人和自由民族的事业”。[49]

丘吉尔和他的同僚们一样，周期性地沉溺于对苏联共产党政权的性质和斯大林本人的幻想中。然而总的来说，四项基本和经久的信念决定了他在整个战争期间的看法：第一，苏联将证明比他的大多数军事幕僚起初预期的更有复原力，是最终战胜希特勒的主力之一；然而第二，绝对必须保持对苏供应线开通，即使是以非常高的代价来这么做，以便维持苏联的军事努力，排除绝望之中妥协求和的任何可能性；第三，姑息苏联的粗蛮无礼和咆哮恐吓没有什么好处，最重要的是不应屈从苏联坚持盟军在1942年（后来是1943年）攻入西欧的要求；第四，总的来说苏联在战后将仍旧是一种敌对的力量，即使不是致命的威胁性的。在这样一套混合的看法上面，他有别于美国人和自己的某些同僚，例如比弗布鲁克勋爵，后者赞成早日开辟第二战场，并且对苏联的未来抱有过分良好的看法；他也和自己的军事幕僚不一致，这些人起初低估苏联的军事能力，怀疑大力向红军提供补给是否值得。

1941年夏天，包括丘吉尔在内的大多数观察家都预料红军将被打败，虽然丘吉尔对其不败可能的估计要比参谋长们和英国情报系统高出不少。[50]因此，他坚持绝对需要向苏联提供物资，即使是以高得可怕的代价来这么做。英国官方史写道，事后来看，“在分配（这些供应）方面，我们的损失大于俄国人由于得到它们而获取的好处”，[51]然而衡量的尺度很难说是吝啬小气的。[52]丘吉尔对他的同僚们说：对苏船队运输高至50%的损失必须被认为可以接受。[53]他告诉内阁：“船队不惜代价向前闯，直至目的地”是“我们的责任”。[54]代价高昂，不仅是在淹死的人员和丧失的船只货物，而且也是在被调离远东防务的紧缺资源。到1941年9月已运往苏联的450架飞机本来可以在新加坡的防守上起某种作用：这是个丘吉尔承认和接受了的痛苦的事实。1941年12月底他告诉艾德礼：“如果马来半岛由于利比亚和俄国的缘故而困厄，那么没有什么人比我更要为此负责，而且我以后还会做同样的事情。”[55]

丘吉尔走得还要远。他据称敦促参谋长们考虑丘比特战役，即在挪威北部的一场登陆战役，那是他们——事后看来很对头——当作不切实际而反复予以拒绝的。丘吉尔这项提议的主要目的，在于确保前往苏联的航路，这航路记忆遭受被部署来袭击北方运输船队的德国海空力量的打击。[56]丘比特战役很可能起源于斯大林致丘吉尔的首次战时函件（1941年7月18日），它要求开辟打击德国人的两条战线：一个在法国北部，另一个在北极地区。[57]他对于考虑这个以及类似的作战行动的坚持，得到了两种情况的推动，一是参谋长们很不愿意赞成除轰炸德国以外的任何进攻性措施，二是他敏锐地认识到苏联人正在承受的负担。在此背景下，1943年4月8日他给参谋长们的那份大发其火的备忘录值得援引。其时，艾森豪威尔将军告诫说，再多两个德国师就将使进攻西西里的战役无法进行。丘吉尔就此声明：

> 如果两个德国师的存在就被认为是决定性的，足以使目前在北非的百万之众无法进行任何进攻性行动或两栖战役，那就难以设想这场战争还能打下去。已经做了多个月的准备，又有着充裕的海空力量，然而两个德国师就足以将它打得烟消云散……我相信参谋长们不会接受这些懦弱胆怯和失败主义的信条，不管他们来自何人……我认为这件事极其严重。我们已告诉俄国人，因为"壮汉"战役的缘故，他们无法由北方船队得到他们的供应，而现在倘若附近有两个德国师（其具体兵力不详），"壮汉"战役就要被取消。我无法想象，在斯大林面前有着185个德国师的时候，他对此会怎么想。[58]

由于这个原因，丘吉尔对于放弃1943年在法国开辟第二战场的想法比他的参谋长们要勉强[59]，在丘吉尔同参谋长们和美国人的战略争辩中，185个德国师这个数字（事实上这还略微低估了）将一次又一次地被重新提起。

与此同时，丘吉尔对苏联人的猜疑从未全然消失，而且的确在整个战争期间愈益增长。例如，他不认为有必要屈从苏联关于保障其1941年6月以前的边界的要求，那包括紧随莫洛托夫—里宾特洛甫协定之后被苏联占领的波罗的海三国。[60]早在1942年10月，他就告诉安东尼·艾登："如果俄国的野蛮覆盖了欧洲各古国的文化和独立，那将是一场无比的灾难。"[61]1943年3月，他表达了他对美国战后会遗弃欧洲的忧惧，并且向一位亲信断言："我不想被独自留在欧洲与熊共处。"[62]是年8月，他将关于卡廷森林屠杀的一项漫长、严酷的叙述转交给罗斯福，那是他俩至少自4月往后都已经知道了的事件。[63]

丘吉尔敏锐地知晓英国的力量岌岌可危，而且明白苏军之涌入欧洲，因而努力争取同斯大林达成他可能达成的最佳交易。这说明了他说服波兰流亡政府接受苏联的领土要求，以换取战后一定程度独立的努力，也解释了1944年同斯大林达成的那个著名的势力范围划分安排。他能够指望美国的某些支持，但只是在有限的程度上，正如在如何对1944年8月华沙起义做出反应的问题上他和罗斯福的分歧所显示的。尽管丘吉尔再三呼吁英美撇开苏联的反对，向起义者空投补给，但罗斯福部分地出于他所预见的、在对日战争中取得苏联基地的需要，拒绝合作。[64]与此类似，他关于由英美解放柏林和维也纳的敦促，也如同耳边风。

丘吉尔在许多方面反对苏联的政策，但他经不起在战争期间同斯大林决裂。这一决心主要来自他对三件事情的意识：英国的羸弱、俄国的强大和美国的心理矛盾。然而，这也许还来自他对共产主义的性质的基本评估，对它创造出一个有效和尚武的社会的最终能力的基本评估。他担心，在一段时间内，欧洲各个被纳粹占领、被战争破坏了的社会将始终易受共产主义的影响，即使它们不被红军占领。"战败的惩罚是可怕的。在灾难的炫目闪光、令人昏晕的打击和遍体鳞伤之后，便患起了失败病。民族生活的中心原则被毁坏，所有健康的正常控制一扫而空。"[65]然而，即使是在冷战的拂晓岁月里，他对同苏联较量的前景所抱的希望，仍超过他在30年代对于同希特勒做斗争所持有的。西方在核武器生产方面的领先，加上一个英美同盟——它基于绝不重蹈1933—1939年的覆辙的决心——之创建，支撑着他的信心，甚至是紧随诸如中国由共产党人执政之类头等大事以后。[66]正如他反复告诉听众和熟友的那样，苏联人害怕西方的友谊甚于其害怕西方的敌意，而他不相信俄国人能够永远维持其庞大的帝国。[67]

英帝国

研究第二次世界大战中的联盟战略的人们很有理由将注意力集中在三大国——美国、英国和苏联上面。然而，丘吉尔还需要机敏地处理和关注其他联盟伙伴，其中没有哪个比英帝国和英联邦的成员们更重要，特别是印度和各个白人自治领，即澳大利亚、新西兰、加拿大和南非。他们对战争努力的最终贡献非同小可，而且各有不同。例如，加拿大生产英联邦总供应量的8%，虽然它是个例外。[68]更重要的是自治领提供的人力和战略纵深。英国政府制定其组建55个师的计划时，它指望其中21个师来自英帝国。[69]不仅如此，在某些特定的地区，英联邦和帝国的兵力在战斗中首当其冲，1941年在希腊尤其如此（在那里，两个澳大利亚师和一个新西兰师提供了大部分兵力）。

帝国予以大不列颠一个极优越的地缘战略地位。就像在过去两个世纪里那样，一个基地遍布的全球性群岛提供了对于关键性航路枢纽的控制，此等枢纽包括地中海出口、非洲尖端和前往印度洋的通道。更好的是，这些基地存在于纵深之中：在新加坡的一支舰队能够退到（也确实退到了）锡兰的亭可马里甚或东非。假如直布罗陀被攻克，英军仍然能够从西非基地出发行动，支配前往地中海的西部通道。帝国还起到了一个巨大并且（1942年初除外）安全的后方区域的作用，就在一个巨大的范围内对训练飞行员来说尤其如此。同样重要的是，帝国的存在在英国造就了一种（或许有所夸大）力量感和复原能力意识，超出那从位于欧洲大陆边缘的一群较小的海岛所能指望的。另一方面，帝国也给英国的战略造成了许多困难，特别是在远东。澳大利亚以及在较小程度上新西兰被暴露的位置，意味着英国的规划者们不得不担心如何在日本进攻面前保卫这些自治领。印度的内部动乱——在1942年加剧到接近造反的地步——威胁到英国在亚洲的主要力量源泉。

然而，1940年和1941年里丘吉尔及其幕僚更紧迫地关注的，是将帝国纳入战争努力。应当注意到，这进行得并不顺利。虽然加拿大、澳大利亚和新西兰几乎迅即在1939年参加了战争，但在南非，只是微弱的多数票和丘吉尔的亲密朋友简·史末资的治国才能，才使这个国家迅速和充分地站在英国一方投入战争。而且，自治领特别是澳大利亚并非仅仅征集军队，然后将其交给英国统帅部，按照丘吉尔和参谋长们认为合适的方式使用。1941年里，澳大利亚迫切要求在中东创立一个独立的澳国军团，这涉及一个复杂的（而且从英国中东司令官的观点来看是讨厌的）问题：从被围困的托布鲁克要塞撤出一个师。[70]澳大利亚的影响由于任命一位澳大利亚中将托马斯·不来梅担任中东副总司令而得到了巩固，但这个职位并未阻止他直接向其本国政府报告。同澳大利亚的紧张到1941年底已经足够糟糕，当日本人投入战争时它们就变得更严重了。[71]澳大利亚政府成功地迫使英国统帅部将在中东作战的澳国之师送回国内。就其他自治领而言，也出现了虽然较小但类似的困难。[72]在某些场合，同美国的同盟加剧了运作帝国联盟的麻烦。加拿大和美国的临近及其与美国战时经济的整合削弱了一条纽带，澳大利亚1941年12月以后在军工生产方面对美国的依赖近乎消除了另一条纽带，而美国对英国处理印度问题的尖锐批评则绷紧了第三条纽带。[73]

丘吉尔多少审慎地与这些问题周旋。例如，虽然他很同意克劳德·奥钦勒克将军的看法，即从托布鲁克撤出澳大利亚部队是愚蠢的，但他坚持认为英国政府将不得不勉强同意："对于一个只有一席多数的、面对激烈的反对派（它里面至少有部分人怀抱孤立主义观点）的政府，必须予以宽容。在英国和澳大利亚之间绝对不应出现公开的争端。因此，一切个人情感必须服从团结的外观。麻烦大多来自这么一点：在各项不同的行动中我们没有英国步兵师参加，从而使得世界和澳大利亚推想我们在仅仅使用自治领部队来为我们打仗。"[74]因此，丘吉尔特别向澳大利亚政府保证"不管代价如何，你们关于你们自己的部队的命令将得到遵守"。[75]这句话反映了丘吉尔在整个战争期间应用的一条原则：他可能力图说服、哄骗甚或恐吓自治领政府采取恰当的行动，但说到底他不会——或许也不能——违背它们的意志来命令它们的部队做这做那。

丘吉尔注意始终使各自治领政府对战争的主要进展能够有良好的了解，向它们的首脑发送参谋长《每周简报》（然而是通过海运函件），同时也发送关于作战进展的日常电文，特别重要的内阁文件的概要，以及由他本人起草的给各自治领总理的个人函件。[76]一些时候，自治领总理访问英国，并且被邀请参加战时内阁的讨论。不仅如此，在他1942年2月重构战时内阁时，他给了副首相克莱门特·艾德礼一个兼任职务——自治领事务国务大臣，那是个象征性多于实际意义的姿态。[77]

然而，从一开始，丘吉尔就拒绝接受创立一个帝国战时内阁的想法，它据设想由首相和各自治领总理或他们的代表组成。他在1942年1月17日对国会的一篇演说中摆出了自己的理由："听某些人谈论，或许会认为打赢战争的途径在于保证每个提供军队的国家，连同这些军队中的每个部门在所有不能不建立的委员会和组织里都有代表，在于干任何事情以前同每个人都充分磋商。事实上，这是打输战争的最肯定的途径。"[78]丘吉尔创设了某些机构，其中最引人注目的是太平洋战争委员会（the Pacific War Council）,作为在帝国范围内进行战略辩论的讲坛，但这些始终是虚弱无力的，并且到头来无关紧要。进行战争的战略将由总统和首相在联合参谋总部的协助下塑造。而且，丘吉尔不相信应当同他在各个自治领的同僚们分享重要的战争秘密，特别是行将进行的作战行动的细节，唯有他那可贵的顾问简·史末资将军是个例外。当麦肯齐·金在1944年5月下旬打听横渡海峡战役大致何时发动时，丘吉尔告诉他可能迟至6月21日，那是在定于6月5日和6日的登陆假如被延迟情况下的候补日期。加拿大官方史学家写道：这话“或许可以不客气地界定成行使一种艺术——如何哄瞒一位自治领总理而不实际扯谎”。[79]

因此，在丘吉尔对联盟的领导中，关于帝国的考虑起一种古怪地暧昧不清的作用。他的战略观念也是如此。他渴望为英国在远东所受的羞辱复仇，而且按照他的战略观念中大概是最少灵感的一项，敦促参谋长们接受一个早早进行两栖反攻的无法实施的计划，以便将日本人逐出他们在灾难性的1942年冬春两季赢得的各个前沿据点。但另一方面，他不给面对日本人猛烈进攻的新加坡提供增援，并且像他的军方领导一样认为，必须使美国人不受首先在太平洋从事战争的诱惑。他立意去做维持对战争的帝国支持所必需的一切，同意英国资源首先必须用于帝国防务的观点，并且多少同情自治领的国内政治困难。然而，他将关于帝国的考虑从属于更大的大同盟调控，从属于赢得对首要敌人即德国的战争。

较次要的盟友和中立国

对于同较次要的盟友和中立国的关系，丘吉尔的处理有一些值得注意的地方。在此等盟友中间，最重要也最棘手的是夏尔·戴高乐领导的自由法国。[80]在此，就像在关于帝国的场合，我们见到理解同一项强烈的信念并存，那就是一切关系都必须从属于大同盟的更广泛的利益。这往往导致与安东尼·艾登和外交部的碰撞，在其中丘吉尔宁愿同美国人站在一起反对戴高乐。[81]

在大多数情况下，丘吉尔对待各流亡政府关怀有礼。他对于被纳粹打败和奴役的欧洲小国的同情，大受那些支配其世界观的生动的历史意象影响。[82]他是提倡在英军内组建和发展外籍单位的先驱之一，反对种种利用流亡政府的羸弱来获取小便宜的努力，[83]然而他并不认为给予小盟友的决策作用应当超过给予各自治领的（或者宁可说应当更小）。在某些场合，最引人注目的是在涉及波兰的时候，他表明他愿意施加颇大的压力，以便榨取为了维持战后和平——在波兰的场合是为了（他希望）一个自由的波兰国家的存在——所必需的让步。

有如关于波兰的谈判表明的那样，丘吉尔能够对流亡政府领导人采取一种强硬的、有时是冷酷无情的方针。[84]不过，这由一种对于各被占领国人民的关切，连同一种在若干被迫采取的痛苦的军事选择中表露出来的暧昧不明而得到了缓解。也许，此类插曲当中最著名的一个涉及1944年4月的一场辩论，那是关于渡海进攻之前在法国的轰炸行动的，该行动可能炸死数以千计的法国平民。丘吉尔（在差不多所有战时内阁成员的支持下）顽固地坚持"杀戮有个限度，在法国人中间势将由此（轰炸）激起的愤怒有个限度，我们不能超越之"。[85]只是在长久的争辩和仔细预审预备性轰炸行动的结果之后，他和战时内阁才同意军事规划者们的愿望。[86]

丘吉尔对真正的中立国或非交战国的态度远不那么具有同情心，仅一两个特例（最引人注目的是瑞士）除外。这里特别可以注意到三个思想线索。第一，丘吉尔并不认为英国应当在战争方式方面听任自己被国际法束缚，或者受制于对中立的过度敏感。1939年间，他以下面一席话来结束一份主张不顾挪威反对而在其领海布雷的备忘录："最后的裁判是我们自己的良心。我们正在为重建法治而战，为保护小国的自由权而战。我们的失败将意味着一个野蛮的暴力的时代，将不仅对我们自己而且对欧洲每个小国的独立生活是致命的……当我们在为小国的权利和自由而战时，它们决不应捆住我们的手脚……人道而非法律必须是我们的指南。"[87]不仅如此，丘吉尔认为对中立权的此类侵犯不但可以允许，而且在某些场合是大可想望的，因为他认为绝对必须以每一种方式来扩展对德战争。如果这意味着迫使不情愿的中立国参战，那就这样做吧。在1940年6月主张夺取四艘瑞典驱逐舰时，他如此驳斥那些认为此种行动可能激使德国入侵瑞典的人的辩据："关于这个问题的决定应当在一个广泛的基础上做出。也许整个欧洲，包括西班牙和瑞典，很可能在不远的将来会沦于德国控制之下，然而，或许很可能有利于我们的是，德国人将不得不压制所有这些富有才智和热爱自由的人民；由此压制整个欧洲这一任务将证明甚至不是盖世太保力所能及，只要英国能够保住她自己的自由。"[88]类似的考虑鼓舞了他在1941年援助希腊和南斯拉夫的信念，激发了他对于在被占领的欧洲鼓动造反的不断支持。

丘吉尔对中立国的态度的这第二个方面——相信必须不惜代价扩展战争——在他争取与土耳其结盟的追求上达到了极点，这追求热烈但徒劳无功，直到战争临近结束。大同盟的这么一项扩展似乎能带来许多好处：它将开辟使德国人“流血和烧灼”的又一条战线；它将使得运用盟国空中力量对罗马尼亚油田进行的打击能有更大的规模，而这油田提供了德国消费量的三分之一或更多；它还将增大盟国在巴尔干能够形成的战略威胁范围。审慎的土耳其人任凭自己被武器和军训使团的诱惑追着走，但却拒绝英国人的推进，直到冲突近乎结束时为止。

丘吉尔对中立国的战略的第三条线索，在于他愿意采取并确信抢先干涉的战略。就像任何全球性战争一样，第二次世界大战的战役肆行于中立国或非交战国的边缘，有时就是在它们国内，这些国家的地理位置使之具有一种重要性，远超出它们能够运用的任何兵力。丘吉尔强烈地相信为了抢在敌人前面占有这样的地区，迅速的（即使是冒险的）干涉至关重要。在某些场合（1940年在挪威，1941年在泰国，1943年在多德卡尼斯群岛），这些行动要么流产，要么受阻于同样迅速采取行动的敌人。然而，在其他场合，最突出的是1941年在伊拉克和叙利亚，这样的进击证明代价小，又有成效。确实，假设没有这样的干涉，就可能造成严重后果。[89]

丘吉尔愿意认可这些行动，需要颇大勇气。它们往往遭到所在战区的司令官反对，因为它们必不可免地利用临时凑合起来的特遣部队，而后者是从已经兵员不足的各个单位抽取出来的。这些抢先进击还需要精明的政治定时和准备，不仅考虑当地形势，而且考虑更广泛的区域性，甚至全球性反响。丘吉尔将此类行动理解为一种特别微妙，但有利可图的谋略，远不如一场事先规划的大会战大厮杀那般惨烈，但在事情的更广大安排中至少同样有用。

敌 国

类似的道理决定了丘吉尔对敌对联盟的态度。对于德国和日本，他能够给予的至多是无条件投降；然而，在处置较小的轴心国家，最突出的是意大利方面，他认识到有着大规模战略机动的余地。从一开始，他就看到意大利崩溃的可能性，认为盟国应当准备充分利用这一点。[90]在这方面，他起初既得不到英国参谋长们的支持，也得不到（极为肯定地得不到）他们在美国的对应人物的赞成。所有人都同意，西西里战役将作为北非战役的一个有益的后续行动来起作用；但是，意大利战役却遭到反对，尤其是来自美国人的反对，他们担心紧缺的资源被继续不断地吮吸到地中海作战中去。

英国参谋长们不久就认识到丘吉尔立场的长处，同他站在一起争辩应实施一场意大利战役。其目的不像某些人声称的那样，在于从后门突入欧洲堡垒，或者（至少就丘吉尔来说）全然避免"霸王"战役，即对法国的进攻。目的宁可说是以两种方式迫使德国人最大程度地分散其努力。第一，德国人将不得不开辟一条直接面对英美盟军的陆上新战线，而这将有影响，即使德国人能够将英美盟军挡在横跨半岛的一条线上，甚或将其打退一段。[91]第二，将意大利军队逐出战争，尤其是在南斯拉夫，将迫使德国人用他们自己的兵力来替代之。不仅如此，在巴尔干的德国部队将不得不对付得到增援的抗德游击队，这一增援将来自从意大利南部运作的英国海空力量。虽然如此，也必须承认意大利战役在1944年变得使英国参谋长们及其首相过分着迷，他们开始设想大概并不存在的决定性突破的可能性。

丘吉尔对地中海战略的独特贡献部分地在于战略概念，但更多地在于着重点，特别是坚持强调迅速行动以利用意大利崩溃的重要性，连同有力地支持援助铁托的游击队。[92]在他看来，要在意大利取得成功，就需愿意"同任何能够履行诺言的、非法西斯的意大利政府打交道"，即使这样的一个政府包含君主主义者或军方人物。[93]到头来，这一战略只取得了部分成功。德国人证明自己是抢先占领艺术的操作大师，就像他们1940年在挪威、1942年在法国和北非那样，而且这还将于1944年在匈牙利又一次表现出来。出于种种不同原因——有些是后勤方面的，有些则包藏在英美军队审慎的作战风格之中——盟国发觉自己未能利用一个新开的豁口，那是它们的情报机构所预见、它们的政治领导人（特别是丘吉尔）所理解的。无疑，丘吉尔往往编造一些无视军队调遣和供应的实际制约的作战方案。然而另一方面，美英两国的参谋本部都同僵硬呆板的规划设计难分难解，这种设计本将证明本身就不能把握机会，而且它事实上是过头的。丘吉尔也并非总是犯过于大胆的错误，正如他支持在横渡海峡进攻之日运用比先前计划的更大的登陆兵力（五个而非三个师）所提示的。

事实上，意大利战役确实起到了丘吉尔打算的作用，即吮吸德国的资源，并且避免出现一个为时一年或更长的不可忍受的时期，其间俄国人将承受在陆上对希特勒作战的全部冲击。1943年7月，德国人在其南方和东南方司令部所辖战区（其中包括意大利和巴尔干）部署了约12个师；而到年底，他们在那里部署了30多个师。[94]从意大利南部基地出发的空中行动开始从南边袭击德国，而且这一战役在吮吸德国资源的同时，最终没有损害将在诺曼底降临的决定性打击。

平衡战略

丘吉尔的总的战略方式，连同具体的联盟战略方式，有其缺陷。然而，历史研究者必须使用的标准不是无所不知、无所不料，而是审慎和判断，与此同时充分认识到战时领导所受的极大压力。以这一标准来衡量，丘吉尔在第二次世界大战中的成就过去是，现在也仍然是非同寻常的。伊斯梅勋爵在自己的回忆录中断言，1940年5月和6月或许是丘吉尔最杰出的时刻，然而“从德国进攻俄国到阿拉曼战役之间流逝的14个月（是）他最伟大的成就。在一个场合，他帮助了一个国家坚强如钢，拒绝失败；在另一个场合，他奠定了盟国胜利的基石”。[95]战争的基本设计是他的设计；同盟的结构也是如此，它以联合参谋总部和各个盟军最高统帅部之类独特的机构为媒介，成功地进行了战争。丘吉尔对他那伟大祖先的心理的评价或许也可以应用于他本人：“马尔博罗感到了那种能降临到任何人身上的最大强制力——所有权和经营权的责任。它变成了他的战争。他是轮轴。他不能不履行职责。他缔结了条约……只有他才知道那将导致他们摆脱自己的烦乱和苦难的道路，而且他必不可免地要强迫或哄骗他们获救，如果他能够的话。”[96]必须承认，盟国可能输掉战争，如果只是由于犯了将会导致僵局的错误。在纳粹空军遭受使之失能的损伤之前，在德国人仍然部署了足够大量的后备兵力以便在西线迅速增援之际，于1943年攻入法国的尝试极可能失败。如果它失败，那就可以怀疑是否还会做第二次尝试：单是对英国人的心理打击就将是决定性的，而且对苏联人来说的反响或许也有同样大的破坏性。要是丘吉尔没有同美国，特别是同罗斯福建立亲密的联结纽带，盎格鲁—撒克逊国家就远不能将它们的航运和生产资源像它们事实上做到的那样高效地整合起来。而且即使如此，后勤考虑在所有各战区都制约了盟国的战略，直至战争结束。

丘吉尔头脑之丰富多产，其演说之生动感人，其文笔之铿锵有力，误使某些人认为他是个喜好冲动和反复无常的国务家，英雄气概无疑，但很难说是个真正的战略家。事实上，丘吉尔在他的整个政治生涯中，其核心信念显然始终如一。[97]在世界大战期间，他的基本战略观念始终引人注目地符合他早先的定见，那展示在他为1941年12月第一次华盛顿会议起草的关于未来战略的备忘录中。

军人和历史学家有时将战略规划认作一种创设胜利蓝图的演习。在第二次世界大战期间，英美两国空军当中的轰炸机部队就信奉这种观点；美国陆军参谋长乔治·马歇尔将军很大程度上也是如此。[98]一方面意识到组建兵力和规划作战所涉及的巨量技术问题，另一方面自信对打赢战争的武器和技能的拥有，他们认为既可能，也必须以一种线性的方式去争取胜利。

丘吉尔理解但拒绝这种战争观念。“不可能像建筑一座桥梁那样去思考战争的进行；所要求的不是确定无疑，而是必须发挥天赋、即时创造和智能的作用。”[99]他不止一次地告诉他的幕僚：他深深地不信任“这些永无谬误地显示将如何赢得战争的现成刻板的估算”。[100]在自传中，他告诫读者：“永远、永远、永远不要相信任何战争是一帆风顺和轻而易举的，或相信任何踏上陌生航程的人能够预计他将遭遇的海潮和飓风。”[101]他在1940年秋天告诉战时内阁：“可能会问一个问题：‘我们打算怎样赢得这场战争？’这个问题在1914—1918年里经常被提出来，然而迟至战争最后一年的8月份，甚至那些处于事态中心的人也没有可能给出一个回答。”[102]迟至1943年春天，他仍提醒美国国会：“战争充满神秘与惊人之事。一下错误的步伐、一个错误的方向、一则战略失误、盟国间的不和或疲乏，都可能很快地给共同敌人以力量，将新的、险恶的事实横在我们面前。”[103]

丘吉尔的战略观出自这种战争观。[104]如果在某些考虑战略的人的心目中，支配的类比是蓝图，那么丘吉尔则将战争设想为一种图画，而塑造战略就是一种艺术。[105]战略家如同画家，寻求“比例或关系”，并且必须遵守之：“必须有囊括一切的眼光，将起始与终结、整体与各部分展现为一个久驻心中的瞬间的印象。”[106]处于核心的是关键性的事实或主题：“如果只有四五个主要特征被抓住并且被真实地记录下来，那么它们仅凭本身就会连带获得许多局部成功。”[107]因此，在丘吉尔看来，战略既非如同建造一台缩小公差的机器，以便尽可能实现一项精确的设计，也非如同一团乱麻，全由互不关联和机会主义的决定合成。战略家就像画家，需要一个主题，需要把握有关局势的基本事实：随着一场战争（有如一项绘画）的进展，新的精巧之处、不同的侧重点或改变了的方法当会出现，然而一切都由单单一个观点或方针支配。

丘吉尔如此描写马尔博罗的同代人哈利法克斯：“一种对温和有节的喜好和讲求实际的意识似乎在他身上来得大胆热烈，而不是温吞吞的。他能够像大多数领导人奋力争取胜利那样，奋力争取妥协。”[108]丘吉尔自己也采取这种方针：

> 我认为，我们本来应当征服爱尔兰人，然后授予他们自治权；我们本来应当围困德国人，使他们饿得要死，然后向他们的国家提供粮食；在粉碎总罢工之后，我们本来应当满足矿工们的怨懑。我总是陷入麻烦，因为采取这种想法的人那么稀少……这全是人类大脑分成两半的过错，其中只有一半做任何思考，因此我们全都不是右撇子就是左撇子；而如果我们是被恰当地构建的，我们本能够根据周围情况以同等的力量和技能使用我们的右手和左手。由于如此，那些能很好地赢得一场战争的人们难得能缔造良好的和平，而那些能缔造良好的和平的人们则永不能赢得这战争。[109]

丘吉尔在第二次世界大战中对联盟战略的操作反映了这种色彩生动的和谐。从一开始，主要思想——图画的主题——就是清晰的，他从未偏离它们：对美同盟的首要地位，使俄国坚持战争的重要性，瓦解敌方联盟，同时扩展己方联盟这一任务。始终支配的是分寸：对自治领必须待以体谅和关照，但是决不容许它们扭曲战略决定和制定这些决定的体制机构。必须给苏联有力的支持，但其不合理要求必须回绝，其长期目的必须怀疑。小国的自由权必须维护，但不应当因为过分小心谨慎地关心它们的权利而危害了所攸关的更大的事业。

战略并非只是一种直截了当的算术，一种类似于造房子那样的线性过程。[110]它还包含说服和谈判的艺术，为要干的工作配备合适的任职者的艺术，构想并且组建新的组织的艺术，维持士气和激励努力的艺术，辨识首要的各项法则并且懂得何时应用它们的艺术。一切战争都是如此，但对大联盟战争——像英国在1939—1945年间进行的那类——来说甚至更是如此。或许像官方史家所说的那样，丘吉尔在第二次世界大战中的战略天才“巨大而不匀称”，[111]但极肯定地是天才。

注　释：

本文作者愿感谢威廉·富勒、布雷德福·李、威廉森·默里、托马斯·施瓦茨和布赖恩·沙利文对本文初稿的评论。

1 Bernard Fergusson, ed., The Business of War: The War Narrative of Major-General Sir John Kennedy (New York, 1958), p.115.

2 例如见一部杰作——Ronald Lewin, *Churchill as Warlord* (1973, reprinted in New York, 1982), 或者见英国参谋总长秘书的回忆录——Hastings L. Ismay, *The Memoirs of General Lord Ismay* (New York, 1960), 特别见 pp.281,282, 317,318。

3 见 Lewin, *Churchill as Warlord*, pp.11,12; Ismay, *Memoirs*, pp.164-166。因此，例如丘吉尔坚持他的任何命令若不见诸书面文字，就不要当真。更重要的是他依靠战时内阁及其下属各委员会，例如防务委员会（负责作战）来决策，并且保持和发展一个高素质的战时内阁秘书处。

4 John Colville, *The Fringes of Power: Ten Downing Street Diaries, 1939-1955* (New York, 1985), p.767.

5 Winston S. Churchill, *The World Crisis*, 4 vols. (New York, 1923-1927), V. 2, p.6。参见 Carl von Clausewitz, *On War*, edited and translated by Michael Howard and Peter Paret (Princeton, N.J., 1976), pp.605-610。

6 Churchill, *World Crisis*, V.2, pp.217, 349.

7 同上，V.3, pp.71-73。“德国在1916年可采纳的正确的政治目标，确实也是其唯一能够达到的政治目标，是最终打倒俄国，并且将罗马尼亚吸引到中欧帝国一边……德国参谋总长冯·法金汉将军的机会，在于高呼‘**罗马尼亚**’一词。相反，他却高呼‘**凡尔登**’。”同上，V.4, pp.52-54。

8 Clausewitz, *On War*, p.75。在第607页，克劳塞维茨解释了这一战略总体眼界与政治第一之间的关系。参见丘吉尔在《世界危机》第一卷第130页对图谋、战术和战略三者间互相关系的讨论。

9 Churchill, *The World Crisis*, V.2, p.6.

10 同上，V.3, p.14。对丘吉尔关于民族特性（以及其他许多问题）的见识，有一项深切的讨论，见于艾赛亚·柏林（Isaiah Berlin）那极好的论著 *Churchill in 1940* (Boston, 1949), pp. 12,13, 17,18, 24。

11 Churchill, *The World Crisis*, V.3, p.244.

12 同上，p.172。又见 p.164-166, 那里有丘吉尔1918年春天对于在德国取得突破的情况下英国战略的看法。

13 Winston S. Churchill, *Marlborough: His Life and Times*, 6 vols. (New York, 1933-1938)。J. H. 普卢姆发觉《马尔博罗》是一部“极好的文学性著作”而非信史。可能是如此，但这部著作很难据此予以摒弃，因为在很大程度上，它应当仅仅作为对国务家素质和才能的一番漫长、深刻的思索来被阅读。见 Plumb, “The Historian,” in A.J.P. Taylor, ed., *Churchill Revisited: A Critical Assessment* (New York, 1969), p.151。参见 Berlin, Mr. *Churchill in 1940*, p.31。

14 Churchill, *Marlborough*, V.5, p.9.

15 同上，p.246。

16 同上，pp.553, 554。

17 例如见上引书，V.1, p.75。

18 同上，V.3, pp.133, 353。

19 例如，将丘吉尔1941年12月的战略评估与第一次世界大战中类似的努力做比较，与他对威廉和其后马尔博罗面临的难题所作的叙述做比较。Warren F. Kimball, ed., *Churchill and Roosevelt: The Complete Correspondence*, 3 vols. (Princeton, N.J., 1984), pp.294-308. Churchill, *The World Crisis*, V.4, pp.112-122。Churchill, *Marlborough*, V.1, pp.67-83; V.2, pp.233-256; V.3, pp.94-116。

20 对下院的演说，1943年6月8日，载于 Robert Rhodes James, ed., *Winston Churchill: His Complete Speeches, 1897-1963*, 8 vols. (London, 1974), V.7, p.6789。

21 同上，V.6, p.6584（着重标记系引者所加）。

22 Winston S. Churchill, *The Second World War*, 6 vols. (Boston, 1948-1953), V. 3, *The Grand Alliance*, pp. 607,608。当时的记述和实录证明丘吉尔那时确实持有这一看法。见 Randolph S. Churchill and Martin Gilbert, *Winston S. Churchill*, 8 vols. (Boston, 1966-1988), V. 6, *Finest Hour, 1939-1941*, p. 1274; V. 7, *Road to Victory, 1941-1945*, p. 7。

23 由此，艾伦·布鲁克在1942年3月的日记中倾诉了自己“愈益增长的信念，即我们正在输掉战争”。Arthur Bryant, *The Turn of the Tide* (New York, 1957), p. 276。

24 戴维·雷诺兹批评对于丘吉尔的一种老套的看法，即“勇而无谋”。然而他论辩说，1940年里坚持打下去的决定主要出于对德国经济的错误判断。这在某种程度上是对的，但雷诺兹低估了丘吉尔对促使美国参战的一心关注，低估了他（至少在1940年以后）决不向希特勒屈服的决心。见 David Reynolds, “Churchill and the British ‘Decision’ to Fight on in 1940: Right Policy, Wrong Reasons,” in Richard Langhorne, ed., *Diplomacy and Intelligence during the Second World War* (Cambridge, 1985), pp. 147-167。

25 公共档案馆藏内阁文件65/8, W. M. (40)227, 1940年8月14日战时内阁会议。关于基地换驱逐舰交易的更广泛论述，见 J.R.M. Butler, *Grand Strategy*, V. 2, *U.K. Official History of the Second World War* (London, 1957), pp. 239-246。

26 内阁文件65/14,W.M. (40) 232, 1940年8月22日战时内阁会议。

27 例如见他对干涉希腊的讨论（内阁文件65/22,W.M. [41] 44, 1941年4月28日战时内阁会议），或者见内阁所属防务委员会（负责作战）对远东难题的处理（内阁文件 69/2 D.O. [41] 12 1941年4月9日会议）。

28 Lewin, *Churchill as Warlord* 一书在第110页讨论了丘吉尔对美国内战的研究。丘吉尔本人的判断是，欧洲没有任何人“懂得阿伯拉罕·林肯的力量或美国的资源”——在“到那时为止有记录的所有大规模的大众冲突当中最壮烈、最难避免的冲突”中的力量和资源。见其 *A History of the English-Speaking Peoples*, 4 vols. (New York, 1956-1958), V. 4, *The Great Democracies*, pp. 182, 263。

29 关于他们对自身的能力的评价，见 Fergusson, *Business of War*, p. 198。

30 Bryant, *Turn of the Tide*, p. 233.

31 关于英国官方观点的一幅有用的图景，可见于 Alex Danchev, *Very Special Relationship* (London, 1986), pp. 39-42。

32 H. Duncan Hall, *North American Supply* (London, 1955), p. 420.

33 Ibid., p. 421.

34 W.M. Hancock and M.M. Gowing, *British War Economy* (London, 1949), pp. 367, 368。这一不相称反映了美国工业优越的生产力，然而也反映在美国，没有那种在六年里直接暴露在敌方行动之下的英国经济所遭受的破坏、运行压力和纯粹的疲劳。

35 Hancock and Gowing, *British War Economy*, p. 373.

36 M.M. Postan, *British War Production* (London, 1952), p. 247.

37 Hancock and Gowing, *British War Economy*, p. 367.

38 1943年，美军第八航空大队 (U.S. Eighth Air Force) 对敌投弹量等于英国轰炸机司令部对敌投弹量的三分之一到一半 ;1944年和1945年里，这两支空军部队投弹量近乎相等。见 Charles Webster and Noble Frankland, *The Strategic Air Offensive against Germany*, 4 vols. (London, 1961), V. 4, pp. 454-457。

39 例如见 Albert C. Wedemeyer, *Wedemeyer Reports* (New York, 1958), pp. 132-136。该书作者魏德迈对丘吉尔的看法尤为刻薄，说他是个“伪战略家”。

40 William Roger Louis, *Imperialism at Bay: The United States and the Decolonization of the British Empire, 1941-1945* (New York, 1978); Christopher Thorne, *Allies of a Kind: The United States, Britain, and the War against Japan, 1941-1945* (New York, 1978)。见罗斯福给丘吉尔的某些电报，载于 Kimball, *Churchill and Roosevelt*, V. 1, pp. 344, 345, 357, 358, 402-404, 446, 447（对于英国在印度的作用的两则特别尖锐的讨论）;V. 2, pp. 733, 734, 754, 755; V. 3, pp. 3-10, 197ff., 418-421, 424, 425, 427。

41 例如，请看美国在1982年福克兰战争中对英国的支持，或者两国之间一直持续到当今的、众所周知的情报合作。见 Henry A. Kissinger, *The White House Years* (Boston, 1979), p. 90。

42 Colville, *Fringes of Power*, p. 624.

43 Robert E. Sherwood, *Roosevelt and Hopkins: An Intimate History* (New York, 1948), pp. 363, 364.

44 Ismay, *Memoirs*, pp. 258,259.

45 *Speeches*, V. 4, p.6238（着重标记系引者所加）。

46 “丘吉尔对国会的演讲是如此富含信息，以致国会议员们比任何时候都更厉害地抱怨说：'我们得知战争实况的唯一时候，是英国首相访问华盛顿并告诉我们的时候。'" Sherwood, *Roosevelt and Hopkins*, p. 729。

47 这些信函由苏联人以译文刊出，即 Ministry of Foreign Affairs of the USSR, *Stalin's Correspondence with Churchill and Attlee, 1941-1945* (New York, 1965)。这个集子包含了大约500份来往函件，其中许多很短，或者是纯粹客套式的。另一方面，其中也有一些很幽默的东西，例如丘吉尔关于不让戴高乐看影片《库图佐夫》和《汉密尔顿女士》一事对斯大林说的话。丘吉尔致斯大林，1944年12月9日，p. 287。

48 1939年10月1日广播讲话，载于 *Speeches*, V. 6, p. 6161。

49 1941年6月22日广播讲话，载于 *Speeches*, V. 6, pp. 6429-6431。又见 Colville, *Fringes of Power*, p. 404。

50 见 Ismay, *Memoirs*, p. 235。从1941年春直至1943年初，英国人对红军的信心的起伏跌宕详见F. H. Hinsley et al., *British Intelligence in the Second World War*, 4 vols. (London, 1979-1988), V. 1, pp. 429-483; V. 2, pp. 67-128。

51 J. M. Gwyer, *Grand Strategy*, V. 3, part 1, *U.K. Official History of the Second World War* (London, 1964), p. 98.

52 在一篇不准确和有偏见的文章里（Martin Kitchen, "Winston Churchill and the Soviet Union during the Second World War," *Historical Journal*, V. 30, no. 2 [June 1987], pp.415-436），作者作此争辩。参见 Hancock and Gowing, *British War Economy,* pp. 359-365; Michael Howard, *Grand Strategy*, V. 4, *U.K. Official History of the Second World War* (London, 1970), pp. 31-47。

53 内阁文件69/4,D.O. (42) 15, 1942年7月13日防务委员会（负责作战）会议。

54 内阁文件65/30,W.M. (42) 64, 1942年5月18日战时内阁会议。

55 Gilbert, *Churchill*, V. 7, p. 34.

56 见内阁文件69/2,D.O. (41) 1941年10月15日防务委员会（负责作战）会议。

57 Soviet Ministry of Foreign Affairs, *Stalin's Correspondence*, p. 13.

58 引自 Howard, *Grand Strategy*, V. 4, p. 369。

59 例如见他对一份参谋长战略文件的批评，见于内阁文件59/4,D.O. (42) 17, 1942年11月16日防务委员会（负责作战）会议。

60 内阁文件65/29,W.M. (42) 17, 1942年2月6日战时内阁会议。

61 Gilbert, *Churchill*, V. 7, p. 239.

62 Ibid., p. 373.

63 Kimball, *Churchill and Roosevelt*, V. 2, pp. 389-402; Gilbert, Churchill, V. 7, pp. 384,385.

64 见 Gilbert, *Churchill*, V. 7, pp. 923-929。

65 对下院的演说，1944年2月22日，载于 *Speeches*, V. 7, p. 6887。

66 例如见他1949年3月25日和31日在美国的演说，载于 *Speeches*, V. 7, pp. 7795-7811。

67 Colville, Fringes of Power, p. 658。1953年1月1日日记。丘吉尔厌恶和害怕共产主义，认为共产主义彻头彻尾同纳粹主义一样邪恶。但是他又认为，共产主义建立在关于人性和社会的一种那么错误的观念基础上，以致不可能长久。相反，纳粹主义正是因为诉之于——在堕落和扭曲的形态上诉之于——统治欲和荣耀欲之类更为经久和好斗的人类本能，从而造成了更大的威胁。见 Winston S. Churchill, *The*

Aftermath (New York, 1929), pp. 60-66; idem, "Mass Effects and Modern Life," in *Amid These Storms: Thoughts and Adventures* (New York 1932), pp. 255-268; idem, "Hitler and His Choice," in *Great Contemporaries* (London, 1937), pp. 261-272。

68 见 H. Duncan Hall and C.C. Wrigley, *Studies of Overseas Supply* (London, 1956), pp. 46-65。大不列颠本身生产近70%, 其余大多数来自美国。Hall, *North American Supply*, p. 428。加拿大的生产量包括1.6万多架飞机，其中四分之一以上供英国使用。

69 内阁文件65/14,W.M. (40) 217, 1940年8月1日战时内阁会议。这是在作为英国机构中的个人被征召入伍的自治领臣民之外。

70 Gwyer, Grand Strategy, V. 3, part 1, pp. 223-230.

71 关于1941年12月的英澳关系，见 Butler, *Grand Strategy*, V. 2, part 2 (London, 1964), pp. 408,409。较笼统的论述见 D.M. Horner, *High Command: Australia and Allied Strategy, 1939-1945* (Canberra, 1982)。

72 关于麻烦较小的英加关系，见 C.P. Stacey, *Arms, Men and Governments: The War Policies of Canada, 1939-1945* (Ottowa, 1970), pp. 137-251。加拿大总理麦肯齐・金坚持要求英国在派遣任何加拿大部队干涉希腊内战以前，要得到加拿大的准许。

73 见罗斯福和丘吉尔之间的有关函件来往，载于 Kimball, *Churchill and Roosevelt*, V. 1 pp. 372-379, 402-404, 446-450。另一方面应当注意到，在某些场合，罗斯福站在丘吉尔一边，特别是在1942年10月对澳大利亚人施加压力，要他们的第九师留在中东。Ibid., p. 644。

74 内阁文件65/23, W.M. (41) 94, 1941年9月18日战时内阁会议。

75 内阁文件65/23, W.M. (41) 98, 1941年9月29日战时内阁会议。

76 见 Butler, *Grand Strategy*, V. 2, pp. 262,263。

77 见 J. M. Lee, *The Churchill Coalition, 1940-1945* (Hamden, Conn., 1980), pp. 32, 142, 159, 164。

78 *Speeches*, V. 6, p.6565.

79 Stacey, *Arms, Men, and Governments*, p. 154.

80 这一关系的史事在 Francois Kersuady, *Churchill and De Gaulle* (New York, 1983) 一书中得到了很好的讲述。

81 见 Elisabeth Barker, *Churchill and Eden at War* (London, 1978), pp. 41ff。

82 见 Berlin, *Mr. Churchill in 1940*, pp. 12,13, 17,18。

83 Butler, *Grand Strategy*, V. 2, pp. 263-264; Colville, *Fringes of Power*, p. 232.

84 见 Gilbert, *Churchill*, V. 7, pp. 1008ff。

85 内阁文件69/6,D.O. (44) 6, 1944年4月13日防务委员会（负责作战）会议。

86 见 John Ehrman, *Grand Strategy*, V. 5, *August 1943-September 1944* (London, 1956), pp. 297-304。

87 *The Second World War*, V. 1, p. 547.

88 内阁文件65/7,W.M. (40) 177,1940年6月23日战时内阁会议。

89 丘吉尔不顾战区总司令阿奇博尔德・韦维尔的激烈反对，支持在伊拉克进行干涉一事，见于内阁文件62/2,D.O. (41), 24, 25, 26, 它们涵盖了1941年5月3日、6日和8日的防务委员会（负责作战）会议。

90 见 Howard, Grand Strategy, V. 4, pp. 230,231。丘吉尔在多个月以前（1942年11月）就指出：“当一个国家在战争中被彻底击败时，它便无所不为，所做的事情是任何人事先都无法想象的。” Ibid., p. 231。

91 Ibid., pp. 498,499.

92 Ibid., pp. 486, 523.

93 Kimball, *Churchill and Roosevelt*, V. 2, pp. 348-351, 369.

94 Percy Schramm, ed., *Kriegstagebuch des Oberkommados der Wehrmacht, 1940-1945* (Munich, 1982), V. 3, pp. 736, 1161.

95 见 Watter Warlimont, *Inside Hitler's Headquarters*, trans。R. H. Barry (New York, 1964), p. 381ff。

96 Churchill, *Marlborough*, V. 3, p. 315.

97 见 Berlin, *Mr. Churchill in 1940*, pp. 15-17。丘吉尔自己的看法见“Consistency in Politics,” *Amid These Storms*, pp. 39-47。科尔维尔说，丘吉尔的浮言虚辞常常使他看起来喜好冲动，但事实上他很少“不仔细考虑”就行动 (Colville, *Fringes of Power*, p. 127)。

98 对这种思想方法的批评，见 Barry Watts, *The Foundations of U.S. Air Doctrine: The Problem of Friction in War* (Maxwell Air Force Base, 1984); Edward N. Luttwak, *Strategy: The Logic of War and Peace* (Cambridge, Mass., 1987)。

99 Howard, *Grand Strategy*, V. 4, p. 295.

100 内阁文件69/2，D.O. (41) 4, 1941年1月13日防务委员会（负责作战）会议。他就皇家空军提出的轰炸德国计划作如是说，这些计划将此当作赢得战争的一个途径。

101 Winston S. Churchill, *A Roving Commission* (1930; reprinted in New York, 1951), p. 232.

102 内阁文件69/1,D.O. (40) 39, 1940年10月31日防务委员会（负责作战）会议。

103 1943年5月19日演说，载于 *Speeches*, V. 7, p. 6783。

104 这里的讨论很大部分取自我的文章“Churchill at War,” *Commentary*, V. 83, no. 5 (May 1987), pp. 40-49。

105 见他的引人注目的文章“Painting as a Pastime,” in *Amid These Storms*, pp. 305-320。

106 Ibid., p. 309.

107 Ibid., pp. 310,311.

108 Churchill, *Marlborough*, V. 1, p. 94。丘吉尔将哈利法克斯说成是“这些时期里最棒的国务家”。

109 Churchill, *My Early Life*, p. 331.

110 见克劳塞维茨的讨论：Clausewitz, *On War*, pp. 148-150。

111 John Ehrman, *Grand Strategy*, V. 6, *U.K. Official Historyt of the Second World War* (London, 1956), p. 333。该作者对丘吉尔战时作用的总括性评价 (pp. 333-338) 是在这个问题上最好的简说。

第 二 部 分

大陆强国的大战略

第五章 罗马帝国的大战略

阿瑟·费里尔

爱德华·吉本曾说，罗马帝国“囊括了大地的最优良部分和人类的最文明成分。帝国的边疆由古老悠久的威名和纪律严明的英勇来护卫”。[1]这总的来说讲得对，虽然某些现代分析家抱怨说边境被防卫得如此之好，以至没有大概应当驻于意大利北部，随时可在需要时进军任何地方的中央后备兵力。[2]简言之，没有像由吉米·卡特总统创建的那种快速部署部队。

在被恰当地称作20世纪由一位并非罗马史专家的人撰写的罗马史最佳书籍中，爱德华·勒特韦克提供了关于罗马帝国大战略的一通非常引人注目的概览，书名就是《罗马帝国的大战略》。[3]他论证说，帝国的皇帝们自觉地遵循一套大战略，它在当今能够主要基于罗马边陲的部队位置被还原出来，而近乎完全无须考古学和防御工事研究的帮助。[4]勒特韦克相信，帝国的大战略经过了几个分明的阶段。第一个阶段他形容为灵活的，在其中边境没有清楚地划定，但在它们确实存在的限度内，是靠罗马军团和依附的国君（或曰卫星盟国）的一种结合来防守的。到公元2世纪，这个不甚清楚的大战略已演化为著名的刚性边防体系，被勒特韦克形容为“阻挡性安全”（preclusive security），以其最有名的表现形式——在英格兰的“哈德良长墙”为特色。[5]

帝国周边的防御环线总长近6000英里，而且在公元2世纪仅靠罗马部队来防守，因为已经不再有任何依附的国君或缓冲国存在。它们已几乎统统被吞并到罗马帝国皇权统治的范围内。与亚历山大大帝那大致同样庞大和实际上转眼之间就征服了的帝国不同，罗马帝国是在几个世纪的时间里，像一株菌类植物那样逐渐伸展到囊括古代地中海世界的。勒特韦克强烈批评罗马的阻挡性安全体系，暗示它代表一种马其诺防线心理，并且由于缺乏中央后备兵力而大不完善。

一旦这非常广大的边境上的某一点遭到攻击，罗马军团能够沿着得到妥善维护的道路，从其他边境据点被调遣到那里，然而这就使得防御环线的一部分被丢下，得不到防护。[6]

因此，一场两线战争对于帝国的军事完整有重大危险，而且内战构成一种更大的危险。公元3世纪里，这两种灾难都发生了。在从公元235年至284年那为时50年的混乱时期里，有过不止20位皇帝，其中只有两位是正常死亡的。超过100个权位觊觎者试图夺取帝国的全部或一部分，与此同时军团对军团在一场规模巨大、持续不断的内战中互相厮杀，使得边境大体上被丢下全无防护。达西亚丢失，从未收复。其他地区遭到蹂躏。在伟大的皇帝戴克里先于公元3世纪末在政治和军事上将其恢复之前，帝国近于崩溃。[7]

最后，公元4世纪和5世纪的皇帝们采取了一种新的大战略。这一新战略体系是勒特韦克在其书中最有名的部分里分析的，他称之为"纵深防御"。君士坦丁大帝创建了一支新的大军，一支中央机动打击力量，很大程度上基于强有力的骑兵部队，靠近皇帝恰巧在的任何地方扎营。[8]这支野战军能够迅速进至现在已防守薄弱的帝国晚期边境上的各危急地点，而它之所以防守薄弱，是因为支持中央后备的人力需要不再容许在遥远的周边防御线上部署大量部队。

大有讽刺意味的是，虽然勒特韦克对纵深战略的回顾是他的书中最受尊敬的部分，但他实际上不是谈论公元4世纪和5世纪的罗马帝国史：他那关于罗马大战略的书的副题饶有意味，是"从公元1世纪到3世纪"。像我们将看到的那样，这个标题给了勒特韦克极好的机会，在理论的基础上将纵深防御当作一种大战略来赞扬，同时无视在罗马帝国晚期它着重贯彻的岁月，其时古代文明世界的整个西半部分丢失给了野蛮，纵深防御证明全然无效。

尽管我不同意勒特韦克关于罗马帝国大战略的观点，他的书仍然富有开创意义，大体上为以后对这个课题的讨论确立了框架。就他强烈表述的一个论点——罗马的大战略是皇帝们自觉地应用的一种防御规划，已有大量议论，许多专业的罗马史家怀疑这一点，争辩说它只是在就事论事的基础上缓慢地出现的。[9]显然，有些皇帝如同有些美国总统，极少注意军团和边疆。尼禄就是典型的例子，而罗马王朝史上满是这样的无赖：他们根本不关心边疆问题，贪恋罗马的欢乐，规避同蛮族的斗争。有时在这样的皇帝治下，发生了重大的战略插曲，但这并未使他们成为大战略家。要谈论卡里古拉、尼禄、康茂德或埃拉加巴卢的大战略，就会像谈论米勒德·菲尔摩总统的大战略那般徒劳无益（即使马修·佩里海军准将在他执政期间打开了同日本的关系）。

不过，有许多皇帝积极关注帝国防御。虽然他们是在一种继承下来的防御政策的框架内运作，而且这政策甚至上溯到奥古斯都以前共和国晚期，但他们一般都自觉地熟悉帝国的军事需要，其中有些还对罗马的大战略做了一些同总的政策相符的重要修改。除奥古斯都外，弗拉维王朝诸帝、图拉真、哈德良、马可·奥勒留、塞维鲁、戴克里先、君士坦丁大帝和狄奥多西广为人知，但他们并非这样一种皇帝的孤立的例子：这些皇帝显然对大战略有一种部分自觉的把握，虽然其中某些可能误入了歧途。例如，图拉真对达西亚的征服和对帕提亚的入侵大概扩张过度，代价太高。[10]

令人惊异的是，考虑到古罗马人对战争的兴趣，在古罗马文学作品中罗马大战略的直接证据竟非常少，然而推导性的论辩可以从许多不同来源和不同角度做出。在我们所知范围内，罗马没有国防部或陆军部之类无论何种常设的、机构化的军事委员会或参谋本部等，至少直到帝国晚期为止。[11]由于皇帝们的确有一大群履行许多其他政府职能（例如监督财政政策）的官僚，这就特别令人惊奇。在共和国时代，元老院可能起监管大战略的作用，但在皇帝治下，情况肯定不是如此。

尽管缺乏直接证据，但我相信描述罗马的大战略、辨识出帝国防务方面看来是关键性的考虑是可能的。在一定范围内，有必要重复我自己的《罗马帝国灭亡的军事解释》一书中的论辩，但我将试图把这些论辩保持在最小限度上，因为我要提供某些在那里未曾提出或展开的想法。

首先，应当注意到和通常的看法相反，罗马共和国晚期的大战略并不全然是就事论事式的。凯撒和庞培时期的罗马人的确实际上保持着一支常备军，至少在这么一个意义上是如此，那就是有几个行省不管在平时抑或战时，都常规性地需要军队。[12]军团被驻扎在帝国周边各个不同的战略要点上。诚然，当罗马卷入一场大规模战争（例如在苏拉、卢库鲁斯和庞培统帅下对米特拉达梯的战争，或在凯撒统帅下在高卢的战争）时，有特别征兵，为当时需要组建新军。罗马元老院通常主持帝国的大战略，但议政大会中的人们能够、并且确实有时也进行干预，将事情拿到他们自己手里。通常，这大众干预实际上不是在大战略的层次上。在大战略层次上，议政大会中的公民只是很偶尔才干扰元老院。较为经常的是，在选举一位得民望的领导人担任总司令时，大众行使其权威。

公元前1世纪后半叶，奥古斯都获得对帝国的独裁控制，这时他对罗马的大战略做了重大改动。[13]虽然他起初可能有一种颇为简单的想法，即率军出征，征服全世界，包括日耳曼地区，但他最后决定将就，只要世界上值得征服的那部分。即使是这一限度，他在对他统治时期的自传性叙述《历程》当中也未公开承认，而只是在其中宣称已经征服了目光可及的一切，那是个他称之为“平定”全世界（the orbis terrarum）的过程。[14]

出于宣传目的，平定世界就是新的大战略，因为罗马的“平定”概念显然包含着顺从罗马的意志，那按照罗马人的观点，通常发生于起初的顽强反抗被军团粉碎后爱戴、尊敬和赞颂新的统治者。然而在20世纪，我们知道大战略可以蒙上一层虚饰，即旨在获取公众效应的、往往能够是高度误导性的宣言，因而我们没有理由假定奥古斯都总是相信他自己的宣传。在他统治时期末尾，当他撰写《历程》时，三个军团在日耳曼地区的条托堡森林覆没，而且皇帝与他的同僚们和养子提比留一起，已经决定放弃征服日耳曼的计划，让莱茵河成为罗马的西北疆界。[15]当奥古斯都写道帝国从西班牙到易北河口由大洋环抱时，他不是在表述一个事实，而是在掩饰一个失败。他也不相信多瑙河以北地区已经以任何有效的方式被罗马军队征服，尽管他如此宣称。[16]

事实上，到罗马的第一个皇帝去世时，沿着莱茵河与多瑙河的北部疆界已相当稳固地固定下来。它不是一条特别灵活可变的界线，其防卫也并非借助依附于罗马的国君们的许多帮助。如果我可以借用一个在分析罗马大战略方面目前很著名的概念的话，那么整个贯穿公元后的头两个世纪的早期罗马帝国，其北部边境并不代表一个“阻挡性安全”体系，而是代表一个“纵深防御”体系。它并非罗马帝国晚期被应用的那种境内纵深防御，而是境外纵深防御。罗马人将莱茵河与多瑙河认作帝国的疆界，但他们保卫这疆界的办法在于：每当它受到威胁时，便进军跨过这疆界；如果必要的话，就将他们自己的边境用作一种坚强的、退而可倚的阵地，然而在敌人主力能够达到帝国疆界以前，依靠他们的军团摧毁之。甚至在公元2世纪时，哈德良长墙也不是什么马其诺防线——它被意欲用作一种突入敌方领土进行攻击的基地。诚然，它被规划成为必要情况下可以加以防卫，然而挡住蛮族皮克特人的铜墙铁壁是军队，而不是这条长墙。[17]

对于罗马军队的现代研究太经常地忽视了这一基本点。20世纪的著作家们告诉了我们罗马士兵吃什么、喝什么，他们如何逐步晋级，他们与女人、与自己的军中同伴有怎样的关系，他们拿多少饷银。对罗马军队的社会学和考古学研究是20世纪古罗马史学家们的热门课题。[18]然而，在我们这个世纪就他们如何打仗写得极少，而他们的作战方式正是他们最为与众不同的特征。[19]罗马大战略的基石，至少在帝国时代并且特别沿北部边境，在于军团对其一切敌手的战术优越性。

19世纪时，这一点被理解得很清楚，而且它是军事史方面最重要的经典著作之一——阿尔丹·杜皮克《古代和现代战役研究》一书的基本前提，该书近来重印于《现代战略的来源》第二卷之中。[20]从台伯河畔那原始城市的最早岁月起，罗马人几个世纪里迫于环境，并且由希腊人、伊特拉斯坎人和迦太基人的文明化影响所引导，形成如此严厉的军事体制，以至没有任何现代社会能够接受之，除非在最极端的环境中。罗马人不管平时或战时的情况如何，都始终与这些体制一起生活。十里杀一的连坐惩罚便是罗马纪律和训练的最著名例子，不过事实上它并非经常使用。然而，对百夫长之残酷发出的怨懑常见于罗马传奇中，在一支罗马军队里日常所做的那些假如今天偶尔发生于美国海军陆战队，就会引起公众的强烈喧哗。

罗马的纪律和训练造就了一支**奇异的**军队。用杜皮克的话说，“除开天才的将领和运气，决定性的因素是部队的素质，即最好地保证其精神、可靠性、信心和团结统一的组织……我们已经见到，除非在纪律压力之下，人不会真正地去战斗……纪律的目的在于使人们奋不顾身地拼搏。没有纪律的军队根本够不上称为军队……纪律不可能在一天里就被得到或被创造出来。它是一种体制，一种传统”。[21]

杜皮克争辩说，罗马的军事纪律同军团战术组织体系结合在一起，使得罗马军队成为世界史上最有效率的。这一刻板的体系实际上有时使罗马人成为笑柄。举一个极端的例子：威尔·卡皮在其《事实上每个人的衰亡》一书中，嘲笑罗马人的训练，说“罗马人与迦太基人在性格和气质方面大为不同。迦太基人没有理想。他们想望的不外乎钱、花天酒地、寻欢作乐。罗马人则严厉非凡、一本正经，生活清苦节俭，信守传统的拉丁美德：**持重、虔敬、朴素**，但却淫乱”。[22]

记住罗马人无疑夸大了他们的军事训练的严酷是重要的，但这训练肯定非常严厉。在关于罗马战术优越性的古代文献中，经典的表述是将军、未来的皇帝狄托的一次演讲，见于犹太著作家约塞夫的著作。狄托是在对他的部队讲话，为了激励它们而提醒它们想起自己的优越性：

> 这些犹太人，虽然他们非常勇敢，藐视死亡，却是一群没有秩序的人，而且不擅长打仗，宁可被称为乌合之众，而不是被称为军队。与此同时，我完全不需要说我们的技能和我们的优良秩序；因为当我们着手同我们的敌人战斗时，我们可以并不按照数目来考虑数目，这就是为什么只有我们罗马人才在和平时期操练战争的原因；因为如果我们仍然必须在数目上同那种不习惯打仗的人相等，那么我们靠自己不断练习打仗又会得到什么好处！使得战争成功的不是人数，虽然这些人是军人，而是他们作战的勇敢，虽然他们人少；因为数目少的人容易确定为战斗编队，并且能够易于互相支援，而人数过多的军队却更多地被自己、而非被敌人所害。[23]

罗马人通常以密集队形作战，依靠一行行单薄的横列组成波浪形进攻，避免使用诸如希腊方阵之类的所谓重型大队。罗马战术体系运用著名的跳棋盘式战斗序列，其好处在于所有可得的人力都能够沿着战线被投入直接行动。不存在纵深阵列后部的兵力浪费。不仅如此，罗马士兵并不被期望在由来自后列的人替换以前战斗到死。战斗波形有其规则的轮转替换。显然，这样一种体系要求随着每一拨由后列拥至前列，从始至终都有优秀的战士。相反，在重型大队中，差的部队能够被置于队形中央，好的部队则在前列和后列（惊恐几乎总是始于后列）。在一个罗马军团中，没有差的部队的容身之地。

罗马军团的战术组织方式富含大战略意义。首先，它使得人力的高效使用成为可能，而且它给了罗马人巨大的对敌心理优势；但是，它对罗马士兵本身的心理影响和对敌人的影响一样重要。因为在战线前列的军团士兵可望在战斗过程中得到增援，他们便打得有信心，在心底里知道他们在后列的同伴不会弃其于危难之中。结果，与现代以前军事史上的通则相反，罗马人即使在被打败时，也使敌人伤亡惨重。罗马人通常不溃逃（最大的伤亡是在这时遭受的）。面对未受训练的部队，他们则根本不可能被打败，即使是在处于很大的兵力数量劣势时。只有当一支罗马军队在不利的地形条件下遭到突袭时，亦即在将领指挥大失当时，蛮族人才有机会赢得一场战术上的胜利。正是这一巨大的战术优势，使得罗马防卫已定疆界的大战略成为对军事人力的一种合理使用。[24]

大战略是个难以捉摸的概念，它通常包括捍卫国家的政治、外交、经济手段，有时甚至还有宗教手段。军队并非一切。公元1世纪和2世纪罗马的边境防卫方法确实需要政治稳定，因为没有中央后备兵力，而且军团的驻扎远离皇帝通常居住的帝国首都。在公元3世纪，当这一政治稳定瓦解时，边境便也瓦解了。

我们一会儿将回过来讨论这一点，不过首先看看罗马大战略的经济基础可能是值得的。在共和国时期，随罗马人征服古代地中海世界各个最富庶的地区，战争是得大于失，然而在帝国时代，不列颠、莱茵兰、多瑙河南岸地区，甚至北面的达西亚没有使帝国国库得到足够的收益来弥补征服或防御的代价。[25]近年，对于罗马帝国的年度开支，两位分别独立工作的罗马史权威得出了近乎完全一致的估计，那在公元2世纪等于年度收入，大约8亿塞斯特左右。[26]

年度开支的大约一半是在军事预算上，但各边疆行省所能提供的不超过它们防御代价的20%。自然，实际数字各行省间大为不同。在帝国时代，埃及和叙利亚是两个边疆行省，它们所缴纳的超过维持驻扎在那里的军团所费，然而不列颠、上下日耳曼、拉埃迪亚、诺利库姆、潘诺尼亚以及上下莫埃西亚不是如此，达西亚所产的黄金也没有起到足够大的作用，以致长期改变罗马帝国的岁入。

由于罗马的战术组织和训练使得较少的罗马兵力可能打败规模大得多的敌军，因而罗马大战略的成本效益引人注目。[27]它不能不如此，因为帝国早期的税率并不特别高（收入或产量的10%左右），而皇帝们极不乐意提高税率。没收财产和铸造劣币是他们增加岁入的主要手段，而这两种措施都有剧烈的政治或经济影响，因此压低开支是重要的。

军事预算自然大于政府开支的任何其他成分，而且增加这部分预算的压力总是很大——提高军团薪饷或者增添新的军团，因而罗马军队在战术上的优秀既有军事意义，也有财政价值。这两种考虑都是帝国早期罗马大战略的重要方面。

至此为止，我主要谈论沿莱茵河与多瑙河的罗马北部腹地。事实上，那是最重要的边疆，最终导致西罗马帝国灭亡的正是那一防御环带的破损。南部边疆，即撒哈拉大漠，极少需要防守，而且从来没有受到严重骚扰，虽然某些治安行动在那里偶尔是必要的。[28]如果我们除开叛乱的可能性不说，罗马统治下的北非只可能受到越过北部或东部边境的入侵者的威胁。当罗马的迦太基行省最后于公元439年被征服时，它是落到了仅仅一代人以前越过莱茵河的汪达尔人手里。因而，说到底重要的是北方，罗马军团的一半以上沿着那条从不列颠到黑海的大界线驻扎。

东部边疆需要一种不同于在北部边疆的大战略。不同之处就在于外交起更大的作用，并且（至少有时）同军事政策一样重要。[29]在东部，公元头两个世纪里，大威胁来自帕提亚人，那是个文明的民族，塞琉西国人和更早的波斯人的后裔。帕提亚人有比北方各蛮族好得多的军队，而且他们还有一个有组织的政府，配备着相当精细的官僚机构。它们有后来我们所称的大使，虽然不是常驻的，但他们懂得如何操作正式的谈判，理解信守承诺的重要性。同样重要的是，帕提亚人并非迁徙中的民族。帕提亚同罗马之间界线分明。当然，这两大帝国之间能有战争，连同来自边境任一侧的入侵，但帕提亚人并非那种只想将自己的全部人口——男人、女人和儿童——统统移入新领土的民族。结果，东部的状况同北部基本不同，在某些方面对罗马人来说比较容易控制。

通常有四个军团驻扎在叙利亚，其兵力包括辅助单位在内，总共近4万人。这些部队有两方面的目的：保卫东部边境免遭帕提亚入侵，加上必要时对付在犹太区的动乱。罗马皇帝谨慎地将这一颇大规模的军队驻扎在巴勒斯坦以外，但靠得非常近。每当犹太区在一小支置于他个人直接指挥下的部队之外需要军事援助时，他能够指望来自叙利亚总督的支持。[30]（勒特韦克争辩说，罗马对马萨达的围困“显露了一种远大的安全政策的极精细操作”，或是“一种老谋深算的心理战行动”。这忽视了罗马大战略的头等要点之一，并且使罗马人显得比他们实际上更为精细巧妙。下令修建坡道、直上强有力设防的山岭要塞的罗马司令官，只是以他所能的最简单、最直接的方式履行其职责，依靠军团的另一大长处——军事工程，将它同部队的纪律和训练结合起来。）[31]

事实上，在武装力量的所有各支持部分，罗马人都对他们的敌人拥有巨大优势，至少在帝国时代是如此。从罗马晚期骑兵那厩养的马匹，到政府兵工厂，再到战场官兵食物供应体系，他们的后勤系统出类拔萃。公元

4世纪时，君士坦丁二世（君士坦丁大帝之子）面临其表兄弟，后来所谓背教者朱里安的叛乱。朱里安驻扎在高卢，君士坦丁二世准备从东部帝国西进迎战之。这位皇帝的手下沿高卢边境筹集了300万蒲式耳小麦，在往东还有另外300万蒲式耳，因而随君士坦丁二世率军投入会战，将有充足的补给储存。研究古典时代晚期和中世纪初期的一位著名历史学家E.A.汤普逊评述道："当北方蛮族的一支军队开始进行一场战役时，其领导可不考虑什么数百万蒲式耳小麦。"[32]

罗马人对北方蛮族拥有那么多类似的优势，以致要将它们全都讨论一番是徒劳无益的。然而有一点必须提到，那就是罗马人在围城战方面的优势。除了匈奴人，蛮族军队不能操作有效的围城战。西哥特人最早的为人所知的领袖之一弗里提哥恩说，哥特人同城墙和平相处。这是一句委婉的格言，意思是哥特人无法攻下以工事设防的城市。[33]罗马在公元410年所以沦于亚拉里克之手，是因为城内有人开了城门。[34]

在我回到罗马帝国晚期的大战略以前，还需要强调早些时期里的一两点。公元头两个世纪的罗马防务政策就如我们已看到的那样，要求有王朝的政治稳定，但它也依赖内地各行省的支持和忠诚。除了短暂地就西班牙，多少持久地就埃及和犹太区而言，皇帝们无所妨碍地为边防而部署军团。整个地中海周围不同文化、不同语言的人民成了本质上是忠诚的罗马人：这个事实是使皇帝们能够将自己的注意力集中在莱茵河、多瑙河和帕提亚人那里的一个重要条件。[35]

这一帝国忠诚也使得在罗马军团旁边广泛使用辅助部队成为可能。只有公民才能在军团服役，但非罗马的行省人被征召参加辅助单位，它们在总兵员方面与武装起来的公民数目不相上下，可能实际上还超过之。没有这些辅助部队的支持，罗马的兵力本来会在许多重要方面减损。[36]在战场上支持军团的大多数骑兵和许多散兵队是由辅助部队提供的。在此范围内，鼓励忠于帝国理想的宣传，连同有助于产生这种忠诚的大体良好的政府，也能被认作罗马大战略的特征。罗马的皇帝们，至少是好皇帝，还有许多不那么好的，都懂得这一点。[37]

对帝国理想的忠诚还在另一点（虽然是相关的一点）上是重要的。在整个罗马帝国史上，始终难以找到数量足够的自愿从军者，为了弥补这一短缺常常需要强制征兵。[38]我们知道，在帝国晚期，在军队服役的高度要求被降低了。为逃避兵役，预期的被征召者切断他们自己的拇指，而皇帝们在有一段时间里的回应是将这定为死罪。[39]

然而，人力问题在帝国早期事实上同样严重。大多数人都从传记作者苏托尼厄斯读到这么一个著名的故事：当奥古斯都皇帝得知他的将军瓦鲁斯在日耳曼丧失了三个军团时，用头撞墙并且哀号："瓦鲁斯，瓦鲁斯，还我军团。"他为什么这样反应？因为在他统治的最后几年里，征兵的阻力那么大，以致他无法为丧失的部队找到替补。无论是罗马人还是行省人，都没有兴趣沿莱茵河和多瑙河进行任何进一步的征服战争。在条托堡森林兵败以前，罗马维持28个军团，然而那以后，在直到卡里古拉，或许克劳狄统治为止的许多年里，这一损失没有得到弥补，军团数目始终保持在25个。[40]

问题不像某些人设想的那样在于缺钱——帝国预算本能够容许补充这三个军团——而在于无法找到罗马公民在其中服役。奥古斯都在其晚年实际上将从前的奴隶征召到军团中去。[41]这令人惊异，因为我们从公元14年的人口普查得知，总共有近500万公民。在25个军团里，只会有约12.5万武装起来的公民，多三个军团只需增加仅仅1.5万人，再加上数目相等的辅助部队人员。这个数字在公民总数中所占的百分比微乎其微，这就反映了征召困难是何等严重。

正如我们注意到的那样，公元3世纪出现了中央权威的可怕的瓦解，边疆遭受灭顶之灾，帝国几乎崩溃。这个时期里的一位皇帝瓦莱里安事实上被波斯人俘虏，后者在新的萨桑王朝治理下，代表着一种对于东部边疆的大威胁，比他们的前辈帕提亚人造成的威胁大得多。另一位皇帝戴修士在多瑙河畔与克特人作战阵亡。

伴随着边境瓦解和帝国在各种叛乱者手中四分五裂，传统的罗马大战略不再占上风。不再有一个统一的帝国，在此意义上也就没有了帝国大战略。有时人称在该世纪中叶，加伦努斯组织了一支基于骑兵的中央机动部队，并且为了靠近多难的边境而在米兰以外经管国事。然而，无论加伦努斯干了什么（何况证据不多），他的政策并不长久，到该世纪末和戴克里先在位时已经烟消云散。[42]对公元3世纪中叶的大多数皇帝来说，老的边境路途遥遥，没有可能向那里投射任何可观的军事权势。当戴克里先恢复传统边疆的军事完整时，他是用帝国昌盛时期为罗马服务的同一支军团武力这么做的。他的大战略在于"阻挡性安全"，或保卫明确界定的边境这一老办法。勒特韦克步特奥多雷·蒙森的后尘，相信戴克里先可能开创了后来的纵深防御体系，但是他将其称作“浅薄的”纵深防御，虽然浅薄的纵深可能意味着差不多毫无纵深。[43]

事实上，戴克里先没有改变传统的罗马大战略，而是重新实行之。改变的责任直接由君士坦丁大帝担负。在可能是古代关于大战略的文献中最为直截了当的一番话里，公元5世纪的历史家左西莫斯说道：

> 君士坦丁把军队的主要部分从边境调到不需要辅助部队的城市，从而废除了这（边境）安全。他由此剥夺了受到蛮族骚扰的人民所需的帮助，使得安静的城市蒙受军队危害，于是几条大道就遗弃了。不仅如此，他还软化了士兵，后者使自己沉溺于炫耀和奢侈。确实（坦率地说）他亲自埋下了我们当前被蹂躏状态的最初种子。[44]

帝国纵深腹地的这一中央后备兵力的创设，证明是罗马大战略史上的最大变化。兵员数达10万或更多的这支大规模机动野战军，是依靠从边疆撤军造就的，而爱德华·吉本沿袭左西莫斯的观点，谴责这第一位基督教皇帝腐化了军队的纪律，准备了帝国的毁灭。[45]然而，蒙森和勒特韦克，还有几乎其他每个人，都争辩说新的防御体系比早先的更为现实，并且在理论上更为健全，因为它依靠一支中央后备兵力。[46]

但是，纵深防御有许多弊端。它几乎自动地听任入侵者渗入边疆，并且只有靠威胁动用中央机动部队进行大规模报复才能保护边疆。诚然，在君士坦丁和他的几个儿子治下，边疆依然保持安全，但从长期看，它们确实恶化了。在今天，一支快速部署部队能够实际上很迅速地越过世界上很多地方，但在古代，即使一支机动部队要从罗马进至科隆也需要两个月。[47]不仅如此，皇帝虽然可能因为一支野战军驻在宫廷附近而感到安慰，但罗马边民并不赏识这一好处。对边疆各行省的居民来说，在看来最需要的地方削减军事力量显得更多的是一种威胁，而不是裨益。

显然，纵深防御的最坏特征在于，中央机动部队成了一支精英兵力，与此同时边疆捍卫者们在防务政策中却只起次要作用。[48]不被指望来打败敌人（仅仅牵制和骚扰敌人）的部队不能因为迅速后退、让最好的部队前去迎接致命打击而受到谴责。君士坦丁改变罗马大战略后的一个世纪里，边防部队逐渐变成了低贱的地方民兵，与此同时机动部队承担了所有重大战斗。由于边防如此低效，罗马的军事人力困难大大加剧了。晚期帝国军队的规模实际上大于公元2世纪时，但其中只有一部分是战术上胜任的。随骑兵在晚期帝国的机动部队中上升到受宠地位，罗马步兵——自罗马历史开始以来一直是军事防御的壁垒——遭到了可悲的损害。

关于罗马步兵衰落的最佳史料来源是韦杰蒂乌的论文——《论军事问题》(*De re militari*)，公元5世纪时撰写于西罗马帝国。在中世纪和现代早期，它是最流行的古代文献之一。现存它的近150个手抄本，而且甚至在印刷术被发明出来以前，它就被翻译成英语、法语和保加利亚语。1473年和1489年之间，即在印刷术的最初岁月里，它在五个不同国家出版，然而在今天对它的兴趣已经衰落，容易得到的唯一英文译本为《现代战略的来源》第一卷，虽然它并不完整。[49]

它是一部指南，叙述了先前罗马的征兵、训练、战略和战术体系——一套到公元5世纪业已被全然遗忘了的体系，遗忘得如此彻底，以致按照韦杰蒂乌的说法没有人对它知之甚多，每一件事都不得不从书本上来了解。今天时髦的是将韦杰蒂乌斥之为简单幼稚，部分地是依据其文风，尽管拿破仑手下的一位元帅曾说，“我不懂为什么他的拉丁文不被人喜欢;我本人很喜欢它，因为我理解它”。[50]事实上，韦杰蒂乌的论述是清楚的，在文体和内容方面都是如此。他认为罗马的最大问题在于步兵的衰落。在有一段话里，他说他甚至不打算讨论骑兵，因为在骑兵方面罗马与其敌手大致不相上下。困难出在步兵。

根据韦杰蒂乌所说，直至格拉蒂安皇帝于383年去世：

> ……步兵一直佩胸甲，戴头盔。然而那时，由于疏忽和懒惰，检阅场操练被放弃了，惯常的盔甲开始显得沉重，因为士兵们难得佩戴它们。所以，他们请求皇帝首先把胸甲和铠甲，然后把头盔撇在一边。这样，我们的士兵同哥特人作战，却无任何胸部和头部保护，经常被弓手射中。虽然有许多惨败，导致大城市陷落，但没有人试图为步兵恢复胸甲和头盔。结果，部队在战斗中由于没有盔甲而极易伤亡，从而只考虑逃跑，不考虑拼杀。[51]

什么引起了罗马步兵——曾经是世界上最自豪的步兵——的这一衰落？它部分地归因于野蛮对军队的影响。君士坦丁是第一个在罗马军中大规模使用日耳曼部队的皇帝，虽然自共和国时期以来某些蛮族雇佣兵被经常地使用。然而到公元4世纪末，狄奥多西就以两万西哥特人为其军队前锋来打弗里杰河战役。从那时往后，蛮族人构成了罗马军中的一个相当大比例，甚至在中央机动部队当中。有时一支罗马野战大军的一半以上由蛮族人构成。

通常，这些日耳曼部队在他们自己的部族统领麾下服务，服从他们自己的纪律，而那是宽松的。更糟的是，他们为提供服务而被支付的报酬很可能优于罗马公民，后者很容易不满他们自己的严厉纪律、低微的报酬和蛮族人相对舒服的服务条件这三者互相间的差距。为避免兵变，罗马的将领们不得不同意放松步兵训练，特别是边防兵训练，这些边防兵在罗马大战略的展开中无论如何只有一种次要作用。到头来，导致在公元5世纪丧失西罗马帝国的是两者的结合：军队的野蛮化与一种根本有误的大战略之采纳。后来将被称为“命贱者”的步兵的素质跌落，连同缺乏可界定的疆界，都是纵深防御这一新战略的结果，它们使得拯救罗马帝国成了不可能的。[52]

注　释：

1 Gibbon, *The History of the Decline and Fall of the Roman Empire*, with introduction, notes, and appendices by J.B. Bury (London, 1909-1914), V. 1, p.1.

2 例如见Jozef Wolski, “Le Rôle et I’ importance des guerres de deux fronts dans la décadence de I’ Empore romain,” *Klio*, 62 (1980), pp. 411-423。又见 D. Haupt and H.G. Horn, eds., *Studien zu den Militärgrenzen Roms* (Cologne, 1977)。

3 Luttwak, *The Grand Strategy of the Roman Empire: From the First Century A.D. to the Third* (Baltimore, 1976).

4 见下面两篇文章的评论：F. Millar, “Emperors, Frontiers, and Foreign Relations, 31 BC-AD 378,” *Britannia*, V. 13 (1982), pp. 1-23; J.C. Mann, “The Frontiers of the Principate,” in H. Temporini, ed., *Aufstieg und Niedergang der römischen Welt* (Berlin and New York, 1972), 2[d] series, V. 1, pp. 508-533。

5 见 Luttwak, *Grand Strategy*, pp. 74,75。

6 事实上，勒特韦克仔细地为他的论辩打了折扣，而且远不像其他人，甚至我本人在此和在我的书里 (*The Fall of the Roman Empire: The Military Explanation* [Landon and New York, 1986], pp. 23-50) 所解说的那般刻板的表述。感谢泰晤士与赫德森有限公司容许我在本文中使用我的书里的某些部分。

7 关于公元3世纪，见：Michael Grant, *The Climax of Rome* (London, 1968); Ramsay

MacMullen, *Roman Government's Response to Crisis, A.D. 235-337* (New Haven, 1976)。

8 关于新的大战略究竟是由戴克里先还是由君士坦丁开始的问题，有颇大分歧。勒特韦克实际上论证是戴克里先。见我的讨论：*The Fall of the Roman Empire*,p. 43 and note 64。

9 Lawrence Keppie, *The Making of the Roman Army* (Totowa, N.J., 1984) 一书（pp. 191-198）以上面提到的方式展示了罗马边防的发展，并且避不使用“大战略”这个说法。又见 F. Millar, “Emperors,” p.2。

10 Luttwak, *Grand Strategy*, p. 111.

11 “倘若皇帝有任何专门从事边境政策或外交的幕僚班子，那么它的所有踪迹业已消失。” F. Millar, “Emperors,” p.6。

12 见 Keppie, *Roman Army*, pp. 77-78。应当注意，常备军不一定是专业的，即由长期从军的志愿人员组成。一支常备军可以通过征兵来组建，并且通过经常更换短期服役的被征召入伍者来维持。又见：John Wacher, *The Roman Empire* (London, 1987), p. 17; Stephen Dyson, *The Creation of the Roman Frontier* (Princeton, N.J., 1985)。

13 近来一项文件资料翔实、参考书目充分的研究，见 Kurt Raaflaub, “Die Militärreformen des Augustus und die politische Problematik des frühen Prinzipats,” *Saeculum Augustum*, V. 1 (Darmstadt, 1987), pp. 246-307。

14 Augustus, *Res gestae*, 25-33。近来一个优良的英文译本（基于 P.A. Brunt 与 J.M. Moore 所编版本）见 David C. Braund, *Augustus to Nero: A Sourcebook on Roman History, 31 BC-AD 68* (Totowa, N.J., 1985), pp. 14-22。

15 Collin Wells, *The German Policy of Augustus* (Oxford, 1972), 尽管有下面这篇文章的有独创性的论辩：Josiah Ober, “Tiberius and the Political Testament of Augustus,” *Historia*, V. 31 (1982), pp. 306-328。

16 *Res gestae*, 26, 30.

17 勒特韦克承认这一基本点，但他着重强调的是公元2世纪的防御体系“减小了的弹性”，而这防御体系据他说变得“单薄得要命”。见其 *Grand Strategy*, p. 126。

18 例如，三项优秀的研究为：Graham Webster, *The Roman Imperial Army* (London, 1969); G.R. Watson, *The Roman Soldier* (London, 1969); Michael Speidel, *Roman Army Studies* (Amsterdam, 1984)。

19 对罗马军队的战术编队的一项讨论，见 Everett S. Wheeler, “The Legion as Phalanx,” *Chiron*, V. 9 (1979), pp. 303-318, 该文还包含关于这个论题上大多数现代文献的参考文献目录。

20 Ardant du Picq, *Battle Studies, Ancient and Modern*, in *The Roots of Modern Strategy* (Harrisburg, Pa., 1987), pp. 8-299。

21 Ibid., pp. 136,137.

22 Will Cuppy, *The Decline and Fall of Practically Everybody* (New York, 1950), pp. 49,50.

23 Josephus, *The Jewish War*, 3.10.2, trans. William Whiston.

24 在这一点上，勒特韦克不连贯，而且事实上自相矛盾。在其著作的第1页，他否认罗马的力量“来自一种在战场上的战术优势”，但在第42页，他却强调罗马的“战术优势”。见 Zvi Yavetz 的书评，载于 *The New Republic*, 21 May 1977, pp. 55-57, 特别是 p. 57。

25 关于达西亚黄金的重要性，一直有广泛的争论，然而不管它在图拉真治下是否有意义，长期效果微乎其微。确实，达西亚证明是最难防守的行省，它也是最早被永久放弃了的。关于达西亚黄金的辩论，见 Lino Rossi, *Trajan's Column and the Dacian Wars* (London, 1971)。关于罗马共和国时期的战争的经济研究，见 W.V. Harris, *War and Imperialsm in Republican Rome, 327-370 B.C.* (Oxford, 1979)。

26 Chester G. Starr, *The Roman Empire, 27 B.C.-A.D. 476* (Oxford, 1982), pp. 86-89; Keith Hopkins, *Journal of Roman Studies*, V. 70 (1980), pp. 101-125.

27 见 Luttwak, *Grand Strategy*, pp. 13-17。

28 见 Brent Shaw, "Fear and Loathing: The Nomad Menace and Roman Africa," in C.M. Wells, ed., *Roman Africa: The Vanier Lectures, 1980* (Ottawa, 1982), pp. 29-50。

29 关于东部边疆，见：F. Millar, *The Roman Empire and Its Neighbors* (New York, 1965); M.A.R. Colledge, *The Parthians* (New York, 1967); I. Browning, *Palmyra* (London, 1979); Freya Stark, *Rome on the Euphrates: The Story of a Frontier* (New York, 1966)。

30 最好的著作是 E. Mary Smallwood, *The Jews in the Roman World* (Leiden, 1976), 该书依据的文件资料非常丰富。

31 见 Starr, *Roman Empire*, p. 121。

32 E.A. Thompson, "Early Germanic Warfare," *Past and Present*, V. 14 (1958), p. 18.

33 Ferrill, *The Fall of the Roman Empire*, p. 60.

34 Stewart I. Oost, *Galla Placidia Augusta* (Chicago, 1968), pp.96,97, note 32. 又见 D. Jones, "The Sack of Rome," *History Today*, V. 20 (1970), pp. 603-609。

35 见下面一篇文章的有趣的评论和某些保留：Ramsay MacMullen, "Notes on Romanization," *Bulletin of the American Society of Papyrologists*, V. 21 (1984), pp. 161-177。

36 G.L. Cheesman, *The Auxilia of the Roman Imperial Army* (Oxford, 1914); D.B. Saddington, *The Development of the Roman Auxiliary Forces from Caesar to Vespasian* (40 B.C.-A.D. 79) (Hare, 1982); P.A. Holder, *Studies in the Auxilia of the Roman Army from Augustus to Trajan* (Oxford, 1980).

37 一项经典的研究为 Aelius Aristides, *On Rome*, edited by J.H. Oliver, in *Transactions of the American Philosophical Society*, n.s. 43, no. 4 (1953)。

38 基本的研究为 G. Forni, *Il reclutamento delle legione da Augusto a Diocleziano* (Milan, 1953); 又见：P. A. Brunt, "Conscription and Volunteering in the Roman Imperial Army," *Scrpta Classica Israelica*, V. 1 (1974), pp. 90-115; J.C. Mann, *Legionary Recruitment and Veteran Settlement during the Principate* (London, 1983)。

39 Ferrill, *The Fall of the Roman Empire*, p. 68 (又见 pp. 43, 56, 153)。

40 Keppie, *Roman Army*, pp, 196,197.

41 A.H. Jones, *Augustus* (London, 1970), p. 74.

42 Lukas De Blois, The Policy of the Emperor Gallienus (Leiden, 1976), pp. 29, 30。又见 John Eadie, "The Development of Roman Mailed Cavalry," *Journal of Roman Studies*, V. 57 (1967), pp. 161-173。

43 见我对这一点的讨论：*The Fall of the Roman Empire*, pp. 41-43。

44 Zosimus, *Historia nova* 2.34, translated by James J. Buchanan and Harold T. Davis (San Antonio, Tex. 1967).

45 Gibbon, Decline and Fall, V. 2, pp. 188,189。关于这支机动部队的规模，见 Dietrich Hoffmann, *Das Spätromische Bewegungsheer und die Notitia Dignitatum* (Düsseldorf, 1969), V. 1, p. 304。又见 Ramsay MacMullen, "How Big Was the Roman Army?" *Klio*, V. 62 (1980), pp. 451-460。关于影响晚期罗马帝国的所有问题的最好书籍之一是 Emilienne Demougeot, *La Formation de I'Europe et les invasions barbares*, V. 2, *De I' Avènement de Dioclétien (284) à I' occupation germanique de I' empire romain d' Occident* (Paris, 1979)。英文书除了吉本的以外，最好的是：J. B. Bury, *History of the Later Roman Empire*, 2 vols. (1923; reprinted in London and New York, 1957); A.H.M. Jones, *The Later Roman Empire, 284-602*, 4 vols. (Oxford, 1964)。又见 Ramsay MacMullen, *Corruption and the Decline of Rome* (New Haven, 1988), 该书只是在本文写完后才面世。

46 T. Mommsen, "Das römische Militörwesen seit Diocletian," *Hermes*, V. 24 (1889), pp. 195-275.

47 Starr, *Roman Empire*, p. 123.

48 Ferrill, *The Fall of the Roman Empire*, pp. 46,47.

49 见 W. Goffart, "The Date and Purpose of Vegetius' *De re militari*," *Traditio*, V. 33 (1977), pp. 65-100; Ferrill, *The Fall of the Roman Empire*, p. 179, note 196。

50 引自 Goffart, "Date and Purpose," pp, 82,83。

51 *De re militari* 1.20 (我的翻译)。

52 关于以上各点总的来说见我的著作 *The Fall of the Roman Empire*。又见 Martin Sieff, "When the Grunts Fall, So Do Their Empires," *The Washington Times*, 24 March 1987, pp. D1,2。

第六章 调控衰落：奥利瓦雷与西班牙帝国的大战略

约翰·H·埃利奥特

1985年，彼得·詹金斯在《新共和》杂志讨论当代英国社会问题的一期上撰文，[1]其中从我28年前出版的《西班牙帝国》中引用了一番话：[2]“他们继承了一个在帝国事业上投放了过多精力的社会，而且被不断萎缩和愈益破旧的遗产残余包围，不能忘却自己的记忆，不能改变自己悠久陈旧的生活方式。在欧洲的面貌比以往任何时候都更快地改变着的时候，曾是欧洲头号强国的这个国家证明缺乏生存下去的必不可少的条件——变革的意愿。”我指的当然不是20世纪的英国统治阶级，而是17世纪的西班牙人。然而，西班牙的实例在此背景下被一位英国报人使用，说明它或许可以具备某种当代适切性，说明在大国的兴衰轨迹中或许有反复重演的情势，它们提出了政策和实践的纵贯几个世纪的核心问题。

我上面那番引语的意思是，17世纪西班牙的统治阶级太狭隘刻板，其态度和价值观过于传统，以至不能调整自己以适应权势衰落的现实。但是，这引起了一项超出西班牙历史的问题——一项确实蕴含在“调控衰落”这几个饶有意味的字眼（它并非出自我本人的选用）中的问题。一个强国如何能够、又应当怎样“调控衰落”？确实，“衰落”到底能不能予以“调控”？如果能，那么什么样的调控战略很可能最为有效？或者，衰落是不是一种无法人为调控的自然现象，“调控衰落”是否莫过于一种微妙的委婉表达方式，讲的是大势已去，只能尽力打点残局？

任何关于衰落的一般理论，要多少有望获得广泛赞同，就需要依据对历史个案的仔细分析。[3]有一个这样的史例现在有了相对翔实的史料佐证，那就是17世纪二三十年代董·加斯帕·德·古斯曼内阁时期的西班牙，此人以奥利瓦雷伯爵之名留名青史。[4]西班牙国王腓力四世继承了一套甚为庞大但麻烦百出的遗产，1621年他年方十六登基时，将西班牙的命运付托给奥利瓦雷。西班牙作为欧洲强国的兴起惯常便利地从1469年算起，其时阿拉贡的斐迪南与卡斯提尔的伊萨伯拉结婚，两国随之合并。由于重新征服格拉那达的摩尔人王国，连同1492年哥伦布登陆美洲，16世纪西班牙帝国大扩张的门户被打通。当1556年腓力二世继承其父查理五世皇帝为西班牙国王时，他成了领地异常广袤的统治者，其疆域从尼德兰和西属意大利（那不勒斯、西西里和米兰）延伸至美洲太平洋沿岸，还有其巨大的总督管地墨西哥和秘鲁；而且，作为他继承葡萄牙王位的结果，他又于1580年给这巨型的领土集聚添上了葡萄牙及其在巴西和远东的海外帝国。

尽管其军事和行政管理成就令人印象深刻，但腓力二世在位后半期里西班牙帝国（或像当时人所称的那样“君主国”）却在显出明白无误的力不从心的迹象。16世纪80年代至90年代期间，越来越多的现象表明帝国伸展过度，或者换句话说，它以金钱和人力来衡量的资源正在证明不敷它在被要求来面对的任务。这是些什么任务？它们必须在王朝目标的大背景下予以观察：首先，在国王的众多领地维持秩序和正义，保护它们免遭敌人袭击；其次，维护天主教信仰，反对伊斯兰教，反对在欧洲兴起的新教异端和颠覆浪潮；第三，维系维也纳与马德里之间尽可能紧密的团结，以此作为最佳手段保障哈布斯堡家族的西班牙和奥地利这两支系的王朝利益，保障基督教世界传统秩序的稳定和生存。

在其所设目的和目标的这一大背景下，西班牙在腓力二世统治时期面对一系列挑战，其中最尖锐的就是16世纪60年代的尼德兰造反。由于未能在早期将这场造反镇压下去，西班牙不得不在尼德兰从事旷日持久的军事斗争，那使它的资源大为拮据。西班牙属下的佛兰德大军这一军事机器组建于尼德兰南部各忠诚省份，用途是遏制，可能的话镇压造反的荷兰人，结果成了兵员数达五六万人的庞然大物，其开支将高达每年300万达克特（当时西欧国家普遍使用的钱币——译者注），近乎王室年度总开支的三分之一。[5]然而，即使如此巨大的人力和财力投入，也未能粉碎这场造反。相反，在16世纪80年代和90年代，对荷兰人的战争升级成为西班牙与国际新教力量——荷兰人、胡格诺派教徒和伊丽莎白治下的英国——在北方的陆海大斗争。到1598年腓力二世去世时，西班牙在这场北方斗争中显然正岌岌可危。处于王室暂时破产困境中的腓力本人于1598年同法国媾和，由此敲响了开始在北方撤退的金锣；撤退过程在其继任者腓力三世统治时期持续下去，先是在1604年与詹姆士一世治下的英国媾和，后是在1609年大不情愿地与反叛的荷兰人签订为期12年的停战协议。随荷兰停战协议而来的是欧洲十年不稳定的相对和平时期——“西班牙治下的和平”（Pax Hispanica）时期，当时法国的力量随亨利四世在1610年不期而至地突然遇刺而急剧削弱，这使得西班牙至少暂时处于无争议的欧洲首强地位。[6]

世纪之交这一从好战到相对和平主义的转变——从战争一代到和平一代的转变——真正由无法控制的力量决定，并不意味着对西班牙长期目标和野心的任何放弃。这无法控制的力量主要是财政和经济上的。在腓力二世晚年，开支一直大大超过收入，后者根本上依赖三个来源：国际银行界（特别是热那亚钱商）继续贷款给西班牙王室的意愿和能力；墨西哥和秘鲁的银矿继续为国王产出定期的银锭供给（每年大约两三百万达克特）的能力；国王各领地和各省的缴税能力，特别是卡斯提尔，它在腓力二世治下成了帝国的中心和心脏，首当其冲地肩负王朝对外政策要求加诸的财政和军事负担。

然而从16世纪90年代起，卡斯提尔警钟长鸣。农业危机和人口危机的迹象越来越多，特别是在世纪末的大瘟疫之后，与此同时缴税重担和税额分配在毁伤卡斯提尔社会内最有生产能力的阶层这一意识与日俱增。1598年至1621年腓力三世在位时期，卡斯提尔涌现出空前数量的小册子和论著，都力求诊断卡斯提尔正在罹患的疾病，并且试图开出适当的药方。这批经济政治文献以国家的病患或衰落为出发点，由被统称为“公断者”（arbitristas）的人们撰写，其名源于他们为拯救国家而提出“公断”，意即权宜之计。事实上，“衰落”（declinación）一词似乎于1600年在一部极有影响的论著中被首次使用，其作者是最早也最聪明的“公断者”之一马丁·冈萨雷斯·德塞洛里戈，而衰落概念在此后的岁月里将挥之不去地宰制卡斯提尔人的思想意识。[7]

在我看来，当时的人以“衰落”来概括卡斯提尔和西班牙帝国的问题极富意义，如果我们要理解将由奥利瓦雷和腓力四世政府在17世纪20年代采取的战略。“衰弱”有两个含义：生物的和历史的。从生物学角度看，每个有机体都经历成长、成熟和衰弱的过程；这是一个自然过程，因而不可逆转——当然除非（那是唯一的得救可能）上帝直接干预人世间事。我认为，将西班牙的过去、现在和未来如此置于自然世界的循环过程之内，对于造就在17世纪西班牙统治阶级中间那么显而易见的宿命意识起了作用。车轮在无情地转动，一个人能够希望做的，充其量只是在它下一番向下滚动以前略长地阻滞它一会儿。罗马帝国命运的历史类比增强了悲观主义。在其鼎盛时期的西班牙人自视为罗马人的现代传承者；眼下，在困难时候，他们曾如此自信地借用的类比变得分明令人不安。如果他们确实是后世的罗马人，西班牙帝国怎么能够希望逃避罗马帝国最终沦入的蜕化和衰落过程？

然而，没有任何真正的上帝信仰者能完全接受衰落概念的宿命论含义，因而总是必须找到上帝干预的可能性余地。这段史事就是在此取得了一种**道德**含义。在罗马和西班牙之间进行类比的17世纪西班牙人很明白，罗马帝国是由于道德水准的堕落——奢侈、贪婪、娇弱以及丢弃令罗马伟大的传统道义和尚武美德——从内部被倾覆的，而他们看到一个类似的过程在他们自己的社会里进行。这意味着在其精心构想的经济和财政改革计划之外，他们还大力谋求行为方式和精神品质的改革，认为这对拯救他们的国家来说至少同样重要。只有鄙弃公私两方面的邪恶，复兴道德，才能使上帝（用17世纪的话语说）“有义务”前来拯救其选民，将他们救出否则不可逆转的蜕化过程，那是西班牙像所有自然机体和政治实体一样倾向于陷入的。

因此我们看到，17世纪的头20年里，悲观主义和改革主义这两大突出要素在其中多少得到均衡的一种思想或心理气氛被造就出来。西班牙在沦落，但是如果它遵循正确的道路，它就还可能拯救自己。然而，腓力三世统治时期发生的一切表明，正确的道路远远没有得到遵循。腓力三世宠臣勒尔马公爵的政府腐败无能；本可用来进行财政、行政和社会改革的和平岁月在被糟蹋掉；暂时搁置起来的外交难题重新出现在面前。特别是1618年的波希米亚造反，使天主教事业和哈布斯堡奥地利在中欧全境的整个地位陷于危境；与荷兰人的12年停战正临近结束，引起了是续订停战协议还是重燃战火这整个问题。与此同时，无论是在中欧还是在尼德兰，西班牙的战争能力正被削弱，因为来自东印度和西印度的岁入大大减少。1620年，王室从美洲仅收到80万达克特，而在其统治开始时一年收到的是200万达克特。

内忧外患在1618—1621年，即腓力三世在位最后三年发展到紧急关头。一方面，国内要求急剧改革的运动愈益壮大，它得到卡斯提尔议事会、行政当局的某些部门和城市贵族阶级的支持，也陷入了公众舆论的深渊，后者受“公断者”著述熏陶，并且惊骇于愈益增多的国家衰落迹象。另一方面，在西班牙的外交官、将军和驻外总督中间，对勒尔马对外政策的虚弱无力，对它正在使西班牙王室经受的羞辱、恼怒愤慨与日俱增。这些人，例如1617年从布拉格使馆回到西班牙任国务会议成员的董·巴尔塔萨·德·朱尼加，是行动派和干涉主义者，想在为时过晚以前恢复西班牙正在跌落的声望。正是内政与外交两个领域内的行动派的结合，在1618年推倒了勒尔马公爵，并且最终在1621年使得董·巴尔塔萨·德·朱尼加与其侄子奥利瓦雷伯爵拥有了不受挑战的权力。

前提假设和态度

因此，这么说看来是公允的：从1621年直至1643年他失去权力，奥利瓦雷当政时期的“大战略”在很大程度上由先前约20年浮现的各种力量和各种心态的结合确定。在这个意义上，它是一种颇可预料的战略，尽管不可预料的是奥利瓦雷在部署这一战略时展示的过人精力、耐力和智谋。奥利瓦雷本人上台掌权以前，他的纲领的各个要素都已存在，至少已有其胚胎，即使各要素的结合显然由他和董·巴尔塔萨·德·朱尼加的轻重缓急次序安排决定。那么，他俩的大战略究竟有何内容？

首先，我不认为我们可以公允地将它描述为一种旨在调控衰落的大战略。衰落的事实——行政、军事、经济、财政和人口等各方面的衰落事实得到了承认，而且是行动的出发点。奥利瓦雷本人在1624年告诉国王：“因为我们的罪过，这些王国目前的状况很可能是所曾得知最糟的。”[8]然而，衰落过程必须予以制止，如果可能的话要加以扭转。换言之，此刻压倒一切的需要，同样用他自己的话说，在于“重振陛下的君主国”。[9]因此，他的纲领被设想为一种复兴和更生西班牙君主国和帝国的方案，那从复兴和更生其心脏地区卡斯提尔开始。

从20世纪的观点看，在知道了我们所知西班牙帝国的命运之后，我们的诊断肯定是那个社会苦于一种长期失败的累积效应，即长期未能将它的对外政策目的调整到适合不断萎缩的帝国资源和国家能力；我们的药方则大概会由下列要素的某种结合构成：长久持续的和平；系统地促进经济复兴的努力；轻重缓急次序的重新评估，以此作为调整目的、使之契合手段的长期努力的一部分。然而，尽管从我们20世纪的高度看，这似乎对我们来说是合理的方略，但它反映了一种大不同于17世纪观点的价值尺度；而且，我相信它还忽视了在任何时期里都同拥有世界范围的帝国相连的复杂紊乱的现实。

关于17世纪与我们当代之间在价值尺度方面的差异，最为关键的之一肯定在于这么一个事实：现在许多人会视为世界强国之首要目标的避免战争，那时在它们轻重缓急次序当中的位置低得多。战争被当作生活的天然事实来接受，大战略的目标不过是以保证获胜的最大可能的时机和方式投入战争。17世纪的世界是一个在其中“名声”——或用现代话语说保住威望或面子——最为重要的世界，而只有军事力量的胜利展示才能维持名声。这意味着我们不应当对1619年至1621年间西班牙国务会议的讨论中所用的那类论辩感到吃惊，那些讨论最终做出了致命的决定，即听任与荷兰人的停战到期结束，恢复在尼德兰的战争，尽管西班牙在财政和经济上公认虚弱。据论辩（那不无理由），与荷兰人的和平已证明甚至比战争更加糟糕：就佛兰德大军省下的开支没有那么多，补偿不了荷兰人在名义和平掩盖下对西班牙和葡萄牙的海外领地施与的沉重打击。但是，也有人争辩说名声是关键因素，至少朱尼加如此。“在我看来，”他说，“一个失去了名声（reputación）的君主国，即使它没有丧失任何领土，也像没有亮光的天空，没有光芒的太阳，没有灵魂的肉体。”[10]一个人也许会将此当作纯粹的浮言遁词而不屑一顾。然而，朱尼加是个在国际事务上经验极为丰富的人，而且是个“现实主义者”，亦即对西班牙在此晚期粉碎荷兰人造反的可能性不抱任何幻想。能够希望的充其量只是一种体面的和平——同1609年停战相比不那么损害西班牙国王名声的和平。像他同代眷恋腓力二世鼎盛时期、饱受勒尔马对外政策的羞辱的其他人一样，他认为这“名声”是一个大国的武库中至关紧要的武器，一旦它的名声开始下滑，所有较小的国家就会动手拧它的鼻子。

鉴于这种心态，连同对勒尔马政权和平政策的愤慨反应，西班牙在1621年对荷兰人重新开战简直是注定了的。确实，有人甚至将它视为道德必需。在国务会议有次开会时，贝纳文特伯爵争辩说，尼德兰和平的唯一结果是毁了西班牙的男子气概。一个原先尚武的民族越来越娇弱，用他的话说“我们要么打赢，要么丧失一切”。[11]事实上，我们在此看到有意呼吁曾使卡斯提尔辉煌伟大的传统尚武精神。越过由腓力三世统治代表的、蒙羞受辱的晚近时期，回到较为久远的腓力二世统治期间的光辉过去：如此返归往昔将是奥利瓦雷政权的主导原则之一。换句话说，只有恢复旧日的价值观念才能实现复兴。结果，奥利瓦雷纲领的一大方面将是精神和道德上的一场大扫除，一场净化改革运动，它涉及关闭妓院、禁止发表轻浮文学和重新力求衣着俭朴等方面。

因此，奥利瓦雷年代的出发点在于重新投入战争，战争既会净化卡斯提尔，使之再度生气勃勃，又会将西班牙国王重新送上它应有的、上帝指定的位置，即世界上最伟大的君主。有如奥利瓦雷本人认识到的那样，这一地位意味着差不多无休止的战争状态，或至少备战状态。他一度把西班牙比作森林中的狮子，被敬畏而不被爱戴。因此，将保证西班牙被敬畏的、它的权势的重新弘扬构成了奥利瓦雷纲领的核心特征。然而，怎样才能实现之？目标传统，手段却必须新颖。1619年，在给国王的一封关于现代战争性质变化的信里，西班牙驻伦敦大使贡多马尔伯爵评论道："今天的战争不是一个蛮力问题，好像人是公牛，也不是一个作战问题，而是赢得或丧失朋友和贸易的问题，这是一切好政府都应当去处理的。"[12]

奥利瓦雷很明白这些变化着的要求，它们由于荷兰人的成功而被17世纪初的欧洲各国所了解。弱小起家的荷兰人已表明力量与繁荣如何密切相连，明智地开发显然有限的资源如何能导致战争胜利。因此，西班牙人必须向自己的敌人学习。正如奥利瓦雷为复兴卡斯提尔的道德和尚武精神而效法西班牙的过去，他为复兴经济和改进技术而效法荷兰人。按照荷兰人的榜样，战争必须从陆地移向大海。必须建立贸易公司，鼓励工业和实业家精神，并且使得河流能够通航，如此就能增进生产力。卡斯提尔的繁杂笨拙的赋税体系必须予以急剧变更，以单一税制为最终目标，而且西班牙君主国的政体结构必须重新设计，以便在它的各个组成中间较为平等地分配财政和军事负担。用当今的术语来说，至少在这一方面，奥利瓦雷的纲领是个**现代化**纲领，意在使西班牙再次具有经济竞争力，并且因此更有效地打仗。

奥利瓦雷似乎至少部分地认识到，这么一个纲领要求社会态度和价值观的转型。那些目前发觉自己由于犹太血统玷污而被边缘化的人不得担任官职，亦无名誉可言，他们必须被设法重新纳入国家生活，这样国家就不会被剥夺掉他们的才能。教育要改革，目的是培养出新一代贵族，其训练和装备优于其父辈，以便为国王效劳。为了造就一个产出更多财富的社会，用奥利瓦雷的话说就必须“尽我们全力将西班牙人转变为商人”。[13]可以争辩说，在将卡斯提尔社会现代化的尝试与复兴其传统价值的努力之间，有着根本的矛盾；然而我怀疑，这是我们在20世纪的世界里已经习惯了的一个矛盾。最有效的现代化推行者可能是那些高谈复兴往昔荣耀，能够以此大话掩盖自己纲领的人。奥利瓦雷能否玩这把戏，将卡斯提尔社会推入一个较为现代的时期而不助成一种原教旨主义式的倒退，则仍需拭目以待。

正如奥利瓦雷认识到的，卡斯提尔的复兴不仅有赖于它的经济和道德振兴，而且有赖于形成一种较合理、较经济的体制，以便在新的总体战时代支撑西班牙君主国的陆海军力。这意味着为西班牙大军和舰队提供固定的年度拨款的计划；而且，奥利瓦雷在1625年开始实施整个帝国防务体系的急剧重组——他将这称作“武力组合”。“武力组合”意在减轻卡斯提尔承受的某些压力，办法是将15年内提供和维持一定配额的有酬男子的责任分摊到帝国境内每个王国和省份，即卡斯提尔、阿拉贡王室领地、葡萄牙、那不勒斯、西西里、佛兰德和东西印度，配额则根据它们各自被认定的人口得到固定。这将产生一支潜在地达到14万人的防御兵力，其中七分之一将在君主领地和帝国的某个部分遭到攻击的任何时候被征召入伍。鉴于国王的各不同属土之间政体大不相同，这是个十分含糊的计划，而奥利瓦雷保障其实施的尝试几乎立即陷入困境。但是在他看来，它代表了拯救西班牙君主国的最佳希望，并且的确是唯一希望，以一种或另一种方式来实施它的企图在其整个执政时期始终是其政策的坚持不懈的主要方面。

政策和问题

因此，面对衰弱的挑战，奥利瓦雷及其国务会议同僚的反应不是重新评估和降低西班牙传统的对外政策目标，而是改革现存体制，使之合理化，希望由此使得这些目标比较能够实现。确实，在对外政策要求与资源可得性之间的任何冲突中，他们总是倾向于假定国际紧急事件重大得不可回避，而且资源总会以某种方式被觅得。例如在1625年，当国务会议辩论是否有可能一面继续给皇帝提供资助、一面在尼德兰打仗时，财政委员会主席蒙特斯卡罗侯爵说："固然严重缺钱，但维持名声更重要。"[14]这不是一个人通常预期从一位财政大臣那里见到的情绪，肯定不是1956年苏伊士运河危机高潮时哈罗德·麦克米伦表达的情绪。

那么，我们是否可以假定，我们在此见到的是最后一代帝国臣民，如此依恋往昔的荣光，以至和现代的现实完全脱节？我已经指出，我们必须小心，不要用我们自己的价值尺度来设想17世纪的人们，"名声"这个概念在17世纪有广泛的共鸣，并不限于西班牙。例如，虽然现代历史编纂学太倾向于将红衣主教黎塞留描绘成一位头号现实主义者，与本质上唐吉诃德式的奥利瓦雷截然相反，但实际上与他的对手一样执迷于维持名声的需要。如同奥利瓦雷，对黎塞留而言倘若必须在"名声"（réputation）与"安宁"（repos）之间做出抉择，那么要选的是名声。[15]

对奥利瓦雷时代的欧洲人来说，一个追求名声的西班牙就是一个再度扩张的西班牙。在17世纪20年代和30年代，他们看到的是欧洲被哈布斯堡主宰这一可怕幽灵，是与腓力二世统治相连的世界帝国宏图在奥利瓦雷领导下卷土重来。然而，从帝国权力的首都马德里的角度看，在他们眼中的这个新的咄咄逼人的帝国主义却有大为不同的色彩。尽管在腓力四世统治的头几年里，国务会议内仍有胜利主义者，但也有宿命论者，包括为其侄子确定了对外政策路线的董·巴尔萨尔·德·朱尼加。我认为，奥利瓦雷继承了叔父的传统，心底里是个宿命论者，虽然或许是个间或有胜利主义冲动的宿命论者。如同朱尼加，在他看来西班牙君主和帝国处于四面受袭境地，除非上帝会奇迹般地为西班牙进行干预，其长期前景必定黯淡。当贡多马尔在1625年的一封信中断言西班牙这艘船正在下沉时，奥利瓦雷基本上不持异议，只是不希望大声宣扬，以免使他周围的人丧气。"我知道这一点，并且为此悲伤，"他回答说，"同时又不让它削弱我的意志或减少我的关切；因为我责任重大，令我决心至死紧抓船桨，直至彻底淹没。"[16]

我从这位伯爵和他同僚中那些较为负责的人身上觉察到的，更多地是一种差不多压倒一切的帝国负担意识，而非帝国的傲慢；帝国遗产的重负压在他们肩上；他们从先辈那里接过了这一宝贵的负担，他们的任务是在可能情况将它再传给后代。因此，"保守"（conservación）成了他们的用语中的一个关键词。这不是扩展帝国或取得更多领土的问题，而是竭尽全力维持其已有领土和国王名声的问题。换句话说，尽管在大多数欧洲人看来马德里的政策显得不可容忍地咄咄逼人，奥利瓦雷及其同僚却将它们视作一直是防御性的。这防御心理更由于相信一种被明确表达出来的多米诺骨牌论得到了加强。1635年，在对法战争爆发前夕他写道："首先和最根本的危险威胁着米兰、佛兰德和德意志。对它们的任何打击对我们帝国来说都是致命的；如果丧失它们当中的任何一个，帝国的其余部分就会随之而去，因为意大利和佛兰德将随德意志丢失，东西两印度将随佛兰德易主，那不勒斯和西西里将随米兰沦丧。"[17]

因此，奥利瓦雷伯爵对外政策的本质，在于维持一个已经足够大的、世界范围的帝国的名声。必须以某种办法守住阵线，防止多米诺骨牌倒下。他在1626年底告诉国务会议同僚：他的目的是"光荣的普遍和平"。[18]要如何实现这一目的？一方面，正像我已经指出的那样，要依靠一种改革政策，那将加强西班牙的陆海军力，恢复它在世界上的地位。另一方面，要依靠一系列得到良好界定的对外政策目标，那将从实力地位出发争取实现。法国——西班牙一向的潜在威胁——必须予以遏制。哈布斯堡在德意志的地位必须通过坚持不渝地支持皇帝来加以恢复，但与此同时小心不将新教诸君主逼入绝境，从而使冲突升级。最后，荷兰人——一切问题当中最严重的问题——必须通过一种合理化了的战争体系（包括运用西班牙的海军力量和经济封锁）被带到谈判桌边，经说服接受一种比1609年停战更有利于西班牙的和平。

实践证明，表述目标要比实现目标容易得多。在黎塞留领导下，法国的权势正变得更加张扬。皇帝到头来表明远不像奥利瓦雷预期的那么容易由马德里控制，而且他采取了一系列政策导致战争在德意志扩大，那正是伯爵希望防止的。至于荷兰人，虽然在压力之下显示出愿意谈判的迹象，但从不很同意就达成解决来说他认为足够满意的条件。17世纪20年代，有几度他那"光荣的普遍和平"目的差不多近在咫尺，例如在1625年，即西班牙在布雷达、加的斯和巴西获胜的辉煌一年。这些胜利，尤其在巴西的胜利，是依靠一支52艘舰船和12000人组成的远征军取得的，[19]引人注目地证明了西班牙权势依然拥有的更生能力和西班牙行政机器的组织能力。然而，每一次最后的果实看来都不知怎的与奥利瓦雷失之交臂，而且在1627年底他犯了像是他在对外政策领域的最重要的错误，即决定西班牙应当干涉曼图亚继承问题。

伯爵干涉曼图亚的决定在那个时期的背景下完全可以理解。可以纯粹从意大利局势和国际形势角度提出某些有力的论辩，反对让权利要求最甚的奈韦斯公爵不遭阻挡地接管遗产。地理位置有战略意义的曼图亚公国现在要由一位法国出生的公爵掌握：这一事实构成对米兰和对西班牙在北意大利的总的地位的显著威胁。还可以争辩说，由于过早声称有继承权而不征求他的宗主即皇帝的意见，奈韦斯损害了皇帝的权威。然而，如果马德里希望的话，这些以及其他问题本来大概能够通过外交得到解决。难以相信奥利瓦雷倾向军事干涉的决定与他当时在国内的困难无关，那里他的改革计划正受阻于强烈的内部反对。一项壮观的成功，特别是西班牙永久占领卡萨列要塞，将大有利于令他的批评者闭嘴。路易十三竭力忙于围攻拉罗歇尔，法国干涉意大利的可能性似乎很小，因而西班牙辉煌成功的前景颇佳。

然而，对曼图亚的干涉虽然看来有道理，但到头来证明是个极糟的失算。旨在控制曼图亚的三年斗争——它以失败告终——使西班牙的资源经受了巨大的新紧张，而且正值财宝运输船队被荷兰人掳获导致王室财政陷入暂时灾难，正值卡斯提尔经济因为歉收和食物价格上涨影响而在进入一个新的衰退期。最糟糕的是，由于分散了西班牙的资源，它迫使西班牙减轻了对荷兰人的压力，搞乱了奥利瓦雷实现北欧和平的时间表，并且使帝国走上了与黎塞留法国冲突的道路。

奥利瓦雷尽管貌似大胆自信，但总的来说是个在世界舞台上谨慎小心的国务家，曼图亚事件不符合他因循妥协的通常倾向。我认为，就衰落中帝国的对外政策可以发生的情况而言，他在这个场合进行的赌博并非不典型。随它们发现自己力量的限度和害怕丢失面子，紧张逐渐加剧；内部困难开始愈益增多；然后，在绝望时刻，审慎被扔到九霄云外，它们试图靠孤注一掷来拯救自己。如果米兰的西班牙军队成功地夺取了卡萨列，那么此举便会被欢呼为辉煌胜利，享有所有胜利威望的伯爵就可能以重新鼓起的自信转向推进其国内改革纲领。但事实上，他在每一方面都极为倒霉。他迫不及待地需要的和平再次被推迟，而且随之而来他的改革亦如此。直到曼图亚事件为止，他一直试图双管齐下，推行一种旨在国内改革和国外扬威的政策；然而在大败于曼图亚以后，一切都不得不服从对法战备，以从事预期将来临的对法战争。1632年，即在它爆发前三年，托斯卡尼驻马德里大使的秘书已报告说，对外事务现在优先于其他一切。[20]有些人断言战时不可能搞改革，奥利瓦雷会与之争辩，并且有时会试图给自己的改革纲领注入新活力，但事实上17世纪30年代唯一能尝试的改革，是那些与战争的更有效进行直接有关的改革。

我相信，曼图亚事件说明一个帝国极难从其负担下解脱出来。光是它的义务范围，就意味着差不多每件事情都被设想为影响到它的至关紧要的利益。因此，多米诺骨牌论在17世纪30年代风行于马德里。然而很有理由问：在奥利瓦雷时期的西班牙，是否有任何人主张一种替代性的对外政策——一种试图缩小其紧要利益的范围、必要的话以牺牲名声保住支付能力？换言之，是否有任何人敢想不可想之事，即分阶段从帝国退却的可能性？奥利瓦雷本人最接近如此的一次是在1633年，当时他至少考虑过西班牙局部撤出尼德兰，完全明白同时与法国和荷兰人作战很可能招致西班牙帝国垮台；然而总的来说，他给人的印象是不能重新考虑那些传统上支配哈布斯堡西班牙对外政策的前提假定。

在奥利瓦雷的竞争对手和敌人中间，我未发现有这么一种替代性对外政策的任何迹象，尽管一旦它明显地失败了，他们当然就很快前来谴责他在意大利的干涉。同样引人注目的是，在他于1643年倒台之后，对外政策在方向上并无任何改变，那是国王本人依旧执意奉行的。但是，在17世纪的西班牙，政府在言论审查方面的严厉程度使人难以知道人们真正在思考什么，而不是表达了什么。卡斯提尔的宝贵资源年复一年地被抛进显然深不可测的尼德兰无底洞：对此当然有持续的不满，但无论在卡斯提尔议事会还是在行政官员队伍中，这一不满从未得到足够的表达。在这个时期的档案里，我所曾发现的、提示对西班牙对外政策有激进的重新思考的唯一文件，出自奥利瓦雷的一位朋友和亲信乌曼内伯爵之手，时间是在1635年，奥利瓦雷去世前三个月。在这个文件中他争辩说，西班牙所以处于目前的可悲境地，是因为它坚持执意不放弃佛兰德和米兰。因此，他提议西班牙应放弃尼德兰，用如此将省下来的每年五至六百万达克特改善伊比利亚半岛和东西两印度的防务。他还主张，米兰应割让给腓力四世的兄弟红衣主教亲王，作为一个独立的公国。帝国由此收缩至西班牙、东西两印度、那不勒斯和西西里，将容易防守，国王实际上也将比现在强有力得多。[21]

据我所知，乌曼内的建议没有在马德里的各委员会中间引起任何共鸣。相反，所下的决心是寸土不丢，战斗到底。然而奥利瓦雷明白，他这么做是在同时间赛跑。当对法战争最终在1635年春天爆发时，他很清楚唯一的得胜之道是速胜。西班牙没有条件坚持一场消耗战。出于这个原因，在与法国的战斗爆发后几周，他起草了一个分三路从佛兰德、奥地利帝国和横跨比利牛斯山脉大举进击法国的计划，以期迅速结束战争。他写道：要么一切丧失，要么船只得救。要么卡斯提尔屈从异端，“此即在我看来的法国人”，要么它成为“世界之首，就像它已经是陛下的帝国之首一样”。[22]

随1636年考尔比战役失败，冲突转变为一种消耗战，那是奥利瓦雷那么渴望避免的。30年代末期胜负不决的战争不仅使卡斯提尔的社会组织经受愈益加剧的紧张，而且随着奥利瓦雷力求将各不同王国和省份纳入他的“武力组合”，给西班牙帝国本身的结构施加了越来越大的压力。正是国家权力对伊比利亚半岛边远省份的这一不断加大的压力，在1640年激发了将对西班牙的国际地位有非常深刻后果的两大动乱：加泰罗尼亚和葡萄牙的反叛。

1640年的反叛显示西班牙帝国正处于解体边缘，并且由此鼓励了西班牙的敌人。“这个帝国的辉煌接近终了”，有如英国驻马德里大使所说。[23]事实上，关于它气数已尽的报告证明过早。尽管有1640年的灾变，奥利瓦雷本人依然设法将自己的权力又坚持了两年，而且做了某些事情来遏制（即使不是修补）损害。他甚至成功地比黎塞留多活了六个星期，后者于1642年12月去世——特别是六个月后路易十三驾崩——给似乎万念俱灰之际的马德里带来了新的希望。然而，1640年的两大反叛不可避免地对西班牙在欧洲的军事效能有重大影响，迫使马德里的大臣们重新评估国际形势。奥利瓦雷本人在可能是他下台之前的最后一个国务文书内，抓住黎塞留的死讯，认为它提供了新的和平试探的机会。这个消息，他写道，“迫使陛下的大臣们考虑我们自己所处的严峻形势，以致不丧失这一事件提供的任何机会，以任何可能的手段获取一项和约，那是在当前关头或许能够挽回我们命运的一切。”[24]

但是，与荷兰人的战争在奥利瓦雷倒台后还要再持续五年，与法国的战争还要持续另外16年。这既显示了奥利瓦雷的后继者们多么顽固地坚守他的对外政策指导方针，也表明了在一系列灾难面前西班牙的权势和决心多有后劲。即使在退却中，名声依旧压倒一切。然而到头来，即使名声也丧失殆尽。随1659年比利牛斯和约，欧洲的牛耳从西班牙的腓力四世转到法王路易十四手中，而腓力的继位者卡洛斯二世治下的西班牙未经改革，日益衰败，成了众所周知的欧洲病夫。具有讽刺意味的是，随着西班牙继承战争之后，从1713—1715年乌特勒支和约安排中浮现出的西班牙君主国，并非不像乌曼内伯爵在其1635年备忘录中预料的，即一个解脱了尼德兰与其意大利各邦国的君主国，而且作为其结果，有如乌曼内论辩的那样，是个较能生存下去和有好得多的振兴前景的君主国。

结　论

这样，回顾奥利瓦雷执政的22年，我们看到的是“调控衰落”的显著失败。确实，如我指出，奥利瓦雷甚至没有做这样的尝试。他的目的不是调控衰落，而是阻止衰落。知道故事结尾的我们很明白，在这方面他失败了，并且败得很惨。但是，至少直到1639—1640年为止，当时人根本不清楚事情会变成它们实际变成的那样。他们更可能对下列情况留有深刻印象：西班牙权势的非凡后劲；西班牙随其逆境表现出来的令人惊异的复原能力；奥利瓦雷伯爵驱使其衰弱的国度前行的足智多谋和过人精力。像在1625年和1634年那样，有几次似乎西班牙已将世界踩在脚下；甚至在1635年与法国的战争爆发后，当西班牙同时在两线作战时，也全不能肯定在两大强国中西班牙会首先崩溃。例如，倘若红衣主教亲王在1636年的考尔比战役期间设法兵临巴黎，事态就可能朝大为不同的方向发展，我们就可能不会将奥利瓦雷伯爵看成历史上的重大失败人物之一。

然而，尽管伯爵足智多谋，人们一定会问从长远看这个故事**能不能**有大为不同的结局。在17世纪20年代末期，当批评者们在评论西班牙越来越多的麻烦和质疑奥利瓦雷的能力时，他的一位同僚说道：“不错，末日正在逼近，但要是在别人手里，它会来得更快。”[25]在20年代和30年代的马德里，有一种可以觉察到的失败主义情绪，一种奥利瓦雷与之斗争、但我相信在他内心深处也有的情绪。我怀疑，衰落概念本身，连同其必不可免意识，微妙地促成了这种情绪的生成，而关于国家和个人道德直接与国家成功相关的意识也是如此。随着失败越来越多，腓力四世和奥利瓦雷将它们归咎于国家的罪孽，首先是他们自己的罪孽。有如某个后来的约拿，某项失败之后的伯爵会说暴风雨不会停息，直到它将他掀翻为止。[26]这很难说是博得成功的心态。

但是，悲观主义也出自事实上非常真实的、愈益增长的困难，它们是由在这么一个时候力图死死守住西班牙帝国的传统抱负和理想造成的：其时资源越来越拮据，帝国防御难题则因为变化中的权势关系越来越多见。有如当时博泰罗之类人物认识到的那样，一个由多块不同领土构成的分散的全球性帝国，在与地理上更紧凑的国家的冲突中必定处于不利境地，后者的资源较易得到动员，而且那里的权力集中。[27]奥利瓦雷很明白这一点，而且采取步骤应付这一挑战，办法是构造他的"武力组合"。但是，像"武力组合"之类方案大概超出17世纪社会的政治和后勤可能性，而奥利瓦雷发觉自己正在挣扎着改革那些由于时间推移和对变迁的抵制而变得僵化了的结构。

正如我已经指出的，剩下的唯一替代性选择是降低抱负等级，削减义务承诺。然而，这要求一个人弃置光辉的往昔，并且最终否认帝国坚持维护的一切。西班牙是一个由战争塑造和做大的社会，它的成败衡量标准是军事胜负。因此，衰落首先根据国际地位和军事力量的损失来度量。如同对他的大多数同僚，对奥利瓦雷而言往昔的负担过重，自愿撤退的代价则过高，高得支付不起。如果像看来很可能的那样，证明无法安全地驶入港口，那么与其投降，不如与船同归于尽。正如这位伯爵某次说的，必须"有为不止，死而后已"。[28]这就是他最终的大战略，而且言行一致。

注 释：

1 Peter Jenkins, "Patient Britain," *The New Republic*, 23 December 1985, p. 15.

2 J. H. Elliott, *Imperial Spain, 1469-1716* (London, 1963), p. 378.

3 这套演讲是在 Paul Kennedy, *The Rise and Fall of the Great Powers* (New York, 1987) 一书出版之前做的。

4 见我的 *The Count-Duke of Olivares: The Statesman in an Age of Decline* (New Haven, 1986) 一书。下文在很大程度上依据该书，读者可参阅之，以了解必要的文件资料和进一步的细节。

5 在尼德兰的西班牙军队及其困难和成就，见 Geoffrey Parker, *The Army of Flanders and the Spanish Road, 1567-1659* (Cambridge, 1972)。

6 关于"西班牙统治下的和平"，见 H. R. Trevor-Roper, "Spain and Europe, 1598-1621," *The New Cambridge Modern History*, vol. 4 (Cambridge, 1970), chapter 9。

7 关于"公断者"，见我的"Self-perception and Decline in Early Seventeenth-Century

Spain," *Past and Present*, 74 (1977), pp. 41-61, 连同该文印证的史料。

8 John H. Elliott and José F. de la Peña, *Memoriales y cartas del Conde Duque de Olivares*, 2, vols. (Madrid, 1978-1980), vol. 1, p. 52.

9 Ibid., vol. 1, p. 98.

10 这里的言论引自 Juan Yañez, *Memorias para la historia de don Felipe III (*Madrid, 1723), p. 117。

11 引自 Elliott, Count-Duke*, p. 231*。

12 Ibid., p. 78.

13 Elliott and La Peña*, Memoriales y cartas*, vol. 1, p. 98.

14 引自 J. H. Elliott, *Richelieu and Olivares* (Cambridge, 1984), p. 77。

15 Ibid., p. 85.

16 引自 Elliott, *Count-Duke*, p. 231。

17 奥利瓦雷备忘录，1635年2月，引自 John H Elliott, *El Conde-Duque de Olivares y la herencia de Felipe II* (Valladolid, 1977), 91。

18 Elliot, *Richelieu and Olivares*, p. 87.

19 C. R. Boxer, *Salvador de Sá and the Struggle for Brazil and Angola, 1602-1686* (London, 1952), p. 60.

20 J. H. Elliot, "A Question of Reputation? Spanish Foreign Policy in the Seventeenth Century," *The Journal of Modern History, 55* (1983), pp. 475-483.

21 Elliott, *Count-Duke*, p. 491.

22 Ibid., p. 495.

23 引自 J. H. Elliott, *The Revolt of the Catalans* (Cambridge, 1963), p. 523。

24 引自 Elliott, *Richelieu and Olivares*, p. 153。

25 Ibid., p. 159。

26 Elliott, *Count-Duke*, p. 534.

27 Giovanni Botero, *The Reason of State*, translated by P. J. and D. P. Waley (London, 1956), pp. 9-12.

28 Elliot, *Count-Duke*, p. 464.

第七章

目标有限的总体战：对德国大战略的一种解释

丹尼斯·E·肖瓦尔特

现代德国的军事遗产自相矛盾。一方面，武装力量被展示为立意在一个正在现代化的社会维持传统的社会政治地位，越来越专注于维护特权而牺牲效率，最终在一种支撑作为民族认同之终极体现的、膨胀了的自我形象的绝望挣扎中，灵肉两方面都屈从了纳粹主义。[1]另一方面，德国军队的战斗能力一直受到赞扬——大多是出自德国的敌人。对于德军在第一次世界大战中的表现有广泛的良好评价。"出色"之类字眼布满专家学者们的论述，即使那些在其他方面批评第二帝国的军事效率的著作也是如此。[2]往后看更为晚近的时期，马丁·范克雷福德之类学者、马克斯·黑斯廷斯之类新闻记者和特里弗尔·杜普伊那样的统计学家，都大为苦涩地显示了德国国防军不仅富有军事技巧，而且战斗能力超过它的美国、英国和苏联敌手。[3]

解决这些矛盾的努力经常地陷入了互相指责：指责对方目光狭窄，学风草率，不讲信义。但是，辩论各方在一个要点上通常能达成一致。无论什么"战争天才"可能被容于德国军事传统，它都没有延伸到大战略领域。从世纪之交阿尔弗雷德·冯·施里芬伯爵那时起，而且可以论辩比那还早，德国的战略思想据信就已走了下坡路，即降至战术和作战层次，而不是向上攀升。德国军方形成计划去赢得战役，而非赢得战争。它忽视或误解了显示总体动员和全民族全面投入战争努力的一个时代业已到来的种种信号。德国军人以聪明和意志力取代了种种客观的物质因素，后者已成为胜利的最终决定力量，至少在核武器问世以前的环境中是如此。[4]

"军人"一词乃有意选用。德国的大战略说到底是一种军事战略。海军或许形成了它自己的战略概念，但最好是将它们说成是奢侈品，就像实施它们的舰队那样。至于空军，德国人所称的"交易法则"

（das Gesetz des Handelns）迫使它差不多从一开始就缺乏任何独立作用的外观。德国的地理位置导致其陆军成为其生存和地位的先决条件。正是在这方面，分析可望取得最大效益。

本文的出发点是一项尽管平凡但照样重要的前提假设。它设定，德国军人并非为他们预料会输掉的战争做准备。它还假定，一般的参谋本部军官至少与通常的防务分析家和历史学家一样聪明。换句话说，德国的军事规划融合了关于德国军事需要和前景的合理判断。它可能会使手段与目的之间的平衡紧张到极点，但从未作为首选系统地超越之。

为理解德国战略概念的性质，还必须采取一种更为广阔的历史视野，超过那种由于当今集中关注第二帝国和国防军而变得时髦的看法。德国战争方式的一个紧要关键，在于一种普鲁士传统，它大为关心是驯服和再驯服浮躁无常的司战女神贝洛娜，而不是让她解脱束缚。作为一个对它居心不善的环境内的中等强国，普鲁士在18世纪的地位养成了为有限目标进行全面战争的习惯。特别是弗雷德里克大王统治时期，其特征在于将政策冲突升级为国家生存斗争，连同相应地形成一种迅速和决定性地打败敌人、而后经谈判取得和平的战略方式，目的在于由此避免生死挣扎。除了旷日持久的冲突会造成国内瓦解这一长期风险（它在七年战争后期有所显示），后勤因素也排除了长时间将大量兵力集中于普鲁士边境。[5]

大革命和拿破仑时期的经验进一步加剧了普鲁士对局限性的担忧。法国式体制和态度基于不断变化和即时创新，它们若要被调整到适应一个据信构成稳定的欧洲体系之组成部分的国家的需要，就必须制度化。在作战层面上，随军队变得过于庞大和笨拙，以至无法比互相胡乱厮杀有多得多的作为，战役变得越来越胜负不决。由此而来的冲突扩展被认为足以搞乱现行政治和社会体制，从而促使保守的普鲁士军事理论家们在19世纪上半期集中关注一个问题：怎样尽快结束任何未来的战争？[6]即使是克劳塞维茨，在论辩发现敌方“重心”的重要性时，也集中于敌方武装部队，而对同盟、公众舆论和国内稳定之类大因素，至多只给予附加性的注意。[7]经济考虑在他的著作中不起任何重要作用。而且，当普鲁士军队确实开始重视工业革命时，那也是在作战性考虑的框架内。[8]

这一战略方式的成功似乎明显地表现在统一战争中。不管这些冲突的结果在观察家和历史学家看来多么具有革命性，都必须记住普鲁士的大战略目标的最终是否定性的和有限的。有如美国革命，1866—1871年的德国革命更多地是扫除而非倾覆，既涉及普鲁士扩张，也同等程度地涉及奥地利被逐。[9]北德邦联和具有显著联邦成分的第二帝国的组建进一步便利了许多中小邦国的转型，因为它们的居民和官员本会强烈抵抗被并入大普鲁士版图。[10]

普鲁士的经历既强化，也反映了参谋总长赫尔穆特·冯·毛奇的一种逐渐形成的观念，即战争与外交之间有一条符合逻辑的必然的界线。毛奇强调，战争一旦开始，就必须听由将军们掌管。这伴有——至少在1870—1871年以前——一项信念：在实践中，被决定性地打败了的敌人会愿意谈判。然后，按照毛奇自己的逻辑，国务家必须接管。军队的任务在于造就和平的条件，而不是直接摧毁敌人的整个抵抗能力。同他的许多对等者和后继人相比，毛奇更认识到后一任务本质上是不可能的。甚至在拿破仑式的总体战情况下，国家和社会即使战败，也保留着一种非同小可的反击能力。打游击战的西班牙，打"解放战争"（Befreiungskrieg）的普鲁士，只是最显著的例子，更不用说美利坚邦联诸州。武装力量的负责任的使用因而涉及令对手确信不进一步使用那种能力。

这一要求由于毛奇信奉的格言而得到加强，亦即战争是混乱不清的领域，在同敌人初步接触后没有任何计划能够持续下去。因此，这接触必须被估算进来。战前准备必须争取将战时混乱降至最低程度，或予以消除。从这个角度说，美国内战以及在较小程度上法兰西第三共和国的人民战争代表了通则的例外。毛奇远不是否定美国的经验，而是按照由埃默里·阿普顿变得为人熟悉的方式解释之。一个在叛乱开始时缺乏力量予以镇压的国家政府不得不仓促设法，即时创新。由此而来的消耗战可以预料，然而并非令人向往。普法战争表现了类似的模式。德国军队尽管起初取得了一系列成功，但既非足够强大，亦非足够精明，因而没有及时粉碎临时凑合起来的共和国兵力，以免其存在将冲突延长到严重威胁德国在欧洲的地位。[11]

从这些事实资料中可能得出什么结论？战略最合适地被理解为手段、目的和意志间关系的谋算。如果这一过程在任何领域中断，那么结果不是糟糕的战略，而是没有战略。19世纪最后四分之一时间里，德国的战略信条是在一种正冒头的"世界政策"（Weltpolitik）的背景中形成的。第二帝国的批评者坚持针砭它的对外政策甚至在俾斯麦之下也愈益加剧的自相矛盾。德国在欧洲大陆的紧要利益要求稳定，"世界政策"却本质上是一种对抗政策。这一两分迫使德国陷入一种抽搐似的内在紧张——在一个方向的任何运动受阻于另一个方向来的冲击。在远东或奥斯曼帝国的主动行动不可解脱地同莱茵河与维斯杜拉河畔的事件纠缠在一起。[12]

这一矛盾足够明显地引发了一种解释，那就是将第二帝国的对外关系说成是表现了国内结构的紧张，其不适虽说不上要求，也鼓励了国家权势向外扩张以保障国内稳定。[13]这种现已为人熟悉的观念将德国当作一个半现代国家，以其傲慢自大很勉强地遮掩着一种虚弱感。然而，它忽略了第二帝国的许多长处，连同其他许多被认为是长处的事情。德国拥有地处中央的战略位置和蓬勃增长的经济，拥有一个强有力的君主制和一个喧哗的、有影响的议会，在20世纪初发觉自己并未同任何邻国隔绝，能够同其中任何一个携手协作。[14]这激起了相应的、将德国确立为欧洲外交网络中心的渴望，无论它表现为伯恩哈德·冯·标洛任宰相时期（1900—1909年）的野心勃勃的形态，还是表现为特奥多尔·冯·贝特曼·霍尔维克的经修改的形态。第二帝国同时还要遏制俄国的野心，将英国纳入欧陆均势，而它本身除了自己的选择外始终不固执于任何东西。[15]

这么一种政策的风险，即需要以即使并非压倒性的，也是占优势的武力支撑，现在看来显而易见。甚至对当时人来说，德国的行为引起了足够的焦虑，要促成一系列对立的联盟，以抗击由德皇威廉无常的好斗言辞加剧了的条顿族威胁。至迟到1908年，对德包围（Einkreisung）就已从最坏情况梦魇演变成了日常现实。[16]然而，德国像其他欧洲列强一样，从未因此成为好战的。威廉对外政策中的重大常态，在于不愿将激烈的言辞转变为行动。第二帝国反复重演的危机显示出同样的模式，而报纸头条、议会演讲和外交部备忘录犹如热病体温升降表。萌芽的情感曲折地攀升到尚武狂热的顶点，然后恰在战争处在歇斯底里的非爆发不可的边缘时，好战情绪一落千丈。[17]

一句话，火药是沙文主义的有效解药——它是如此有效，以至像库尔特·里兹莱尔这样一位有见识的观察家在提倡作为一种对外政策工具的边缘政策时，也将其纳入。如果德国在一场危机中坚持够长时间，他断言，它的敌人就会先撑不下去。[18]这种推理在抽象中比在实际环境下更有力。德国的决策者，无论文武，肯定都很明白他们的国内支持者倾向于不愿将迎头对抗当作外交常规来接受。支撑第一次世界大战的民众激情实际上是一种事后现象，与满足于这么一个权力结构一样令人惊异：它预料将面临国内对于不管为何原因发动的战争的严重反对。[19]

德国对外政策的内在矛盾，加上德国国内政治的不稳定，给德国军方施加了巨大的要求。它的传统、结构和基本性质，都侧重于赢得迅速和决定性的胜利，以此作为谈判的前奏。然而，鉴于第二帝国愈益野心勃勃的外交想象，这样一种胜利被认为难以实现。即使在阿尔弗雷德·冯·蒂尔皮茨崛起之前，针对任何可能的敌对联盟的海军规划就有了一种梦幻性质，一种不合普鲁士传统的、对于自相矛盾和假设事变的随意接受。海军参谋部否认有仅与一个强国作战的任何可能，同时却发觉自己在告诫德皇求战心切并不意味着冒与优势兵力作战的自杀风险。[20]是否应当在战争开始时就使用舰队，或根本不使用舰队，是个取决于具体情势的复杂问题。这些情势究竟怎样能被调整得有利于德国，依然是幻想和猜测的对象。可以很有理由地说，舰队的存在本身营造了一种不现实气氛，对德国总的大战略来说一无好处。[21]

陆军面临类似的问题。普法战争之后，毛奇对付最坏紧急情况——对法国和俄国的两线战争——的计划包含在两线都迅速还击，目的是至少迫使俄国接受谈判。到19世纪80年代，俄国反德情绪的愈益广泛和强烈，加上法国的军事和经济复兴，导致这紧急情况计划从最好处着想也是一种高度冒险的赌博。到退休时，毛奇已不再考虑预防性战争这一选择，并且在公开质疑任何情况下使用武力推行国家政策的前景。[22]

像他的大多数对应者和后继人那样，毛奇害怕现代战争的潜能。民族主义强化了它的激情冲动，工业化加剧了它的破坏性。任何制度，只要长时间地经受其严酷，就都可能由于物质压力和精神紧张而崩溃，但是在此情况下德国的命运在其军方领导看来简直确定无疑。第二帝国内部分裂过于严重，同时又精巧得经不起很大外来压力。不管德国可能在朝议会化迈出多大步伐，“汇合政策”（Sammlungspolitik）*和大联盟都未能造就一种可行的政治综合。[23]社会民主依然囿于“35%障碍”，然而在此局限之内，它正在一种其原则和辞藻继续其强调革命的好斗性的意识形态旗帜下巩固自己的选民队伍。[24]在一个复杂的工业社会的政治和社会现实面前，出自右翼的政变谈论和动武鼓噪无非徒劳。不管是陆军部，还是参谋本部，都不认为那是一种深思熟虑的“前窜”（Flucht nach Vorne）政策（即通过对外

---

* 顾名思义即“集团政策”，或“聚集”亲政府力量以支持帝国政策的政策。

战争平衡国内矛盾）的可靠沃土。对任何怀疑者来说，俄国在1904—1905年的经历提供了一个明白无疑的眼前教训，表明这么一种办法包含怎样的风险。[25]

除了这些国内因素，德国的主要潜在敌人的强项也提示不可能打赢持久战。大英帝国是一张在长时间牌局中能打得最好的牌，俄国的经济潜力也越来越是如此。而且，俄国能够用自己的力量直接打击德国的软肋，即它的东部边境。即使俄军的质量和生存能力少有改善，也意味着威胁成倍增长：不仅对于德国本身，而且对于将普鲁士/德国造就和维持为一个强国的有限战争模式。[26]

因此，德国军方是在两大背景——现代战争的毁坏力和德国敌人的经久实力之下界定其任务。这些因素使得第二帝国相应地必须维持战略主动权，依靠自己的特定强项领先，以便打德国能够打赢的那种战争——一场被保持在时间限界和物质限度内的战争。

这一要求导致了两个基本决定。第一个涉及将德国陆军发展成为有如轻巧长剑，而非大头粗棒。如果说1871—1913年间帝国在其合格的男子中征召的兵员越来越少，那么这反映的不止是一种担心：担心让马克思主义者败坏了士兵行列，让社会不良分子掺杂进军官队伍。[27]特别是施里芬，认识到德国与法俄两国之间不可消除的人力不平衡。即使靠训练每个合格男子，德国也无法希望在兵员数量方面赶上它的敌人。单个地说，德国军人可能是欧洲最好的。但是，德国观察家并未不加批判地接受在世纪末的公众舆论中那么有影响的、立足于生物学的民族主义标准。他们争辩说，德国军人难以像俄国人那样被驱赶，更难以像法国人那样被捧得兴高采烈。在被激发到感情高潮时，他的反应很可能是狂暴的愤怒，在现代战场上至多只有一点小用处。训练、纪律、斗志是有益的。然而，在所有军队的训练、武器和装备根本上相同的一个时代，在质量上获得不止一点儿边际优势的可能性看来受到严重限制。[28]

国内和国际政治担忧也大不利于急剧增进陆军规模。德国在1866年和1870—1871年的胜利将它毫无疑义地确立为欧洲大陆头号陆上强国。其军事潜力的任何超过渐增的膨胀，都很可能被它的邻国，包括奥匈帝国视为要求马上对此做出反应的直接威胁。这种军备竞赛是德国最不需要或最不想要的。它不仅会加剧德国外交经受的紧张，还会给军事预算——帝国议会予其批准绝非一个自动的过程——带来压力。尤其在俾斯麦下台以后，宰相府越来越官僚机构化，不愿在与可自由接触媒体的议员们辩论上面多花费一点儿政治资本，惟绝对必须的除外。[29]

在军内，这些态度的聚焦点是陆军部，它本身的愈益政治化使之有更宽广的视野，超过它的两大竞争对手，即军事内阁和参谋本部。[30] 1903—1909年间担任陆军部长的卡尔·冯·艾内姆对参谋本部大为恼火，后者处在只提抽象建议的舒适位置上，而他的部门却有责任将理论变为实践。[31]甚至埃里克·卢登道夫将军也遭到在陆军部的一名同事的当面教训，此人毫不客气地告诉他，他那种似乎无休止地索取更多物质的要求将驱使德国人民奋起造反。[32]

参谋本部并未将这些以及类似的评论当作耳边风，它的愈益增进的专门化促使它尊重其他机构的专门职能，无论有多勉强。威廉·格罗埃内尔，当今总参谋部军官的一个原型，懊悔地评论说国民经济不是军官培训课目的一部分。[33]陆军部相应地趋于在就兵力结构进行的争辩中大占上风。鉴于由此而来的兵员数量限制，参谋本部对付德国战略缺陷的办法是强调它自己设想的最佳质量，即较高层规划和指挥的专业技能。德军不是要同敌方拼实力，打一系列迎头相撞的战役，而是必须力图改变规则，强行实施一种如此全面、如此连贯的战争计划，以致敌人除了反应外别无选择。施里芬远非无视或贬低现代武器的威力，而是主张利用它们起兵力倍增作用，将掩护和掩蔽部队减少到比较保守的同事看来不可接受的最低限度。然而，参谋本部19世纪90年代在东西两部的演习显示，即使在现当代条件下也有可能以少胜多，办法是集中打击敌军侧翼，然后打击其撤退线。[34]

这个原则被应用来打击一个敌人最有效，那就是法国，其战败没有任何德国军人心存怀疑。这种态度并不意味着德国人轻视作为敌手的法国人。自1870年往后，法国军队已基本上按照莱茵河对岸树立的模式进行了改造。可是，虽然在某些方面有其特长，它却仍然被视为它的原状的模糊翻版。[35]除了德国的较大人口规模带来的优势，第二帝国的军事规划者们确信可以一人对一人、一个军团对一个军团地打败法国。在欧洲的军事规划人员中间，对进攻之战术和作战优越性的信赖不断增进，这只是加强了一种信念：对法国的全力进攻意味着不仅铲除一个眼前危险的敌人，而且铲除一个最易受德国——它自己完全经不起一场持久战争——毁伤的敌人。[36]施里芬计划远非颠扑不破的得胜良方，而是一种最不糟透的解决方案，它证明了一则家常格言：每逢生活让你碰上倒霉事，最佳反应是力图淡化之。用心理学上的话说，这项计划提供了通过勤奋而来的希望计划。如果每个人都出色履行自己的本分，如果机器的每个部件都根据设计运转，德国的脆弱之处就可能变成机遇之门。

施里芬的方略，在于使作战规划成为大战略的关键。1914年1月，在美茵河畔的法兰克福举行了一次会议，有陆军部和参谋本部的代表以及所有25个军团的参谋长参加。会议主题是动员——如何使和平到战争状况的转变过程更快更有效。没有为从事一场生死斗争而利用全国全部资源的任何谈论。相反，陆军部劝告在社会民主党人的报纸“以一种与祖国敌对的方式”行事以前不要吊销其出版。没有必要将他们驱入敌人阵营。会议“根据社会理由”，批评海军征召多于其需要的兵员、然后遣散多余者的做法。这种做法的受害者通常在回家后发现自己的工作已被人顶替，结果对他们的服役热情大有消极影响。[37]

几乎无法想象还有什么更远离总体战详细规划的事情。但是，会议的性质反映了一个事实：对德国的军事规划者来说，胜利更多地意味着协约国变为无害，而非被摧毁。它意味着不是粉碎抵抗能力，而是粉碎使用这一能力的意志，或随德军预期在战争的头几个星期里打的“歼灭战役”之后剩下的残余意志。第一次世界大战前的德国并未将自己设想成横跨于先前敌人的废墟之上。它追求的是欧洲首强地位，不是对欧洲的霸权。两者间的差异微妙，但并非子虚乌有。而且，它的最终表现在于，军方继续信奉作为战场胜利之逻辑后果的谈判媾和原则。[38]

这还意味着接受德国政治当局的至高主宰地位。19世纪60年代在毛奇和俾斯麦之间确立的那种权力两分，继续持续了半个世纪。到1914年，它由于两个原因而加剧：一方面，军方被设想为必须集中于一个越来越窄的专业技术责任领域；另一方面，在宰相府、外交部以及帝国议会，对战争操作的细节问题越来越不感兴趣。军队对自身地盘的愈益警惕的护卫由于官员和政客们的一种倾向而加强，那就是太愿意假定军人们懂得自己的行当，太愿意相信帝国武装力量真正能干胜任。在将军们那里，所想的莫过于将下次战争中的敌人用银盘捧上，尽可能彻底做好他们那一半事，以便尽可能少给外行东西来糟蹋。在整个第一次世界大战期间，他们的观念将以一种意味深远的内在分裂为特征，即一方面是对作战行动之可能性的相对清醒的评估，另一方面是他们政治、经济设想的一厢情愿的梦幻。[39]

随1914年8月烽火将德国从准备进攻转到轰炸协约国堑壕，这一脆弱的互相关联的专业分工结构分崩瓦解。第一次世界大战的终极问题既非战略的，亦非作战的，而是战术的：控制住距离一个目标的众所周知的最后300码，同时有足够的资源留下来争取眼前胜利。[40]直到1918年为止，将没有任何交战国成功地解决机关枪、铁丝网和尚处于最初发展阶段的内燃引擎带来的复合挑战。与此同时，德国发现自己恰恰陷入了它的军事规划者们一直试图避免的那种最坏情况：一场两线消耗战。没有任何武力加外交能够突破这一僵局。

1916年以后，僵局有变成死局的危险。军方权力的急剧膨胀——这使卢登道夫和兴登堡成了德国实际上的独裁者——并未伴有军事力量的相应增长。即使在国内战线上极少有对军方专断的直接反对，但军人们仍然发觉自己要负责对付许多同样的、已被证明是文职当局许多个月甚至几十年来对付不了的问题。他们根本糟蹋了自己的机会。军方的书报审查官们发现自己每天都穷于应付报纸编辑，后者已在帝国的反社会主义立法下受过锻炼。军事当局为一种配给制度的自相矛盾承担了公开的责任，这种制度让那些有钱或有门路的人尽情享乐。卢登道夫及其手下人发觉自己不是在发号施令，而是在同工会和企业家们谈判，以便保证德国被搞得过分紧张的工业不致自我毁灭。而且，如果说军事独裁在压垮罢工方面多少成功的话，那么它证明完全不能抑制猖獗的牟取暴利行为。用马蒂阿斯·埃尔兹贝格尔尖刻的话说，经过三年斗争，陆军部已表明自己无力对抗戴姆勒公司。[41]

军队在第二帝国时期的威望很大程度上依赖它对整个社会的要求有限。在训练营和军需补给库，新一代被征召者越来越不愿拒绝秘密宣传，那将他们描绘成为权贵们送命的炮灰。在平民中间，军方被视为细小规则的强制实施者，十来个土豆和一罐油脂（那是在乡下一整天非法搜寻所得的艰难结果）的没收者，这对它的形象没有什么好处。[42]

军人们在两个层次上做出反应。马克斯·鲍尔之类比较低级的军官抨击民主、女权主义、宪政主义、社会主义和犹太人，用的是一堆令人困惑混乱的混杂思想，那被描绘为既是法西斯主义的雏形，又是已经在军方圈子里流行的观点的一种延伸。然而，仍旧有疑问的是哪个是鸡，哪个是蛋？——是战争最终被视为压制国内改革努力的一个手段，还是那一立场由于传统的保守主义在帝国崩溃前的18个月里丧失了依据而变得可敬和可信。[43]在1917年的很长时间里，法律上被禁止参加任何政党的现役军人被允许（如果不是真正被鼓励）加入右翼的祖国党，理由在于那与其说是个有组织的政党，不如说是爱国运动。这很快证明是太温顺了。到1918年11月，一些极端主义分子已在讨论如何最好地用坦克和飞机对付国内战线上的“布尔什维克”。[44]

这样的态势只是故事的一个方面。从陆军部往下，警告声迭起，纷纷告诫从任何方向上将陆军政治化的风险。[45]在崛起中的极右派看来，卢登道夫可能代表了未来潮流，而在他的许多同僚看来，他是个胡言乱语、不负责任的家伙——在1913年被认为足够危险，以至于被过早地从参谋本部转到前沿步兵团的同一个人。[46]而且，那些赞成或即将赞成总体战，将它当作重构德国的手段的人，不敢忽视那绝对必要的东西：在战场上的胜利。

离前线越近，这种认识就传布得越广泛。在作战层面，德国军方领导人仍旧确信同样的努力再大一点将带来最后胜利，或至少一种有利的结局。他们的态度不止是C. S. 福雷斯特尔讲的那种活力论的军方翻版，犹如要靠蛮力从一块木头中拔出螺丝钉。在东线的经历发挥了重大影响。自坦能堡战役往后，卢登道夫一直在俄国追求一种似乎总是伸手可及的胜利幻影——只要他再多几个师，再多一点军火，并且有个稍强一点的盟友。这位军需司令将这心态带到了柏林。它又因为下列事态而加剧：1917年里战术信条有所优化，同时步兵和炮兵间的合作得到改善，海军在坚持进行潜艇战方面顽固的战术性取向饶有影响。到1918年3月发动西线大攻势时，卢登道夫的思想已达到了甚至在概念上也行不通的地步。让我们打个洞，他争辩说。让我们首先打败英国人和法国人，其他一切将迎刃而解。[47]

这个办法并非天生无效。相反，它融合了兔子烹饪法的智慧，那第一条是“先捉住一只肥硕的大兔子”。与他的许多未来批评者相比，卢登道夫更清楚地认识到第一次世界大战根本上的战术性。他还认识到德国军队作为一种开发利用战机的工具有何弱点。到1918年，大部分骑兵已被解散。在西线的通常条件下，装甲车是一种代价高昂的奢侈品。1914年，德国的王牌战车营很好地使用了它们经过编制的卡车纵队，同时自行车和摩托化部队成功地在东线被临时组建起来。两年以后，一支临时组建的、基于一个车载步兵营的战斗单位在罗马尼亚战役中起了关键作用。然而，在西线条件下，面对一个决心死战的敌人，实现纵深突破的前景过于遥远，以至不值得考虑。[48]相反，卢登道夫建议的是反复施以战术性的重击，从而击垮敌人的意志。一个半世纪的经验使他相信，必不可免的下一步将是谈判媾和——按照德国的条件并在刺刀威胁下谈判，但仍然是谈判。然而，德国的资源不再能满足一场持续进攻的，无论其最终目标如何或没有最终目标。卢登道夫使用得不高明的工具最后毁在他自己手里。[49]

第二帝国的崩溃鼓励了对德国军事遗产的重新评估。在军界，在世界大战中的败北差不多普遍被解释为出力仅半的结果。德意志帝国被抨击为没有将其社会的精神资源、工农业经济潜力及其盟国和被占领地区的物质资源整合到战争努力中去。在战后头几年，军方内部的一些势力形成了一种影响深远的内在动能，它得到正在崛起的民间极右派的鼓励，支持继续兴登堡/卢登道夫独裁——如果必要就由一位社会民主党文职官员、陆军部长古斯塔夫·诺斯克来主持。[50]

此种政策在军内外的吸引力有限，但这并不意味它在1923年以后烟消云散。魏玛共和国的特征，在于以现代化的名义系统地扩展国家干预和政府管制。德国国防军力图与军火工业（它在凡尔赛条约背景下除梦想未来秩序外近乎无可作为）一起扩展自己的影响，这并非例外。它还扩大和加深了与外交部的接触。东方泛日耳曼帝国想象被有关俄国的考虑覆盖：考虑俄国在任何未来的德国战争经济中的作用，无论是作为一个补给提供者，还是作为一块总督辖地。[51]

将对外和对内政策两者纳入依靠别种手段的战争操作：这一倾向由于一项已将德国置于任何常规意义上的无防御状态的和约得到了助长，更不用说被它要求如此。无论国防军相对于特定的潜在敌人有何特定的长处和短处，德国实际上都不能指靠军事办法来解决自己的安全问题。[52]这反过来又促使德国超越传统观念行事。一届接一届的魏玛共和国内阁越来越依靠经济作为最佳手段，以求实现有强烈左翼色彩的党纲要求的、对凡尔赛条约的修改。[53]一种相关的国家安全方略，特别对威廉·格罗埃内尔或库尔特·冯·施莱彻尔之类深深卷入政治的军人来说意气相投的方略，主张要将外交和军事规划糅合起来，以发展出一种基于普遍厌恶战争的欧洲威慑体系的先驱。这些人提出，德国的重新武装不可能在真空中发生，因为德国当前处于被解除了武装的地位。它在竞赛中如此大为落后，以致它的潜在敌手只要略做努力就能保持领先。所需要的是一种政策，鼓励德国的邻国将重新武装当作最终的稳定力量和经同意而修改凡尔赛条约的第一步接收下来。

一个替代性概念主张自主形成德国的安全政策。它的提倡者按照防御方式思考：发动人民战争抗击任何入侵。然而，他们的论辩逻辑有重大局限。除了显然难以动员碎片化了的魏玛德国社会成为一股可行的游击力量以外，这药方似乎比病患本身更糟。反抗意味着毁灭和破坏。简言之，在一个继续坚持凡尔赛条约的解除武装条款而其结构的其余部分已动摇瓦解的欧洲体系框架中，谈判和游击战都像是风险高得不可接受的选择。[54]

这种被认为是死胡同的设想有一个结果，那就是在1930—1933年间，军方起初对纳粹主义的轻蔑和不信任越来越让位于一种作为“救星”的希特勒意象。纳粹运动看来提供了既为便利民族动员，也为军队特权地位正当化所必需的群众基础。随总统保尔・冯・兴登堡单方面任命魏尔纳・冯・布洛姆贝格为国防部长，对希特勒愿意部分满足而不求全的怀疑随之减小。当希特勒发誓不干预军队事务，以此答应他被任命为总理的一个条件时，这些怀疑更是变得无足轻重了。特别是军队的善意中立便利了希特勒屠杀冲锋队领导的1934年“血腥清洗”后，军人们看来不仅维持，而且加剧了军事与政治力量的二元状态，那盛行于普鲁士君主国的最后岁月和德意志帝国的开初年代。甚至纳粹的宣传也越来越鼓吹第三帝国基于纳粹党和军队相互关系的“两大支柱理论”。[55]

到头来，军队与纳粹主义的关系反映了军人政治承诺的局限。自腓特烈大帝以来，他们的国内地位一直大有赖于，而且越来越有赖于他们以有限代价迅速赢得战争的能力。他们在第二帝国的地位反映了反对力量的认可，至少不亚于它反映了任何具体的操纵或强制技能。[56]在1914—1918年的大灾难后，德国的军事精英们并未感到不得不在他们的专业至上主义与他们据称的社会政治职能之间做出选择。相反，后者越来越被认为依赖前者。军队是什么取决于军队做什么。它在德国人生活中的特殊作用出自它增强德国国家和保卫德国人民的能力。

这一态度决不能被不加批判地接受下来，作为对军方行为的一种全面解释。然而，拒绝军人们的公开辩解，将它们当作不过是说谎或自欺的表现，同样不合适。不仅如此，军队的这种心态不是原创的或德国独有的。魏玛共和国时期德国军事思想的特征，在于它形成于真空之中。从汉斯·冯·塞克特往下，规划人员根据并不存在的武装力量拟订计划。均衡的思维相应地被打折扣。从历史角度说，普鲁士/德国战争方式的一大长处在于它扎根于具体。兵力结构和战略一直是在回应国家和社会的具体情势中形成的。现在，凡尔赛条约的制约诱使德国军人进入了梦幻王国。[57]

大西洋对面存在类似的情况，那里勉强够履行迅速减小的治安任务的美国陆军形成了详细的理论上的计划，以便在军方主持下动员全国的人力和物质资源。在此，现存手段与可能任务之间明显不过的差距鼓励集中于总体战，为此排除了任何其他选择。[58]然而，在德国远甚于美国，作战性战略的制定本身成了目的，成了一个抑制就后续情况进行认真思考的过程。[59]凡尔赛条约的一大后果，是它帮助鼓励了在德国军界的一种对待未来战争的抽象方式，那越来越导致用重新武装本身来辩解重新武装。不管是魏玛国防军，还是纳粹国防军，都没有清楚的目的或政策概念。看待安全不是以18世纪和19世纪的相对方式，而是以绝对方式。1938年11月，路德维希·贝克响亮地宣称：在阅读卢登道夫的《总体战》时，他发觉自己不仅同意其中的每一句话，而且比作者走得更远。[60]军人们有如浮士德，似乎相信他们只是在接受限制时才自招倒霉。

在第三帝国，如此迷上军事玄学有其重大后果。到1938年，纳粹国防军设想草率和少有协调的军备采购政策已导致经济过热到了自我毁坏地步——或者说到了直接吸收追加资源据称是为避免崩溃所必需的地步。[61]对于正在崛起的一代技术治国论者而言，这一前景几乎全不令人畏缩。如果说毛奇和施里芬相信规划工作有改变环境之力，那么他们的后继者甚至更相信武器和方法。在德国军人眼里，第一次世界大战比大多数战争，肯定比普鲁士/德国经历过的任何战争都更多地由战术塑造，而非战略、后勤甚或作战决定：除了付出毁灭性的代价，极难赢得战场胜利，而且不可能将这胜利转化为决定性的突破。[62]到20世纪30年代中期，情况已经改变。闪电战概念的发展程度远不及战后流行的神话认为的那样。尽管如此，对于贝克、古德里安、曼斯坦因之类人物以及以后将晋升至领导军和师的低级军官来说，内燃引擎不是在改变战略标轴，而是在恢复它们。与数豆子般消耗战截然相反的决定性胜利的前景似乎正在重现。[63]

然而，为了什么目的而重现？为了什么目的要搞大规模军备计划和新技巧、新技术？德国的物质局限施加了一种强烈的道义要求：要求在手段和目的中间维持那种早先会被说成是战略之本质的合理的平衡。但是，这反过来要求有一定程度的超然，那对于无论是民主还是极权的现代国家来说都是陌生的，因为现代国家依其本性促使生活的每个方面整合进政治共同体。有助于均衡的超然在这么一个德国军界特别难以被维持：它甚至在第二帝国以前就开始了将自己认同于民族价值和公民塑造的过程。[64]在第一次世界大战以前和大战期间得到考虑、在魏玛共和国之下得到发展的总体战概念越来越被认为需要武装力量与民族共同体的一种融合。希特勒的上台因而能被展示成一个策略而非原则问题，一个为了更宏大的目的而可以接受的手段。[65]

元首还有另外一个功能。自腓特烈大帝以来，普鲁士/德国军队一直为有限目的打总体战，在国务家确立和控制的一个框架内应用尽可能最大的兵力。就战略决策而言，这就是军队赋予希特勒的作用。这并非全是自我欺骗的产物。希特勒多少意识到德国没有能力支撑一场长期战争，更意识到对一个联盟进行战争所涉及的风险。1935—1938年，他展示出一种离奇的能力，能够利用武力的影子和实质取得超比例的外交胜利。在慕尼黑协定之后，甚至纳粹政权的批评者也怀疑俾斯麦和毛奇的伟大日子是否尚未重演。不管希特勒的外交走钢丝行为可能怎样吓坏他的将军们，他仍然似乎有第六感觉，知道在任何既定场合这钢丝能承受多大负荷。军队的合作由它自己对前述"两大支柱理论"的强调进一步证明合理正当，这理论提示只要第二个"支柱"确立了军事成功的模型，军人就会在自己的本职领域最有效地尽力。[66]

1938年以后，军人与国务家之间被假定的互相依赖和合作关系日益削弱，但这即使并非被置若罔闻，也肯定没有引起什么补救行动。[67]这一消极很大程度上出自谋算。从慕尼黑会议到发动巴巴罗萨战役，大多数高级军官能够向自己辩解是在做他们和他们的前辈一向做了的事情。他们正在将德国的生命活力通过军事体系并在其控制下集中起来，以此准备速战速胜。戈林的纳粹空军地面部队乃至萌芽中的党卫军之类非国家军队能够得到容忍，甚至得到欢迎，在此背景下是作为向这样一个政权做出的善意姿态：它至少在1941年以前，终于显得愿意将其战争的日常操作付托给职业军人。[68]何况，军队在作战层面上所曾感到它需要的一切，无非是对战场最后300码的终极控制。

但是，希特勒拒绝适应军队的模式。在其历史上，德国武装部队首次在一个有意无限寻求敌人的体系框架内履行职能。他们为这么一个政权效劳：其内外政策基于意识形态，拒绝普鲁士/德国军队对待战争的传统的二元主义方式。

1939年，德国军人在极少明了手段与目的之间关系的情况下投身于战争。手段的局限他们认识得非常清楚，目的却似乎只在元首的脑海中。[69]然而20个月里，他们在一个看来熟悉的框架内行事，那就是与被打败的敌人谈判媾和。接替贝克担任参谋长的弗朗茨·哈德尔甚至能不加评论地记录下希特勒反复做出的意图宣告，即以一个将至少在名义上独立的各德国附庸国组成的网络取代苏联。那是一块令人好过的遮羞布。[70]而且，在它不再够用时，还有一条退路，即越来越深地龟缩进自我宣称的“纯粹军人状态”（nur-Soldatentum）——一种随其实质销蚀而对名誉幻影的愈益谨小慎微的强调。军队领导人拿到了他们的元帅权杖，获得了他们的现金和土地赐予。他们目睹自己的同事被诋毁，被罢免，最后被吊死在挂肉钩子上，所有这一切都没有遭到任何重要抗议。[71]然而，沉默只是他们整个人格的一部分。第三帝国与其军人之间的关系还以积极合作为特征，尤其是在东线，那里国防军对纳粹罪行的公开顺从反映了纳粹理想的一种内化，它由于没有得到承认也不能被承认而更为严重。[72]

这全都徒劳无用。无论是置若罔闻，还是卑躬屈膝，都没有使将军们不丧失军队的哪怕是最警觉地予以守护的禁区。到战争结束时，最后300码已如此牢固地处于希特勒控制之下，以致他的西线总司令说自己唯一有权调动的部队，是其总部的哨兵！

对德国大战略的这番讨论如其开头那般结束：以自相矛盾始，以自相矛盾终。然而，这是一种特殊的自相矛盾。军方对待国家战略的活力论方式不止是一种注定要失败的化圆为方的努力——以一系列精妙高超的表现来对付生性很不稳定、最终无法对付的挑战。在最下面的层次上，它反映了行业自豪，反映了展示职业本领的欲望。与此同时，它包含了一种信奉，即战争是国家政策的仆人，而非其本身就是目的。有讽刺意味的是，正是德国军方应该受到严厉的批评，因为它形成了一种总体战伦理，却未相应地认识到目的之有限，那在一个多世纪里伴随了手段的不断升级。这一思想框架既出自利益，也出自原则。普鲁士和德国的军方领导人很能计算他们同邻国比较而言的资源地位。计算的首要结果是一种体制化了的冲动，要加快游戏速度，从而决定它的性质。但是，要成为有效的，这一冲动就不得不在最终由外交家和国务家决定的框架内得到维持。是这框架的缺乏而非纳粹政权的性质，构成了对德国军事机器在第二次世界大战中的终极挑战。

第三帝国国防军产生了不少杰出的技艺家——曼斯坦因、邓尼茨、沃尔弗拉姆·冯·里希托芬奇。但是，它没有发展出任何有眼界或有意志超越地理、政治和外交给德国战争努力所加限制的高级军官。可以争辩说1941年冬天往后（斯大林格勒战役惨败后肯定如此），他们的作战行动焦点对于那些认识到所谓纳粹大战略的崩溃，并且相当明白这崩溃的大概后果的人来说，越来越成了寻求逃脱的出口。[73]希特勒的元帅们如同赌钱牌局中缺钱的赌徒那么做反应，为尽可能久地规避终结而追求作战胜利，同时展示自己的技能和个性。他们全都没有通过他们那个职业的最高级别考验：道德勇气考验。按照军官队伍确立已久的原则，对一个人的正直或判断力的不可接受的挑战产生一项相应的责任，那就是拒绝积极服从，无论后果怎样。不管他们的个人动机如何，国防军领导人始终离他们那个职业的要求差了一步，在道德上如此，在技能上也是如此。难道认为在一个领域的局限既加剧也反映了在另一个领域的缺陷是过于极端、过于非学术的理想主义？

注　释：

1 在有关著作中间，见 Manfred Messerschmidt, “Preussens Militär in seinem Gesellschaftlichen Umfeld”，载于 *Preussen im Rüchblick,* edited by H. J. Pühle and H. -U. Wehler, *Geschichte und Gesellschaft,* special number 6 (1980), pp. 43-88; Michael Geyer, “Professionals and Junkers: German Rearmament and Politics in the Weimar Germany”，载于 *Social Change and Political Development in Weimar Germany,* edited by R. Bessel and E. J. Feuchtwanger (London, 1981), pp. 77-133; Klaus-Jürgen Müller, *Armee und Drittes Reich 1933-1939* (Paderborn, 1987)。

2 见 Holger Herwig, “The Dynamics of Necessity: German Military Policy during the First World War”，载于 *Military Effetiveness,* vol. 1, *The First World War,* edited by A. R. Millett and W. Murray (Boston, 1988), pp. 80-115; Timothy T. Lupfer, “The Dynamics of Doctrine: The Changes in German Tactical Doctrine during the First World War”, *Leavenworth Papers,* 4 (Ft. Leavenworth, Kan., 1981); Bruce Gruce Gudmundsson, *The Forlorn Hope: Tactical Innovation in the German Army, 1914-1918*。

3 Martin van Creveld, *Fighting Power* (Westport, Conn., 1982); Max Hastings, *Overlord: D-Day, June 6, 1944* (New York, 1984); Trevor N. Dupuy, *Numbers, Prediction and War* (New York, 1979).

4 在有关著作中，见 Williamson Murray, "JCS Reform: A German Example?" 载于 *JCS Reform: Proceedings of the Conference,* edited by S. T. Ross (Newport, R. I., 1985), pp. 80-93; Holger Herwig, "From Tirpitz Plan to Schlieffen Plan: Some Observations on German Military Planning," *Journal of Strategic Studies,* 9 (1986), pp. 53-63; Martin van Creveld, "On Learning from the Wehrmacht and Other Things", *Military Review,* 68 (January 1988), pp. 62-71。

5 见 Gregor Schöllgen, "Sicherheit durch Expansion? Die Aussenpolitischen Lageanalysen der Hoherzollern im 17. and 18. Jahrhundert im Lichte des Kontinuitätsproblems in der Preussischen und Deutschen Geschichte," *Historisches Jahrbuch,* 104 (1984), pp. 22-45; Christopher Duffy, *Frederick the Great: A Military Life* (London, 1985); Werner Gembruch, "Struktur des preussischen Staates und ausssenpolitische Situation zu Beginn der Herrschaft Freidrichs des Grossen", 载于 *Freidrich der Grosse und das Militärwesen seiner Zeit: Vorträge zur Militärgeschichte,* vol. 8 (Herford, 1987), pp. 9-32. 关于后勤问题，见 Martin van Creveld, *Supplying War: Logistics from Wallenstein to Patton* (New York, 1977), pp. 28ff。

6 Dennis E. Showalter, "The Retaming of Bellona: Prussia and the Institutionalization of the Napoleonic Legacy, 1815-1871," *Military Affairs,* 44 (1980), pp. 57-63。 见 Carolyn Shapiro, "Napoleon and the Nineteenthcentury Concept of Force," *Journal of Strategic Studies,* 11 (1988), pp. 509-519。

7 Carl von Clausewitz, *On War,* edited and translated by Michael Howard and Peter Paret (Princeton, N. J., 1976), pp. 484, 595,596.

8 Dennis E. Showalter, *Railroads and Rifles: Soldiers, Technology and the Unification of Germany* (Hamden, Conn., 1975).

9 就此将晚近的综合性著作：Thomas Nipperdey, *Deutsche Geschichte 1800-1866* (Munich, 1983); Heinrich Lutz, *Zwischen Habsburg und Preussen: Deutschland 1815-1866* (Berlin, 1985)。

10 见 Thomas Nipperdey, "Der Föderalismus in der deutschen Geschichte" 一文中的广泛讨论，该文载于 *Bydragern en Medelingen Betreffende de Geschiedenis der Nederlanden,* 94 (1979), pp. 497-547; 又见 George Windell, "The Bismarckian Empire as a Federal State, 1866-1870: A Chronicle of Failure," *Central European History,* 2 (1969), pp. 291-311; N. M. Hope, *The Alternative to German Unification: The Anti-Prussian Party in Frankfurt, Nassau, and the Two Hessen, 1859-1867* (Wiesbaden, 1973) 一书清晰地揭示了在一个"附庸化"了的地区反普鲁士情绪有多深。

11 毛奇对战争与政治的关系的看法见 Rudolf Stadelmann, *Moltke und der Staat* (Krefeld, 1950); Gunther E. Rothengerg, "Moltke, Schlieffen, and the Doctrine of Strategic Envelopment", 载于Peter Paret, ed., *Makers of Modern Strategy* (Princeton, N. J., 1986), pp. 296-325。最好的毛奇一般传记仍为 Eberhard Kessel, Moltke (Stuttgart, 1957)。

关于对法兰西共和国战争引起的问题，见最近的一项著述 Eberhard Kolb, "Der schwierige Weg zum Frieden. Das Problem der Kriegsbeendigung 1870-1871," *Historische Zeitschrift,* 241 (1985), pp. 51-79。

12 在有关著作中间见 Paul Schroeder, "World War I as Galloping Gertie: A Reply to Joachim Remak", *Journal of Modern History,* 44 (1972), pp. 332-334; Gregor Schöllgen, *Imperialismus und Gleichgewicht. Deutschland, England und die orientalische Frage 1871-1914* (Munich, 1984)。

13 关于"汇合政策"与"世界政策"的联系，特别见 Dirk Stegmann, *Die Erben Bismarcks* (Koln and Berlin, 1970), pp. 63ff.; V. R. Berghahn, *Der Tirpitz-Plan. Genesis und Verfall einen innenpolitischen Krisenstrategie unter Wilhelm II* (Düsseldorf, 1970)。

14 Modris Eksteins, "When Death Was Young ... : Germany, Modernism, and the Great War", 载于 *Ideas into Politics: Aspects of European History, 1880-1950,* edited by R. J. Bullen et al. (London, 1984), pp. 25-35。该文是一项雄辩的简说，展示了现代的德国"比我们有勇气承认的更现代" (p. 33)。又见 *Another Germany: A Reconsideration of the Imperial Era,* edited by J. Remak and J. Dukes (Boulder, Colo., 1987) 中的各篇论文。

15 这一论点在我行将发表的专著 *Tannenberg: Clash of Empires* 内得到了展开。

16 见 Peter Winzen, *Bülows Weltmachtkonzept. Untersuchungen zur Frühphase seiner Aussenpolitik 1897-1901* (Boppard, 1977); Barbara Vogel, *Deutsche Russlandpolitik. Das Scheitern der deutschen Weltpolitik und Bülow, 1901-1906* (Düsseldorf, 1973); R. R. Menning, "The Collapse of 'Global Diplomacy': Germany's Descent into Isolation, 1906-1909"（布朗大学博士学问论文，1986年）。

17 一项极好的实例研究为 A. Moritz, *Das Problem des Präventikrieges in der deutschen Politik während der ersten Marokkokrise* (Bern, 1974)。

18 里兹莱尔战前观点的最佳表述见于 *Die Erforderlichkeit des Unmöglichen* (Munich, 1913)。见 Wayne C. Thompson, *The Eye of the Storm: Kurt Riezler and the Crisis of Modern Cermany* (Iowa City, 1980); Andreas Hillgruber, "Riezlers Theorie des kalkulierten Risikos und Bethmann-Hollwegs politische Konzeption in der Julikrise 1914", *Historische Zeitschrift,* 202 (1986), pp. 333-351。

19 见第八军团司令部就宣布战争状态时逮捕政治不可靠分子的措施致莱茵省省长函，1914年4月3日，连同野战军参谋本部就准备"安宁保障"致联邦各陆军部长和各军团驻区的声明，1914年8月13日，载于 *Militär und Innenpolitik im Weltkrieg 1914-1918,* edited by W. Deist, 2 vols. (Düsseldorf, 1970), vol. 1, pp. 185-187, 193,194。

20 1908年10月24日"直接报告" *(Immediatvortrag),* 藏于联邦德国档案馆军事档案分部（此后简称 BA/MA），档案集群 RM5/1607。

21 特别见 Ivo N. Lambi, *The Navy and German Power Politics, 1862-1914* (Boston, 1984), 尤其是 pp. 332ff。

22 Stig Förster, "Facing 'People's War': Moltke the Elder and German Military Options after 1871", *Journal of Strategic Studies,* 10 (1987), pp. 209-230.

23 在有关著作中间见 Manfred Rauh, *Das Parlamentarisierung des Deutschen Reiches* (Düsseldorf, 1977); 又见两篇批评文章：Dieter Langewiesche, "Das deutsche

Kaiserreich—Bemerkungen zur Diskussion über Parlamentarisierung und Demokratisierung Deutschlands", *Archiv für Sozialgeschichte,* 19 (1979), pp. 628-642; Beverly Heckart, *From Bassermann to Bebel: The Grand Bloc's Quest for Reform in the Kaiserreich, 1900-1914* (New Haven, 1974)。关于在帝国议会中确立一种共同目的意识的种种困难，特别见：James J. Sheehan, "Political Leadership in the German Reichstag, 1871-1918" , *American Historical Review,* 74 (1968), pp. 511-528; William Clagget et al., "Political Leadership and the Development of Political Cleavages: Imperial Germany, 1871-1912" , *American Journal of Political Science,* 26 (1982), pp. 643-664。

24 见 Dieter Groh, *Negative Integration und revolutionärer Attentismus. Die deutsche Sozialdemokratie am Vorabend des Ersten Weltkrieges* (Frankfurt, 1973); Kenneth R. Calkins, "The Uses of Utopianism: The Millenarian Dream in Central European Social Democracy before 1914," *Central European History,* 15 (1982), pp. 124-148。

25 关于这个有争议的问题，见一项全面的分析：Bruno Thoss, "Nationale Rechte, militärische Führung und Diktaturfrage in Deutschland 1913-1923", *Militärgeschi-chtliche Mitteilungen,* 42 (1987), pp. 27-76。

26 德国对俄国军事潜力的焦虑的具体性质可通过下列文献得到了解："Die Militärpolitische Lage Deutschlands", 2 December 1911, 刊于 *Kriegsrüstung und Kriegswirtschaft,* 帝国档案馆 编，*Anlageband* (Berlin, 1930), pp. 126ff.; "Die wichtigste Veränderungen im Heerwesen Russlands im Jahre 1911", 藏于 BA/MA, RM5/1486, Russland Militarisches, April 1892-April 1914; "Nachrichten über die militärische Lage in Russland," 21 November 1912, 藏于外交部政治档案局 (此后简称 PAAA), Russland 72/82; "Die wichtgste veränderunger im Heerwesen Russlands im Jahre 1913", BA/MA, RM5/1486。

27 Michael Geyer, *Deutsche Rüstungspolitik 1860-1980* (Frankfurt, 1984) 一书第 83 页以下突出了数量对质量问题。参见 Stig Förster, *Der Doppelte Militärismus. Die deutsche Heeresrüstungspolitik zwischen StatusQuo-Sicherung und Aggression 1890-1913* (Stuttgart, 1983)。

28 施里芬致其姐妹玛丽，1892 年 11 月 13 日，载于 Eberhard Kessel, ed., *Generalfeldmarschall Graf Alfred Schlieffen. Briege* (Göttingen, 1958), pp. 295-298; Prince Krafft zu Hohenloe-Ingelfingen, *Militärische Briefe*, vol. 2, *Ueber Infanterie,* 2 edition (Berlin, 1886), pp. 19ff。

29 Jack R. Dukes, "Militarism and Arms Policy Revisited: The Origins of the German Army Law of 1913", 载于 *Another Germany: A Reconsideration of the Imperial Era,* edited by Jack R. Dukes and Joachim Remak (Boulder, Colo, 1988), pp. 19-39; Helmut Altrichter, *Konstitutionalismus und Imperialsimus. Der Reichstag und die deutsch-russischen Beziehungen 1890-1914* (Frankfurt, 1977), 该书包含了对历年军事预算的在其外交影响背景下的一番全面讨论。

30 Heinrich Hasenbein, "Die parlamentarische Kontrolle des militärischen Oberbefehls im Deutschen Reich von 1871 bis 1918", (哥廷根大学博士学位论文，1968 年)。

31 Karl von Einem, *Erinnerungen eines Soldaten 1853-1933,* 2 edition (Leipzig, 1933), p. 107.

32 Erich Ludendoff, *Mein militärischer Werdegang* (Munich, 1933), p. 152.

33 Wilhelm Groener, *Der Weltkrieg und seine Probleme* (Berlin, 1920), p. 51.

34 施里芬的思想演化可以从1903和1904年《任务书》*(Aufgaben)* 追踪出来，载于 Generalstab des Heeres, Kriegswissenschaftliche Abteilung (ed.), *Dienstschriften des Chefs des Generalstabes der Armee Generalfeldmarschalls Graf von Schlieffen,* vol. 1, *Die taktischstrategischen Aufgaben aus den Jahren 1891-1905* (Berlin, 1937), pp. 222ff. and 300ff。参见 Lothar Burchardt, "Operatives Denken und Planen von Schlieffen bis zum Beginn des Ersten Weltkrieges", 载于 *Operatives Denken und Handeln in deutschen Streiträften im 19. and 20. Jahrhundert. Vorträge zur Militärgeschichte,* vol. 9, edited by Militärgeschichtliches Forschungsamt (Herford, 1988), pp. 45-72。

35 Allan Mitchell, *Victors and Vanquished: The German Influence on Army and Church in France after 1870* (Chapel Hili, N.C., 1984) 一书详细地展示了这个过程。

36 1904年的英法协约还导致了"人质理论"，据此在同英国战争的情况下，依靠踏平法国，很可能还有踏平低地国家，就将对一个否则不可及的敌人施展决定性的压力。见艾内姆致标洛，1904年10月17日，连同10月7日施里芬附件，藏于 PAAA, Deutschland 138 Geheim, vol. 6; 标洛致霍尔斯坦英，1904年12月15日，载于 Friedrich von Holstein, *The Holstein Papers: The Memoirs, Diaries and Correspondence of Friedrich von Holstein, 1837-1909,* edited by N. Rich and M. H. Fisher, vol. 4 (Cambridge, 1963), no. 869。

37 这次会议的议定书被编为"Bedeutung und Aufgaben der Konferenz der Generalstabs-chefs der Armeekorps in Frankfurt a. M. am 21. Januar 1914," edited by Werner Knoll and Hermann Rahne, *Militärgeschichte,* 25 (1986), pp. 55-63。

38 两篇论文成功地展示了德国战争目的在其中形成的混淆不清的环境，它们是：Wayne C. Thompson, "The September Program: Reflections on the Evidence," *Central European History,* 11 (1978), pp. 348-354; Egmont Zechlin, "Deutschland zwischen Kabinettskrieg und Wirtschaftskrieg: Politik und Kriegfuhrung in den ersten Monaten des Weltkrieges 1914," *Historische Zeitschrift,* 199 (1964), pp. 376-381。

39 特别见 Adolf Wild von Hohenborn, *Briefe und Tagebuchaufzeichnungen des Preussischen Generals als Kriegsminister und Truppenführer im Ersten Weltkrieg,* edited by H. Reichold and G.Gramer (Boppard, 1986)。关于这种心态的后果，在有关论著中间见 Werner Conze, *Polnische Nation und deutsche Politik im Ersten Weltkrieg* (Koln, 1958);Immanuel Geiss, *Der polnische Grenzstreifen 1914-1918* (Lübech, 1960); Winfried Baumgart, "Das 'Kaspi-Unternhmen' Grössenwahn Ludendorffs oder Routinesplanung des deutschen Generalstabs", *Jahrbücher für Geschichte Osteuropas,* 18 (1970), pp. 47-126, 231-278。

40 这是 Paddy Griffith, *Forward into Battle: Fighting Tactics from Waterloo to Vietnam* (New York, 1981) 一书第43页提出的一个很好的论点。

41 埃尔兹贝格尔的评论引自 Wolfram Wette, "Reichstag und 'Kriegsgewinnlerei'" (1916-1918)。Die Anfänge parlamentarischer Rustungskontrolle in Deutschland," *Militärgeschichtliche Mitteilungen,* 36 (1984), pp. 31-56, 那是他1918年3月20日在帝国议会所作演说的一部分。又见 Ursula Ratz, "Sozialdemokraische Arbeiterbewegung,

Bürgerliche Sozialreformer und Militärbehorder im Ersten Weltkrieg", ibid., 37 (1985), pp. 9-33; Gerald D. Feldman, *Army, Industry and Labor in Germany* (Princeton, N. J., 1966); K. Koszyk, *Deutsche Pressepolitik im Ersten Weltkrieg* (Düsseldorf, 1968); Jürgen Kocha, *Facing Total War: German Society, 1914-1918,* translated by B. Weinberger (Cambridge, Mass., 1984)。

42 见下文对 *Hamsterei* 的讨论："Aufzeichnungen des Chefs der Fabrikenabteilung des Reichsmarineamts über eine Besprechung im kriegsamt aus Anlass der Streikbewegung", 26 April 1917, 载于 Deist, *Innenpolitik,* vol. 2, pp. 733-734。Karl Ay, *Die Entstehung einer Revolution: Die Volksstimmung in Bayern während des Ersten Weltkrieges* (Berlin, 1968) 一书载有许多例子，表明军队成了种种国内怨艾的一个焦点。关于陆军的激进化，见 Dieter Dreetz., "Die Funktionen des Heimatheeres des deutschen Imperialismus während des ersten Weltkrieges und in der Novemberrevolution"（波茨坦大学博士学位论文，1975年）; 更专门的是 Ernst-Heinrich Schmidt, *Heimatheer und Revolution 1918. Die militärischen Gewalten im Heimatheer zwischen Oktoberreform und Novemberrevolution* (Stuttgart, 1981)。

43 见 Martin Kitchen, "Militarism and the Development of Fascist Ideology: The Political Ideas of Colonel Max Bauer, 1916-1918", *Central European History,* 8 (1975), pp. 199-220; Thoss, "Nationale Rechte"。

44 "Schreiben des Oberbefehlshabers der Ostseestreikräfte an die Immediatbehörden der Marine uber den Beitritt von Marineoffizieren zur Deutschen Vaterlandspartei", 16 September 1917; "Erlass des preussischen Kriegsministeriums an die Militärbehörden der Heimat betr. Die Deutsche Vaterlandspartei", 20 November 1917; in Deist *Innenpotitik* vol. 2, PP. 1048ff. and 1101ff; and entry of 4 November 1918, 俱载于 *Adjutant im Preussischen Kriegsiministerium Juni 1918 bis Oktober 1919。Aufzeichnungen des Hauptmanns Gustav Böhm,* edited by H. Hürten and G. Meyer (Stuttgart, 1977), p. 54。

45 见 "Schreiben des preussischen Kriegsministerium an die Militärbefehlshaber betr。Mitgliederwerbung politischer Vereine in Heer und Marine," 12 November 1917; "Weisung des bayerischen Kriegsministeriums an den stellv. Kommandierenden General des III. Bayerischen AK betr. Die politische Betätigung von Militärpersonen," 27 December 1917; 俱载于 ibid., pp. 1097ff, 1117ff。

46 1918年12月12日日记，载于 Böhm, *Adjudant,* p. 93; "Auszüge aus einen Aufzeichnungen des Obersten Metz v. Quirnheim ... ", Deist, *Innenpolitik,* vol. 2, pp. 783ff; 军队最高领导部哈埃夫滕上校和前陆军部长卡尔·冯·埃内姆的评论，ibid., p. 1344; 路德维希·贝克致其嫂（或弟妇）戈尔特鲁德·贝克，1918年11月28日，载于 Klaus-Jürgen Müler, *General Ludwig Beck* (Boppard, 1980), pp. 323ff。

47 Wihelm Meier-Dörnberg, "Die grosse deutsche Frühjahrsoffensive 1918 zwischen Strategie und Taktik", 载于 *Operatives Denken,* pp. 73-96. Crown Prince Rupprecht von Bayern, *Mein Kriegstagebuch,* vol. 2 (Berlin, 1929), p. 372; Paul von Hindenburg, *Aus meinem Leben* (Leipzig, 1934), pp. 233ff。

48 见 Lupfer, *Dynamics of Doctrine,* pp. 38ff; *Gudmundsson, Forlorn Hope,* passim; Bryan

Perrett, *A History of Blitzkrieg* (New York, 1983), pp. 28ff.; Laszlo Alföldi, "The Hutier Legend." *Parameters,* 5 (1976), pp. 69-74.

49 对德国陆军衰竭的一项简短的分析，见 Wilhelm Deist, "Der militärische Zusammenbrunch des Kaiserreichs"，载于 *Das Unrechtsregime. Internationale Forschungen uber den Nationalsozialismus,* edited by U. Buttner, vol.1 (Hamburg, 1986), pp. 101-129。

50 Wolfram Wette, *Gustav Noske, Eine politische Biographie* (Düsseldorf, 1987), pp. 263ff.

51 关于现代化问题，见最为晚近的一项研究：Gerald D. Feldman, "The Weimar Republic: A Problem of Modernization?" *Archiv für Sozialgeschichte,* 26 (1986), pp. 1-26; Knut Borchardt, *Wachstum, Krisen, Handlungsspielraüme der Wirtschaftspolitik. Studien zur Wirtschaftsgeschichte des 19 und 20. Jahrhunderts* (Göttingen, 1982), pp. 165-205。军事方面见 Ernst Hansen, Reichswehr und Industrie (Boppard, 1978); Gaines Post. Jr., *The Civil-Military Fabric of Weimar Foreign Policy* (Princeton, N.J., 1973); Rolf-Dieter Müller, *Das Tor zur Weltmacht. Die Bedeutung der Sowjetunion für die deutsche Wittschafts-und Rüstungspolitik zwischen den Weltkriegen* (Boppard, 1984)。

52 Robert M. Citino, *The Evolution of Blitzkreig Tactics: Germany Defends Itself against Poland, 1918-1933* (Westport, Conn., 1987) 一书题目有误，却是一项有用的实例研究，论述在一个关键领域的魏玛德国安全问题的种种军事因素。

53 对这一课题的两项晚近的概览为：P. Krüger, *Die Aussenpolitik der Republik von Weimar* (Darmstadt, 1985); Marshall M. Lee and Wolfgang Michalka, *German Foreign Policy, 1917-1933: Continuity or Break?* (New York, 1987)。它们包含了对有关文献的全面讨论。Ulrich Heinemann, *Die verdrängte Niderlage. Politische ?ffentlichkeit und Kriegsschuldfrage in der Weimarer Republik* (Göttingen, 1983) 一书强调修正现状情绪深入延展到德国左翼中间。

54 这些互相替代的选择在下面两项著述中得到了展开：Michael Geyer, *Aufrüstung oder Sicherheit. Reichswehr in der Krise der Machtpolitik* (Wiesbaden, 1980); "The Dynamics of Military Revisionism in the Interwar Years: Military Politics between Rearmament and Diplomacy"，载于 *The German Military in the Age of Total War,* edited by W. Deist (Dover, N. H., 1988), pp. 100-151。

55 见 Klaus-Jürgen Müller, "The Army and the Third Reich: An Essay in Historical Interpretation"，载于 *The Army, Politics and Society in Germany, 1933-1945* (Manchester, 1987), pp. 16-53; *Armee und Drittes Reich 1933-1939.* 两部较老但仍有用的著作为 Robert J. O'Neill, *The German Army and the Nazi Party, 1936-1939* (London, 1966); Manfred Messerschmidt, *Die Wehrmacht im NS-Staat. Zeit der Indoktrination* (Hamburg, 1969)。

56 见 Dennis E. Showalter, "The Political Soldiers of Imperial Germany: Myths and Realities" 一文中对此问题的详细讨论，该文载于行将出版的 *Politics, Parties, and the Authoritarian State: Imperial Germany, 1871-1918,* vol. 1, edited by Johg Fout。

57 关于这个问题的方方面面，见 Hans Meier-Welcker, *Seeckt* (Frankfurt, 1967), pp. 218ff; Heinz Sperling, "Die Tätigkeit und Wirksamkeit des Heereswaffenamtes der Reichswehr für die materiell-technische Ausstattung eines 21-Divisionen Heeres 1924-1934" (波茨坦

大学博士学位论文，1980年); David N. Spires, *Image and Reality: The Making of the German Officer, 1921-1933* (Westport, Conn., 1984)。

58 在有关著作中间，见 Paul Koistinen, *The Hammer and the Sword: Labor, the Military, and Industrial Mobilization, 1920-1945* (New York, 1979); "The 'Industrial-Military Complex' in Historical Perspective: The Interwar Years", *The Journal of American History,* 56 (1970), pp. 819-839; D. K. R. Crosswell, "'Aides, Adjutants, and Asses' — The United States Army's Advanced Schools in the Inter-War Years", 提交美国军事研究所1989年会议的论文。又见两项综述：Russell F. Weigley, *The American Way of War: A History of United States Military Strategy and Policy* (New York, 1973), pp. 203ff.; I. B. Holley, *General John M. Palmer: Citizen Soldiers and the Army of a Democracy* (Westport, Conn., 1982), pp. 103-139。

59 特别见两项重要的历史文件编述：Günter Wollstein, "Eine Denkschrift des Staatssekretärs Bernhard von Bülow von März 1933。Wilhelminische Konzeption der Aussenpolitik zu Beginn der nationalsozialistischen Herrschaft", *Militärgeschichtliche Mitteilungen,* 13 (1973), pp. 77-94; Hans-Jürgen Rautenberg, "Drei Dokumente zur Planung rines 300, 000-Mann-Friedensheeres aus dem Dezember 1933", ibid. 22 (1977), pp. 103-139。

60 "Aufzeichnungen Holtzmanns über einen Besuch bei Bech am 16. 11. 1938", 载于 Müller, *Beck* p. 579。由于贝克是对卢登道夫的亲信霍尔兹曼说过这话，因而或可怀疑贝克是在阿谀奉承，然而见 ibid., p. 80, 又见 Geyer, "Military Revisionism", pp. 133ff。

61 见 Wilhelm Deist, *The Wehrmacht and German Rearmament* (London, 1981); Fritz Blaich, "Wirtschaft und Rüstung in Deutschland 1933-1939", 载于 *Sommer 1939. Die Grossmächte und der eruopäische Krieg,* edited by W. Benz and H. Graml (Stuttgart, 1979), pp. 35-59; Michael Geyer, "Rüstungsbeschleunigung und Inflation. Zur Inflationsdenkschrift des Oberkommandes der Wehrmacht von November 1938", *Militärgeschichtliche Mitteilungen,* 30 (1981), pp. 121-186; Ludolf Herbst, "Die Krise des Nationalsozialistischen Regimes am Vorabend des Zweiten Weltkrieges und die forcierte Aufrüstung. Eine Kritik", *Vierteljahreshefte für Zeitgeschichte,* 26 (1978), pp. 347、392; Richard Overy, *Goering: The 'Iron Man'* (London, 1984), pp. 48-108. 后一著作是对纳粹战争经济的一项第一流分析，尽管它显然为市场目的用了一个误导人的题目。

62 这是 K. Krafft von Delmensingen, *Der Durchbruch. Studies an Hand der Vorgänge des Weltkrieges 1914-1918* (Hamburg, 1937) 一书第132页以下很好地展开了的一个观点。

63 在有关文献中间，见贝克1935年12月3日关于改进陆军进攻力问题的备忘录，载于 Müller, *Beck*, pp. 469ff.; Heinz Guderian, *Panzer Leader* (New York, 1957), pp. 20ff.; Williamson K. Murray, "German Army Doctrine, 1918-1939, and the Post-1945 Theory of 'Blitzkrieg Strategy'", 载于 *German Nationalism and the European Response, 1890-1945,* edited by C. Fink et al. (Norman, Okla., 1985), pp. 71-94。

64 最佳概览为 Alf Lüdtke, "'Wehrhafte Nation' und 'innere Wohlfart,' Zur militärischen Mobilisierbarkeit der bürgerlichen Gesellschaft, Konflikt und Konsens zwischen Militär und ziviler Administration in Preussen", *Militärgeschichtliche Mitteilungen,* 30 (1981), pp.

7-56。

65 Manfred Messerschmidt, "The Wehrmacht and the Volksgemeinschaft," *Journal of Contemporary History,* 18 (1983), pp. 719-749; A. Schildt, *Militärdiktatur mit Massenbasis? Die Querfrontkonzeption der Reichswehrführung um General Schleicher am Ende der Weimarer Republik* (Frankfurt, 1981).

66 见 Geoffrey Stoakes, *Hitler and the Quest for World Dominion* (New York, 1986); Klaus Hildebrand, *Deutsche Aussenpolitik 1933-1945. Kalkül oder Dogma,* 4th ed., 带有一则后记 "Die Geschichte der deutschen Aussenpolitik (1933-1945) im Urteil der neueren Forschung: Ergebnisse, Kontroversen, Perspectiven" (Stuttgart, 1980); Manfred Messerschmidt, "Aussenpolitik und Kriegsvorbereitung", 载于 *Das Deutsche Reich und der Zweite Weltkrieg,* vol. 1, *Ursachen und Voraussetzungen der deutschen Kriegspolitik* (Stuttgart, 1979), pp. 535-701; 关于慕尼黑协定及其后续事态对军队的影响，见 Williamson K. Murray, *The Change in the European Balance of Power. 1938-1939: The Path to Ruin* (Princeton, N. J., 1984)。

67 见 Harold C. Deutsch, *The Conspiracy against Hitler in the Twilight War* (Minneapolis, 1968); Klaüs-Jürgen Müller, "Struktur und Entwicklung der nationalkonservativen Opposition in Deutschland", 载于 *Aufstand des Gewissens. Militärischer Widerstand gegen Hitler und das NS-Regime 1933-1945,* revised edition, Militärgeschichtliches-Forschungsamt (Herford and Bonn, 1985), pp. 263-309。

68 关于陆军与党卫军的早期关系，特别见 Bernd Wegner, *Hitlers Politische Soldaten: Die Waffen-SS 1933-1945,* 2 edition (Paderborn, 1983)。有两部较老但仍然有用的著作，它们是：George H. Stein, *The Waffen-SS: Hitler's Elite Guard at War* (Ithaca, N. Y., 1966) ; James J. Weingartner, *Hitler's Guard: The Story of the Leibstandante SS Adolf Hitler, 1933-1945* (Carbondale, Ill., 1974), pp. 11ff。

69 见贝克对1937年11月12日霍斯巴赫备忘录的评论，连同他1938年5月5日所作《对军事—政治形势的观察》，载于 Müller, *Beck*, pp. 498ff, 502ff 又见哈德尔1939年8月14日、22日、28日和31日的日记，载于 *The Halder War Diary, 1939-1942,* edited by C. Burdick and H. A. Jacobsen (Novato, Calif., 1988), pp. 11ff, 29ff, 37ff, 43-44。

70 哈德尔1941年3月17日和30日的日记，载于 Burdick and Jacobsen, *Halder War Diary,* pp. 833, 845-846。见 Timotny Patrick Mulligan, *The Politics of Illusion and Empire: German Occupation Policy in the Soviet Union, 1942-1943* (New York, 1988); Theo Schulte, *The German Army and Nazi Policies in Occupied Russia, 1941-1945* (Oxford, 1989)。

71 见 Peter Hoffmann, "Der militärische Widerstand in der zweiten Kriegshälfte", 载于 *Aufstand des Gewissens,* pp. 395-419; Manfred Messerschmidt, "Militärische Motive zur Durchfühfung des Umsturzes", 载于 *DerWiderstand gegen den Nationalsozialismus,* edited by J. Schmadeke and P. Steinbach (Munich, 1985), pp. 1021-1036。

72 在探讨这个问题的文献中间，见 Christian Streit, *Keine Kameraden. Die Wehrmacht und die Sowjetischen Kriegsgefangenen 1941-1945* (Stuttgart, 1978); Omer Bartov, *The Eastern Front, 1941-1945: German Troops and the Barbarization of Warfare* (New

York, 1986); Jürgen Forster, "New Wine in Old Skins? The Wehrmacht and the War of 'Weltanschauungen,' 1941", 载于 *German Military in the Age of Total War*, pp. 304-322。

73 就此见 Eberhard Schwarz, *Die Stabilisierung der Ostfront nach Stalingrad. Mansteins Gegenschlag zwischen Donez und Dnjepr im Fruhjahr 1943* (Göttingen, 1986)。

第八章

军备和同盟：1914—1940年的法国大战略和政策

道格拉斯·波奇

要解释20世纪法国政策漂泊不定的轨迹和法国武力的命运并不总是容易事。头一个困难出自这么一个事实：你必定面对“盎格鲁—撒克逊”怀疑主义和偏见之墙。法国人被认为既是一位难缠的盟友，也是一名用武能力自滑铁卢往后一直在衰减的军人。第二个困难发生在你被要求来解释两次世界大战对法国而言的截然不同的结果时。1914年9月在马恩河畔击败了施里芬计划，而且以如此的坚毅和勇气继续战斗了四年的一个国家，怎么能在1940年5月和6月那么彻底地崩溃了？两个时期相比，政治勇气、大众士气和军事表现方面显出的差别如此之大，以致很可以怀疑我们是否在谈论同一个国家。

确实，对军事表现方面的巨大反差所做的一种传统说明设定，从1914—1940年，法国人的基本观念大为改变，1940年的人在素质和性格上根本不同于1914年时他们的父辈。那些在1914年显然怀着近乎狂乱的激情疾步（或乘坐出租车）前去迎战德国蛮子的人，是强烈爱国主义时代的产物，由相当于一代人时间里密集的民族主义宣传锻造了坚定的决心，而且他们身后是一个至少明白德国霸权对法国包含什么危险的政治体制。可叹的是，凡尔赛条约墨迹未干，法国人就改变了。1914年，连同此前的“民族主义复兴”，似乎只是一阵沙文主义痉挛，它一旦过去，法国人就再度自相争斗，或准备重新一意追求美食华服和声色犬马之乐，直到下一场德国进攻及其必不可免的后果将他们从自我沉醉中惊醒过来为止。接着，1940年战败后，像1870—1871年战败后一样，他们在一位老迈显赫的法国元帅的家长式领导下，度过了通常的忏悔仪式，那主要由多上教堂和多做户外健身运动构成。

对于法国在1940年那糟糕的、虽不说灾难性的表现所做的这一换代解释，至少在表面上有说服力。

毕竟，法国在1914年经受住了施里芬计划而生存下来，但在1940年却突然崩溃，突然得即便有半个世纪以后的事后聪明，也仍然显得令人震惊。然而，根据加拿大历史学家J. C. 凯恩斯的观点，这种换代解释引起了关于1940年失败的至少三种基本看法，它们已证明富有弹性，尽管学者们以现代学术做了验证它们的最佳努力。第一种是关于一个特别腐败的政权的“神话”，第二种是关于一支特别腐败的军队的“神话”，第三种是关于一次不必要的投降的“神话”。[1] 战争结束后不久，法国历史学家马尔克·布洛什的《奇怪的失败》（*L' Etrage Défaite*）一书出版，那是一位亡于占领时期的左派人士对后期第三共和国的一番有力“控诉”，给了换代论额外的可信性。在这本书里，布洛什猛烈揭露了种种事态：政客们的阴谋和低劣规划，俘虏了中产阶级的悲观主义和对国家之缺乏信心，工会的低下生产力、自私自利和少有爱国主义，还有老迈衰朽的军队统帅部以及一般军官队伍的心理僵化，他们未能“使自己的心灵保持足够柔韧，以保留批评自身偏见的能力”。[2]

第三共和国确实有自己的辩护者，他们争辩说鉴于有法国人这样展示了如此显著的离心倾向的人民，政府恰好在极端混乱和纯粹困惑中成就了适当的平衡。[3]关于20世纪法国的很大部分历史著述一直依据一项前提假设：战后的第三共和国处于解体边缘，而1914年时的政府只是处于国家衰弱的一个被抑制了的阶段。这个观点部分地基于一项信念，即在两次大战之间时期里领导法国的那些人根本不具有前一代政治家的素质：莱昂·勃鲁姆只是让·饶勒斯的大为逊色和并不连贯的再现，爱德华·达拉第远非乔治·克列孟梭那样的“胜利之父”，而当大难来临时，保尔·雷诺也不能提供雷蒙德·普恩加莱那样铁一般的坚毅。不仅如此，这些人还以1914年以前时代的过时认识和陈词滥调，来看待和表述两次大战之间时期里世界复杂的经济、社会和政治问题，从而加剧了他们的个人失败。结果，20世纪30年代第三共和国领导人主持的是一个深刻分裂的社会，一个似乎在法西斯接管（有如据称在1934年尝试的那样）与全面内战之间徘徊的社会。因此不足为奇，法国在1940年未能抵抗德国的杀戮。

20世纪30年代的第三共和国肯定有问题。然而，1914年和1940年之间的政府差别是不是关键性的？第三共和国是不是衰败到了远非可救的地步，以至德国的进攻虽然给法国人民带来了悲剧性后果，但提供了从一个业已垂死的政权之下差不多仁慈的解脱？毕竟，第三共和国在世纪之交以前许久就已成了一个笑柄，同样由于作为两次大战之间时期里的特征的内阁不稳和政治平庸而饱受折磨。一个人只要想想1914年的维维阿尼内阁，连同法国政府在1914年7月危机期间始终更关心凯洛克斯丑闻而非欧洲战争威胁这一事实，就能认识到法国政治不稳并非源于1919年在凡尔赛。德雷福斯事件深刻地分裂了法国社会。而且，尽管1911年的民族主义复兴可能给法国政治注入了急需的决心，但关于它的影响和效应历史学家们大有分歧。它最显著的成就——1913年的三年服兵役法——成了1914年7月选举中的核心问题，而且假如战争没有爆发，左翼在这些选举中的胜利也几乎肯定会确保其废除。事实上，法国政府对民众是否会支持战争如此没有把握，以致它起草了“官方文书B”（Carnet B），即一个在战争爆发时要逮捕的社会主义和劳工领导人名单，以防他们破坏战争动员。

将这一局面与1940年的情况比较，可以得出一个结论：类似处多于不同处。1940年的灾难给人的印象是政权即将死亡。然而，这个观点至少必须予以修改。达拉第从1938年4月开始有差不多两年的总理任期，那给了政府如此长久的追求但属徒劳的难以捉摸的稳定。他广受欢迎，当时人相信他到1939年已将政权置于平稳境地。极右派已分裂，正在衰落之中，与此同时左翼政党看来处于严重的选举困难。这当然没有导致政权变得强大有力——1936年的分裂留下了太多的怨恨，使之无法如此。但是，达拉第确实给当时人留下了政府终于恢复履行责任的印象。[4]

不仅如此，关于“一代人蜕变”的假设认为，政治堕落导致了30年代的宗派政治，那令人不去实际关注足够的军事投入。不过，难以举出任何促成1940年失败的具体行动。共产主义当然是个新的政治因素。然而，从1934年到纳粹—苏联条约于1939年8月缔结，他们一般支持法国抵抗法西斯主义。社会主义者在形式上照例投票反对国防预算，但研究人民阵线的历史学家们成功地否定了勃鲁姆在国防上软弱这一说法；法国人从1936年开始大量投资于军备生产，因而到1940年，按照法国历史学家罗贝尔·弗朗康斯坦的说法，军备产量已达到“颇为壮观的顶峰”。[5]从1919—1935年，就在国民生产总值中所占的百分比而言，法国在防务方面的花费超过任何其他国家，惟苏联可能除外。1938年的军费开支以不变价格计算，是1913年的2.6倍。[6]因此，1940年的第三共和国或许不是顺从地被带往屠宰场的失败主义政权，就像一般人的想象，或许还有某些历史著述会提示的那样。

凯恩斯说的第二个“神话”是腐败的军队。法国军队名声不好多半是由于1940年的失败。这失败那么令人惊骇，以至法国军队在被雪洗掉罪恶指控（例如叛国）后，就只能忍受关于它极端糊涂无能、漠视技术创新和持有“马其诺心态”的指责，那种心态表明法军统帅部在作战信条方面从未放弃第一次世界大战的堑壕。在战略上，法军之突入比利时和荷兰使自己易受德国人经过阿登地区发动的凌厉反击，那是它当作不可能而不屑一顾的。

就这一观点或许可以说两件事。第一，如果说法军在1940年遭到彻底打击，那么这肯定不是因为它忽视了新型武器，或试图在完全不适合的条件下重演1914—1918年战争中的打法。美国历史学家罗伯特·道蒂近来提供了一幅法军图景，在其中它以男子汉气概努力去适应两次大战之间时期里的技术创新。麻烦在于，它试图使这些创新适合它的作战信条，那要求进行一种被严格控制的战斗，给灵活性和突然性留下的余地很小。[7]另外，新的研究表明，远非往往被描绘的那样性格懦弱，法军总司令摩里斯·甘末林坚决立意引导法国部队走向组建独立的坦克师，尽管陆军各兵种间有着错综复杂的竞争，也尽管左翼敌视任何蕴含法军统帅部可能在规划重演第一次世界大战放血攻势意味的战术、作战和战略信条。他所以反对夏尔·戴高乐和保尔·雷诺关于法国创建机械化师的要求，不是因为他反对机械化，而是因为这两个人将机械化问题与陆军职业化联系起来，而陆军职业化的前景据估计必将使左派歇斯底里发作。[8]

虽然凯恩斯拒绝对1940年时的法军所做的“腐败”指责无疑正确，但不可否认法国军方被30年代的种种问题困扰，而且这些都是严重问题。然而，法军在1914年是否就比较高效呢？研究1914年以前军队的历史学家分成两类，一类是悲观主义者，一类是小心翼翼地谋求为那些年里的军队恢复名誉的人。尽管必须承认，对法国在第一次世界大战以前和大战期间的作战和战术仍有待多做富有成果的研究，但目前对法国的表现所做的论断必定仍旧相当黯淡。从战术层面看，陆军的力量由于训练不善和领导拙劣而被削弱。从作战层面看，它在兵种间合作和战役控制方面证明极端糟糕，这意味着在1914年，战斗常常蜕变为法军在其中遭受重大伤亡的“孤立的混战”。“17号计划”，由法军总司令约瑟夫·霞飞及其参谋班子在大战本身爆发前几年制订，在战略上甚至还不如1940年时的计划符合实际，因为它基于对法国能力和德国意图的一种完全错误的看法。后来，有人试图从比较有利地角度描述法国1914年的攻势。在法国，某些人看来将进攻行动视为确保俄国早日干预的最好办法。[9]从军事上说，进攻追求使德国人得不到战略主动权，并且在其发展中让霞飞能够从他起初的错误恢复过来，进行重新部署，而1940年的迪勒/布雷达计划没有让摩里斯·甘末林有这样的选择。这一论辩还认为，法国人的问题不在于他们的进攻性心态，而在于他们的低效。[10]

要指出的第一点，在于尽管法国参谋本部显然希望俄国早日采取进攻行动，但在1911年12月，他们相信自己必须至少在一个月里单独挡住德国的杀戮。[11]在1913年8月访问圣彼得堡时，霞飞发现形势没什么好转。虽然他受到了款待，但“我们感到甚至在沙皇的随从中间也有这么一帮人：他们大概给了我们表面的友好表示，却遗憾地看到俄国领导人如此明显地倾向于法国。特别是陆军大臣苏霍姆林诺夫许诺一切，但什么也不兑现”。霞飞还发现，就俄国军队而言“形势脆弱”。他们的演习“在我们看来是为阅兵效果组织的，没有费心将战争的现实充分考虑进去”。而且，虽然边境军团到动员的第15天能被集结起来，但直到第23天（其时24或27个军团能被集结）为止，它们将极易受德国进攻毁伤。后备师只是在第26天才能到位。[12]不仅如此，法国坚持1913年的一项铁路贷款以俄国承诺对德作战为条件，圣彼得堡却止步不前。因此，尽管法俄两国专家可能商定了一项计划，但随后没有任何行动。[13]

从俄国人那里获得坚定承诺的困难并非纯属幻影，因为俄国政府不以一个声音说话。苏霍姆林诺夫警觉地守护在他看来他那个部的特权，拒绝将1912年法俄参谋本部会谈议定书传告外交大臣和首相，或者使他们了解俄军的真实状况。在外国首都，俄国大使和武官发送互相抵触的报告，它们在政府最高层散布困惑，并且加剧了外交部与陆军部之间的紧张。对于这个行事经常自相矛盾的政府，性格懦弱和摇摆不定的沙皇尼古拉二世不能施加秩序。同样，就战争情况下究竟是集中矛头对准奥匈还是集中矛头对准德国，俄国参谋本部内分歧严重——迟至1914年7月13日，俄国参谋总长日林斯基还对霞飞示意他相信奥地利是更危险的敌人，因为败在维也纳手里的“精神影响”“将是灾难性的”。即使是承认德国对俄国构成更大威胁的助理参谋总长达尼洛夫，也争辩说俄国在德国进攻面前应当实行战略撤退，那是一种不会对法国有丝毫帮助的战略。至于从1910年往后每年举行一次的法俄参谋人员会谈，美国历史学家威廉·富勒写道，“难以想象有比这更为虚假的游戏”，每一方都试图尽可能少地泄露自己的战争计划。确实，俄国人非常怀疑法国人，认为他们试图推动俄国采取服务于法国而非俄国利益的行动，而且这不信任甚至扩展到怀疑巴黎给俄国人提供的情报。这些行动包括首先为使法国免于德国入侵而投身战争，即用一部俄国将军们认识到弊病严重的军事机器，在许多人认为首要威胁来自奥地利的时候打击德国。[14]

考虑到对战争爆发时它的盟友的行为相对无把握，法国人本应采取一种力求保存自身军队的战略。由于法国人知道自己将是德国首先进攻的目标，就特别应当如此。因此，尽管俄国的进攻将有助于减轻对法国的压力，从而在战略上可能有道理，但法国仍然本应力求节省兵力，直到俄国能够干预为止。或许，法国在1914年发动一场攻势可能合乎逻辑，要是它仅仅为了将战斗从法国引开而突入比利时;然而这一选择被政府否决，因为担心英国不赞成。可是，将一支没有重炮支持的法国大军投入攻击德国在阿尔萨斯和洛林严阵以待的阵地，只能导致一个结果——完全失败。不仅如此，它还是法国人进一步偏离德国进军的主轴，那据霞飞所知将穿过比利时。最后，法国军队的低效本应使其领导人较为审慎，不愿采取一种他们在战术和作战层面没有能力贯彻的战略。事后来看，在马恩河畔的胜利确可称为“奇迹”，它更多地是归功于德国人的错误而非法国人的效能。毕竟，一项在战争开头六周里就造成25%的伤亡率，同时使敌人牢牢立足法国腹地并占有了大量重工业的战略计划很难被称作成功。

关于法国在1940年崩溃的最后一个“神话”是不必要的投降。这指1940年法国据称缺乏士气，无论民众或政界都如此，与1914年时的“万众拼搏”精神截然相反。第一次世界大战的灾难记忆犹新，它肯定意味着法国人从事冲突的热情在两次大战之间时期里冷却了下来。然而，在1939年时，战争到处不受欢迎，包括在柏林。尽管人们对1938年9月慕尼黑协定的反应是松了一口气，但到1939年夏天法国的公众舆论已不再支持绥靖。[15]“静坐战”（Sitzkrieg）之漫长和无所作为可能多少挫伤了士气，而且在1940年有些法国部队确实逃跑了。然而，在德国攻势的压倒性成功变得广为人知以前，除了几个边缘性群体，没有任何证据表明法国舆论是失败主义的。

而且，如果予以透视，法国在1940年的民众士气就可能同前一代没有很大差别。法国历史学家让-雅克·贝克尔质疑了一种得到人们接受的观点，即法国在1914年的士气牢不可破。他将民族主义的复兴导致战前公众舆论革命化这一观念称作“完全可疑的”。法国人是怀着对德国进攻的“愤怒”而不是热情走上前线的。随损伤惨重的法军退向马恩河、法国政府急忙迁至波尔多和德国人向巴黎挺进，法国的士气于1914年8月底跌到最低点。当时形势被认为如此令人绝望，以至据贝克尔说，“民众舆论随时可变得自暴自弃，接受失败必不可免的想法”。法国士气“极为脆弱……有点像风向标对狂风那样做反应”。贝克争辩道，1914年与1940年之间的主要区别，在于1914年时法国人相信战争将为时短暂，而1940年时他们只能期望一场漫长的苦战。[16] 1914年时也有些法国部队逃跑——立场动摇的问题在第15军团尤其严重——但大多数部队在1914年像在1940年一样英勇战斗。

1940年时法国军队是否应该从北非将战斗继续下去？有了事后判断的很大便利，我的回答是肯定的。统帅部的大多数肯定反对继续战斗。军人和某些政客的行事动机似乎在于渴望维持法国的秩序，保持帝国原封不动，在政治上清算他们的左翼敌人，而且还在于一项并非不可行的信念，即他们的唯一盟友大不列颠气数已尽。如果最终证明这是个灾难性的选择，那么谁能否认这在1940年6月的混乱不清状况下是个即使匆忙也可辩解的决定？

我正在指出的道理，是1914年与1940年之间在军事表现上的差别不能由法国政治结构、法军素质或民众士气这几方面的灾变来解释。因为，即使结果不同，以下事实仍包含很大程度的一致性，那就是法国军队在1914年和1940年两度做出的战略和作战选择都是颇为灾难性的。如果一个人同意法国1914年或许只是最为勉强地挺了过去的说法，那么真正的问题应当是：我们怎么能解释法国军队在20世纪的相对糟糕的表现？法国将军们是否真的总是打临终的战争？或者，是否有其他因素扭曲了他们的战略眼光和损污了他们的判断力？

也许，对待此类问题的最好办法，是探讨一下这个世纪的法国战略中是否存在有助于说明这不平衡纪录的连续性线索。换句话说，通过研究战略的某些成分——同盟体系、军政关系和作战信条，能否解释法国表现状况的种种不足？

当然，回答这个问题的一种方式仅在于反过来问一问：德国人为何干得那么好？因为如果予以透视，在20世纪两场大战的开初阶段对德国人的胜利就是大例外，而法国人可以声称拥有其中之一。反德盟国的失败是通则。在这些战争的开初阶段，**没有哪个**，包括美国军队和苏联红军曾成功地对付了德国。德国成功的两个条件有助于解释其开头的胜利。首先，德国足够强大，能够做出自己的战略决定而无须同强有力的盟国磋商。任何人都会注意到这是个严重的长期弱点。它还可能是一个短期弱点，例如像在1914年，假如有一项同奥匈协调的进攻俄国的计划，德国就可能不致搞某种孤注一掷的即时应急措施，它们或许可以被论辩说实际使德国丧失了在马恩河畔的胜利。而且，在1941年，巴巴罗沙战役本来可能取得更大成功，要是日本进军西伯利亚的话。然而，德国的力量至少在短期内足以表明，它没有因为与不情愿的盟国协调的必要而在军事行动方面瘫痪。

德国军事成功的第二个因素，是它的军队有能力形成一套有效的作战和战术体系。同样可以争辩说这是个长期弱点，因为在德国军队中，作战和战术效率取代了战略思想的作用。然而，一种将兵种间有效合作与责权下放至较低指挥层次结合起来的体制，给了德军很大的灵活性，尤其在个体主动性和判断力如此重要的“遭遇战”中。

为什么德国军队能够做到这一点？这有很多原因——历史的原因，强有力的作战传统，或许甚至还有希特勒的干涉。从根本上说，德国军队在一种不仅鼓励，而且**要求**最大程度军事效率的政治环境中运作。军队在历史上是“普鲁士君主国的支柱”，德国统一通过战争得以实现，德国在欧洲中央岌岌可危的地缘位置要求它维持强大的国防：这些事实导致军队在1914年以前大体上免于严重批评。当然，在1933年以后，军队再次成为官方宠幸的焦点。

考虑到这些，我们可以回到一个问题：为什么在20世纪上半期法国的军事表现如此不平衡？证据提示法军缺陷的根源可以追溯到两个因素，它们影响了法国的战略规划，连同法军的作战和战术效率。第一，法国在20世纪是个处于相对衰落的国家。第二，法国军人一直不得不考虑到他们服务于一个政治上分裂的社会。

法国是个处于相对衰落的国家这一点，在较有思想的人看来显而易见，即使在普法战争打破了从法国革命战争和拿破仑战争流传下来的，关于法国人民内在军事天才的任何幻觉以前。德国统一的有利方面，在于它使法国能够认定自己的主要敌人。不祥之音是，德国在人力和工业资源方面稳步增长，愈益强大，而法国人却显得不情愿以与其邻居同样的勃勃精力来生育和工业化。法国的难题使目的与手段相称。1914年以前，与德国相比，它被迫将预算中更高的比例花费在国防上面，被迫将人力中更大的部分征召入伍。然而，短缺依然严重。戴高乐在20世纪30年代哀叹说，每有一个法国男子达到兵役年龄，就有两个德国人如此。法国怎么能抵消德国的优势？

一个办法是在法国的殖民地招募兵员。1910年，夏尔·芒甘上校在他的《力量的悲观》（*La Force Noire*）一书中论辩说，非洲提供了一个填补法国人力短缺的巨大储藏。然而，由于几个原因，法国在利用这一资源上步履蹒跚。首先，殖民主义在法国名声不好。其次，定居者，尤其是在阿尔及利亚的定居者反对这么做，殖民当局则担心招募当地人会引发反叛。对人力困难的这种解决办法在军内也不得人心，那里许多法国将军认为有色人种部队素质低下。最后，左翼反对将雇佣部队输入法国，担心它们会被用来镇压罢工。只是在1917年，随克列孟梭担任总理，法国才开始大规模启用其殖民地人力储藏。[17]

然而，殖民地人力只能稍有缓解作用，即使在法国较好地动员其殖民地臣民的1940年时也是如此。对法国而言，国外力量的主要潜在来源在其盟友。1914年以前，法国外交部花费了巨量精力，试图突破俾斯麦加诸的外交孤立。这些努力成功地导致了1894年的法俄同盟，随之又有1904年的英法协约。自1902年起，意大利作为一个潜在敌手也变得无害了，而与西班牙就摩洛哥问题达成的协定，消除了法国与其南邻之间的外交摩擦的主要来源。在1919年以后，这一传统重新弘扬。确实，在两次世界大战之间的时期里，法国变得差不多执迷于寻求同盟。但是，这些同盟对军事规划有多重要？值得论说的是，1914年以前，法国的防务规划者给予同盟的注意太少，然而在两次大战之间时期里，防务规划简直成了同盟政治的种种要求的人质，不管这要求是真实的还是想象出来的。鉴于1914—1918年间法国的盟友实际上保证了它的生存，这也许是个讽刺性的结论，然而当大难在1940年来临时，它却依然孤立无援，并被打败。

1914年时由于几个原因，法国军方未能使同盟构成其军事规划的基石。首先，外交部和陆军部之间很少协调。例如，直到1909年6月为止，有助于将意大利从三国同盟分离出来的1902年11月法意协定始终未被通报陆军部，因而法国人继续在阿尔卑斯山区驻扎大量军队。[18]直到1911年为止，外交部始终大致对1906年开始的英法参谋人员会谈一无所知。只是在阿加迪尔危机之后，才建立了一个最高国防委员会，为政治家和军人提供一个交流信息的场所。但是，正如1914年7月危机期间的混乱困惑将证明的那样，军事政策和对外政策的协调从未完全令人满意，各部门之间的不信任也从未完全消除。[19]

其次，发起与英军统帅部，特别是与俄军统帅部联合规划的努力往往没有很大进展，这归咎于过度保密，或缺乏信任，或未得到认真对待，因为它们虽然可能便利军事干预，但不会确保军事干预。[20]最后，法国军人对其盟友们的军事能力评价不很高。在克里斯托弗·安德鲁看来，"法国关于自己会打赢战争的确信不那么依赖于预期从它的三国协约伙伴得到的援助，而是更多地依赖于一种信念，那就是在决定性的最初几周里，它能够（如果必须的话独自）在西线获取对德决定性优势……法国愈益增长的胜利信心因而主要反映了一种愈益增长的自信"。[21]

这不是说，同盟政治在1914年法国的战略规划中没有起什么作用。塞缪尔·威廉森已展示，虽然英国干预的前景并非"17号计划"的成因，但它确实影响了法国攻势的方向，即迫使霞飞将其进攻矛头指向阿尔萨斯和洛林，而不是突入比利时，在那里过早地破坏中立可能导致英国置身事外。[22]格尔德·克鲁迈希写道普恩加莱相信进攻性战略提供了俄国参战的最佳保障，尽管这一解释过分强调法国战争规划由法俄同盟的需要"主宰"。[23]相反，霞飞似乎运用了1892年法俄盟约的关键条款（它规定这两个盟国"尽快地彻底投入"[它们各自的兵力]），以此辩解并强化他先前的决定，即战争一爆发就发动攻势。[24]虽然法国军人显然希望得到英俄两国的援助，但他们对于自己必须在开头几周里首当其冲地承受德国进攻不抱幻想。

从第一次世界大战吸取的教训，在于法国作为一个民族国家的存活依赖其同盟力量。可叹的是，这一教训被应用在不如先前有利的环境中。人们禁不住要断定，同1940年以前相比，法国在1914年以前打同盟牌高明得多。在许多方面它确实如此。然而，唯一公平的是注意到，它在1918年以后被发到的牌很蹩脚。尽管战败，凡尔赛条约却让德国成了在战略意义上的战争赢家。它的工业和人口完整无缺。1914年时它被各强邻包围，但一战后列强中间只有法国与之接壤。在其东邻和南邻的是一批纵横交错的小国，与此同时英国表现出极不情愿为自己提供防御，遑论干预欧洲大陆。法国人一直被指责将意识形态置于生存之上，因为它在20世纪30年代对复活与俄国的同盟没有表现出什么热情，在1936年的莱茵兰危机中则表明缺乏决心，虽然现在很清楚苏联领导当时无意同德国打仗。[25]意大利朝三暮四，在意识形态上更多地是与希特勒而非第三共和国相同。

这不是一种有利于构筑防御同盟体系的国际气候，而且法国从未解决它的两难，也许是因为没有那种已被它1923年对鲁尔的占领搞得声名狼藉的单边行动，这些两难就无法解决。倘若采取一种独立的对外政策，就会丧失得到英国支持的任何希望，也会冒遭到那些害怕又一场战争的法国人谴责的大风险。在1938年9月的捷克危机期间，法国人在前去援助其东欧盟国方面的困难昭然若揭。小协约国则毁于东欧各民族间传统的互相憎恶，毁于波兰人和罗马尼亚人之拒绝允许苏军过境，即使苏联人倾向于兑现他们在1935年的承诺。[26]不仅如此，法国人不情愿采取一种将迫使德国两线作战的进攻性军事战略。鉴于“17号计划”和此后通过1917年的内维尔攻势发动进攻的不幸经验，文职领导肯定会对任何显示历史可能在重演的迹象上却步。在这方面，防守是国家的优先选择。它也是军方的优先选择：1935年以后，法国将军们中间的下列感觉使得他们更加不愿进攻：军事力量对比在变得对他们不利，德国军队在设防的莱茵兰这一壁垒后面越来越强大，而法国部队训练不良，因此必定会在进攻性行动中处于劣势。在一种克劳塞维茨式的意义上，防守合乎逻辑，因为它是弱者的选择。与此同时，军事信条被重塑，以强调传统的、关于受控和有条不紊地作战的法国观念，连同火力对于机动迂回的优越性，而那正是在1918年的迈克尔攻势期间差不多丧失了胜利的同一些概念。[27]

因此，甚至在英国被诱使对波兰提供保障后，盟国仍驻步不前。如果一个人同意盟军倘若在1939年9月攻入莱茵兰，进攻者自己就会比防守者受到更大损伤，而且也不会换来阻止波兰崩溃，那么稳坐马其诺防线按兵不动的决定或许是可以辩解的，特别是如果希特勒像他起初计划的那样在秋天放其大军挺进西方的话。威廉森·默里已论证盟国的战略虽然在观念上合理，但实施得糟糕。盟国正确地辨识出德国的经济是其阿喀琉斯之踵，但它们未能决然切断其外部供应渠道，同时迫使它战斗，从而耗尽其紧缺的资源。[28]尽管凭借一切事后聪明之利，这样的观点似乎令人信服，但在当时人看来，在他们已经全力应付之际再迫使意大利参战，其含义必定显得令人生畏。要求盟国更有力地行动依据一个历史前提，那就是德国人无时无刻不在变得更加强大，任何拖延只能有利于希特勒，并且确实只帮助了希特勒。然而，如果德国1940年5月和6月的攻势在比利时甚或法国北部被遏止住，如同盟国领导人有理由相信会发生和可以发生的一般，情况还会如此吗？那样德国能够坚持多久？迪勒/布雷达计划很大程度上是由甘末林的一种渴望决定的：确保得到比利时和荷兰部队的支援，而且使战场尽可能远地从法国的经济最富庶地区移开，那在1914年没有做到。这一战略失败了，因为到头来盟国军队缺乏遏止德国通过阿登地区突然进击的作战和战术能力。

法国部队为何在抗击德军的准备方面如此糟糕，很大程度上与法国军人面对的第二个困难有关，那就是他们必须在一个政治上分裂的社会中拟订防务计划。法国国内关于军队在国家中的位置的政治辩论甚至比联盟政治更厉害地影响法国的作战和战略方式。当然，在许多国家都有军事政策辩论，它们甚至可以是健康的，如果它们挑战先入之见和驱散“从众思维”。然而在法国，关于军队在国中的地位的激烈争吵导致难以确立一种依据战略现实之清晰分析的防务政策。每个人都同意必须有个防务政策，但是政治分裂扭曲了辩论。

传统上，左翼赞成一种短期限服役的有广泛基础的军队。在他们看来，这样一支军队提供了防范右翼黩武主义者的对外冒险和政变的最好保护。如果国家遭到攻击，法国人将万众一心，奋起击退入侵者，正如法国大革命军队曾做的那样。另一方面，右翼争辩说一支小规模的职业军队既更有效，又是对付社会混乱的最好保障。德雷福斯事件使关于军队应当有多大自主、在多大程度上免于政治干预的辩论明朗化了。社会主义者的领导人让·饶勒斯在1910年写的一本书《新军队》（L'Armée nouvelle）里，将辩论扩展到包括战略在内。这就将左翼与一种防御战略联系了起来，那据他争辩最适于一支训练大为不足的征召入伍者组成的军队，所冒的将国际紧张升级的风险也较小。第一次世界大战的代价似乎证实了饶勒斯的观点，既需要严格控制职业军人，以防“黩武精神”（esprit militaire）被放纵发狂，以防将军们只是为自己的荣耀和晋升而牺牲部队。因此在20世纪30年代，在政界很少见到进攻的支持者，防御则被认为人力代价较小，更适合于一个民主国家，并且不那么威胁到国际环境的稳定。这种出于信条的消极无为情绪由于已经提到的一种信念而加剧，那就是法国人的单边国际行动会取消得到英国支持的任何希望，虽然这怎样与法国的东欧同盟相容是个从未解决的两难，在意大利更加靠拢柏林以后尤其如此。

仍有待回答的问题是，军队首脑们对这越来越有敌意的政治环境作何反应？杰克·斯奈德依靠应用组织理论的种种概念，在他对战前欧洲军队的研究中论证说，进攻信条所以在1914年以前的法国军队中广受迷恋，是因为它最有利于被德雷福斯事件严重损伤了威望和士气的法国军官队伍的利益和自我意象。它还是一种预算把戏，因为进攻的花费高于防御，而且它允许军方领导能够将复杂的数据简单化，同时减小战役的不确定性。[29]在其对两次大战之间时期的研究中，巴里·波森虽然比施奈德更多地依赖均势“理论”，但做了本质上一样的论辩。防御信条在20世纪30年代的流行，他写道，有助于保护军官队伍的脆弱的政治地位，因为那是文职官员们想要的。因此，它保障了军队的自治。防御有个财政成分，因为“推诿责任”使同盟政治的一个恒常特征。最后，防御允许军官们再次打一种他们已在1914—1918年间了解了的战争，从而减少了不确定性。它还将法国短期服役的被征兵员置于掩体之中，以此将缺少训练这一缺陷最小化了。[30]

这种政治学方式肯定使得我们能够找出法国战略的一贯线索。由“全民皆兵”历史学家解释的传统观点认为，法军像是一块封闭的贵族领地，渴望在一个民主的世界上使一种反动体制永久化。组织理论家争辩说，组织力图将它们设想的、作为它们的自我利益的东西永久化。然而，这些观点是否经得起仔细检验？

第一项观点争辩说，被采取的种种战略都是为了争取职业军官队伍的自主。当然，“自主”的含义如何并不清楚。一个人可能会同意，法国军队谋求“自主”只是为了使自己免却左翼和右翼的政治争斗。然而，这并不意味着法国军官们希望作为一个下中产阶级共和国内的某种贵族兄弟会生活下去，甚或像某些社会科学家相信的那样，作为一个官僚堡垒而存活。

这根本不是渴望光荣孤立的军队。相反，它渴望被接受。它希望的不亚于同法兰西民族结成精神统一，成为法兰西爱国主义和民族自豪的焦点，成为无论政治信仰如何所有法国人的希望和抱负寓于其中的组织。因此，两次世界大战的战略不是自主战略，而是一体战略。在1914年，进攻是使法国人最少分裂的战略。对保守派而言，进攻信条最符合他们的军事传统。对左派、特别是激进左派而言，它复活了基于爱国主义热情的“道义力量”，那曾挫败了法国大革命的敌人。它还满足了殖民地军人愈益尖锐的要求：要求在令人士气沮丧的德雷福斯事件时期之后，有一种将宣告法军士气复兴的信条。[31]至于两次世界大战之间的时期，似乎需要某种迂回曲折的逻辑，才能将防御视为争取军队自主。魏刚肯定担心，在左派手里军队可能遭受大劫难。[32]然而，更有理由将法国的防御态势看作一种政治整合态势。而且如前所述，戴高乐的理论遭到甘末林的反对，不是出于军事理由，而是出于政治理由，即它们破坏了它们在那么努力地不去倾覆的团结。

第二项观点争辩说，这些战略无非预算把戏，是心里想着财政而非战略目的设计出来的。然而，两者之间的关系始终没有得到绝然证明。1914年以前，进攻是便宜的选择。1913年，军队统帅部被迫延后要求重型火炮和要塞修筑，以便得到被克鲁迈希视为“17号计划”之必要条件的三年服役法案。[33]这实际上迫使法国人采取一种机动战略，因为他们只是由步枪和轻型火炮武装起来。一种基于要塞修筑和重型火炮的防御性战略肯定会耗费更多金钱。

在两次大战之间时期里，为法国部队提供资金的问题仍旧陷于争论之中。波森似乎提出防御是便宜的选择，因为它允许法国将代价转移给自己的盟国。作为同盟政治特征的“推诿责任”概念似乎可疑。同盟领导权通常落在愿意承受最大负担的伙伴手里。而且，强国是比弱国更有吸引力的同盟伙伴，这就是法国的将军们为何在1914年以前那么少地认真注意其盟国的原因之一。同盟政治也未使法国未在防务上大量开支。然而，倘若战略只是预算把戏，那么法军统帅部形成自己的闪电战信条就会对自己大有好处，因为那可以从议会挖出钱来购买坦克和飞机。

最后一项观点，即被选中的战略简化了数据并消除了不确定性，或许提供了就现状来说最好的论辩。1914年的进攻信条使法军统帅部能够忽视自己部队的弱点，结束令人疲惫的、军队看来无法解决的战术辩论，并且能够假定法国士兵可用“精神力量”弥补大为不足的训练。两次大战之间时期里的战略更具防守性，它力求将“遭遇”战的不确定性减至最低限度，因为士兵的训练大为不足，而且在坦克方面处于想象中的劣势。然而倘若讲得过分，这一观点就会设定军事文化是创新的障碍：“尚武精神”，为凶狠进取而凶狠进取，互相争斗以图晋升，在面对技术变革导致的复杂形势时倾向于退守经过检验的正统价值观念。这一观点认为，军人只是在受文职官员所迫和面临失败时，才能被搞得接受创新。

毫无疑问，这有时候是对的。然而，有着军事组织自行创新的许多例子，例如从1939年击败波兰到1940年入侵法国期间的纳粹国防军，即使它已经在波兰获胜。根据英国历史学家马丁·亚历山大的看法，甘末林大概比任何文职官员都更致力于推动法军走向改革。当然，未能创新是官僚机构的通则。如果将法国人置于当时环境来加以考察，可以说1914年和1940年时，他们在对抗德国方面做得不比任何其他人差。法军未能做得较好，看来更多地是因为一支在往往公然敌对的政治环境中运作的军队混乱不清地做出回应，而不那么是一种特别狭隘的职业环境对它面前的技术、行政管理或预算问题所作的反应。德国人以明确干脆的方式做出了为军事效率所必需的政治选择，法国人的回应却模棱两可。其结果是得过且过，犹豫不决。

无论在1914年以前，还是在1940年以前，军政摩擦都使军方领导丧失权威。军队统帅部是个不定型的群体，总司令只是主持而非主宰之;在那里，权威被听任在一个官僚迷宫内游荡，因为担心军权集中在过少的人手里可能给第三共和国带来有害的健康问题。这是害怕军方在政治上影响过大的直接结果。于是，关于战略、作战概念和技术创新的辩论必须包含妥协，因为没有谁能够确立清晰的轻重缓急次序。一个官僚机构所得便是另一官僚机构所失。这在1914年以前采用重型火炮和1940年以前组建坦克师上面都引发了问题。

政治气候经常不利于军事创新。为重型火炮提供资金的要求在1913年被延搁，因为感到在就三年服役法进行激烈争吵后时机不利。[34]戴高乐要求建立一支机械化职业陆军的呐喊破坏了甘末林的耐心努力，即推动军队及议会走向一种比较现代的坦克战信条。内阁部门的不稳定进一步削弱了军队做出决定和确立轻重缓急次序的能力。

陆军的作战和战术技能并非好得足以实现其战略目的。“17号计划”也许提供了战术/战略失衡的最好例子。无可置疑，法国的将军们在两次大战中都犯了惊人的错误。问题是这在多大程度上归咎于政治偏见?例如，有人指责说，霞飞所以未能在1914年更充分地使用后备役，是由于一种对长期服役制正规军的职业承诺。[35]这证明颇像不穿裤子就上战场，因为法国人在兵员数量上被德军超过，并且被其侧翼包抄，后者从第一天起就将自己的后备役投入前线。但是，霞飞在1914年不情愿使用后备役兵员是依据一个正确的信念，即他们根本没有做好战斗准备。霞飞的错误在于“镜像”思维，没有认识到德国的后备役兵员（他们训练得较好，而且有比例高得多的职业军官和后备役军官）颇能参与施里芬计划的执行。

第二项失误在于陆军要求战斗受控的信条。这据称表明它不愿创新，希望重演上次战争中熟悉的战斗。“像我说过的那样”，法国将军安德烈·博弗勒就法国在1939—1940年的战略断言，“其想法是再造1918年的种种情况——并且等待”。[36]这或许会走得过远。然而，同样正确的是，大多数较低级的军官缺乏训练，因而根本不让法国将领们享有作战控制较为分散的奢侈。一个人可能责怪他们没有为培养下属指挥官的能力做得更多。但是，这一失败本质上来自不愿造就一支更强的军队，来自两次大战之间时期里希望将职业军人转化训练干部以实现“全民皆兵”；或许，它还来自一种感觉，即事情在1914年8月和9月已“失控”，当时太多的创举和太少的控制将军队带到了灾难边缘。政府忽视了给部队提供那种本可使之维持高昂士气的威望和物质好处，忽视了将其士兵训练得较为过硬，忽视了要求法国人为国防做出更大牺牲，也忽视了在逐渐形成作战和战术信条并制订战略的同时在一种互信气氛中工作。在所有这些方面，德军都拥有优势，但当时法国军人并非在一个平坦的竞技场上竞争。

我在本文中论辩，20世纪法国军队糟糕的战略选择，连同其不适当的作战和战术信条，并非渴望施加右翼政治议程的结果，亦非过时的军事文化或官僚机构自我保存战略的产物。先假定法国军方领导在试图施加某种现成的政治哲学，或盗用几本历史书来证明一项预先设定的社会科学公式，然后以此力求解释他们的行为：这样的做法不会对我们的理解有很大帮助。让我们假定我们是在谈论动机良好的人们，他们在试图做一件工作——保卫他们的国家，但他们被迫面对不可否认的事实：（1）法国相对羸弱，因而需要盟友；（2）政治环境往往充满敌意。这并未开脱他们的战略错误，但确实有助于正确看待他们。因为，在说了和做了一切之后，法国在两次大战中的困难仍然如出一辙：它的军人们被要求与意图并非总是清楚的盟友协调作战，与此同时它的军队之相对缺乏经验要求它依赖一个计划，连同最终依赖一种受控的战斗，那缺乏灵活性，而且未能将意外情况考虑进去。说到底，1914年与1940年之间在结果方面的不同更多地要以德国人利用其最初胜利的能力去解释，而不是诉诸法国抵抗力的任何严重衰减。

注　释：

1 J. C. Cairns, "Some Recent Historians and the 'Strange Defeat' of 1940," *Journal of Modern History*, no. 1 (March 1974), p. 75.

2 Marc Bloch, *Strange Defeat* (London, 1949), pp. 125, 135, 138, 140, 156, 168.

3 例如见 R. D. Anderson, *France, 1870-1914: Politics and Society* (London, 1977)。

4 Jean-Pierre Azéma, *From Munich to the Liberation, 1938-1944* (Cambridge, 1984), pp. 15-17.

5 Robert Frankenstein, *Le Prix de réarmament francais, 1935-1939* (Paris, 1982), p. 289.

6 Robert Doughty, *The Seeds of Disaster: The Development of French Army Doctrine, 1919-1939* (Hamden, Conn., 1985), p. 183.

7 Ibid., pp. 179-181.

8 Brian Bond and Martin Alexander, "Liddell Hart and De Gaulle: The Doctrines of Limited Liability and Mobile Defense", 载于 Peter Paret, ed., *Makers of Modern Strategy* (Princeton, N. J., 1986), pp. 610, 615。

9 Gerd Krumeich, *Armament and Politics in France on the Eve of the First World War: The Introduction of Three-Year Conscription* (Dover, N. H., 1985), p. 18.

10 Michael Howard, "Men against Fire: The Doctrine of the Offensive of 1914", 载于 Paret, *Makers of Modern Strategy,* pp. 522,523。

11 第二局雅南上校1911年12月笔记，陆军历史档案馆藏7N1538文件，万森堡。

12 Joseph Joffre, *Memoires du Maréchal Joffre, 1910-1917,* vol. 1 (Paris, 1932), pp. 131-134. 克鲁迈希承认法俄两国参谋本部之间正式协议的实施不断引起困难，但他拒绝 S. R. 威廉森将此归因于它们之间"潜在的互不信任"的观点，说那"很难认为是适当的"。(Krumeich, *Armaments,* p. 271, note 11). 然而，这一不信任确实存在，妨碍了法国人对战争情况下俄国意图的评估。甚至克鲁迈希也承认，到1914年1月利曼・冯・山德尔事件时，俄国人才相信与德国的战争实际上迫在眉睫 (ibid., p. 124)。因此，至少"17号计划"是法国人在缺乏俄国意图的确凿证据时拟订的。

13 S. R. Williamson, *The Politics of the Grand Strategy* (Cambridge, Mass., 1969), p. 226.

14 William C. Fuller, Jr., "The Russian Empire", 载于 Ernest R. May, ed., *Knowing One' Enemies: Intelligence Assessment before the Two World Wars* (Princeton, N. J., 1984), pp. 100-104, 110-112, 122-125。

15 Williamson Murray, *The Change in the European Balance of Power, 1938-1939: The Path*

to Ruin (Princeton, N. J., 1984), p. 309.

16 Jean-Jacques Becker, *1914: Comment les Francais sont entrés dans la guerre* (Paris, 1977), pp. 557,558, 575, 582, 587.

17 Douglas Porch, "Bugeaud, Galliéni, Lyautey. The Development of French Colonial Warfare", 载于 Paret, *Makers of Modern Strategy,* p. 405。

18 Joffre, *Memoires,* vol. 1, p. 104.

19 Christopher M. Andrew, "France and the German Menace", 载于 May, *Knowing One's Enemies,* pp. 139, 143。

20 Williamson, *Politics,* pp. 222,223.

21 Andrew, "France and the German Menace," pp. 148,149.

22 Williamson, *Politics,* pp. 218.

23 Krumeich, *Armaments,* p. 27.

24 Joffre, *Memoires,* vol. 1, p. 130.

25 Jiri Hochman, *The Soviet Union and the Failure of Collective Secturity, 1934-1938* (Ithaca, N. Y., 1984), pp. 54,55, 76,77.

26 Ibid.

27 Doughty, *Seeds of Disaster,* pp. 181,182.

28 Murray, *Change,* pp. 311-314, 328, 341.

29 Jack Snyder, *The Ideology of the Offensive: Military Decision Making and the Disasters of 1914* (Ithaca, N. Y., 1984), pp. 10, 18, 24, 25, 27, 97.

30 Barry Posen, *The Sources of Military Doctrine: France, Britain, and Germany between the World Wars* (Ithaca, N. Y., 1984), pp. 118,119.

31 Douglas Porch, *The March to the Marne: The French Army, 1871-1914* (Cambridge, 1981), chap. 11.

32 Philip Bankwitz, *Maxime Weygand and Civil-Military Relations in Modern France* (Cambridge, Mass., 1967), pp. 45,46.

33 Porch, *March to the Marne,* pp. 243, 244; Krumeich, *Armaments*, pp. 45, 49.

34 Porch, *March to the Marne.*

35 Richard D. Challenger, *The French Theory of the Nation in Arms, 1866-1931* (New York, 1955), p. 86.

36 André Beaufre, 1940: *The Fall of France* (New York, 1968), p. 157。见 Doughty, *Seeds of Disaster* 一书第九章，那是对两次大战之间法国陆军在制定一套信条方面的种种问题所做的最佳讨论。Challenger, *French Theory* 一书第九章考察了征兵政策对缺乏军事创新的影响。

第九章 苏联大战略的演变

康多莉扎·赖斯

在试图对苏联大战略演变的各个不同阶段和特点做任何分析以前，有必要提醒读者在它与前几章里讨论过的、传统欧洲国家（英国、德国、法国）的战略之间的根本区别。这区别在于，苏联战略从一开始就受一种包罗万象和防之四海的意识形态的影响，那是一个不仅通过阶级斗争眼镜来观察政治、社会、经济和战争本身，而且预见到（并力求做到）超越现存权势关系的信念体系。[1]有如宗教征讨，或者也许像18世纪90年代早期的法国革命运动，在马克思主义里面有按照它自己的面貌改造整个世界的愿望；而且，当这种改造实现时，传统的权势工具也将消亡。

这一包罗万象的信念体系既带来了优势，也带来了劣势。优势如后所述，在于苏联的战略思维不会认为战争与和平之间有任何大的“断裂”（它们各自是更广大的阶级斗争过程中的一个阶段），也不假定战略的军事方面能够脱离它的至关紧要的非军事方面。至少在理论上，这给了苏联大战略一种在西方经常缺乏的连续性和内在一贯性。劣势在于，这种对世界无产阶级革命之必然性的马克思主义信念，有时在实际情势与理论不符的场合“扰乱”了苏联领导的问题应对和危机处理。不能摒弃他们自己的意识形态，苏联人便不得不竭力将它与现存形势往往棘手的事实调和起来。

这一两难之昭然若揭莫过于俄国革命本身的初期阶段。因其意识形态的前提假设，早期的布尔什维克并不认为自己将不得不担忧通过军事力量追求政治目的。作为虔诚的马克思主义者，他们强调随俄国无产阶级胜利而来的世界革命。全世界的工人将奋起推翻他们的统治者，并且不分国界地建立社会主义。布尔什维克立志发动革命连锁反应，对国际体系，连同其互相残杀的战争和权势均衡没有什么兴趣。本身作为阶级压迫工具的正规军应予立即解散，代之以人民的大众武装。

一旦掌权，布尔什维克便发现世界更为复杂。世界工人必须迅速奋起，否则德国人就将结束布尔什维克统治。布尔什维克最终选择了——在他们心里是暂时选择了——治国方略的传统工具：他们很快组建了一支常规军队来保卫他们自己，并且通过在布列斯特—里托夫斯克的外交取得了和平。

意识形态偏好与“现实政治”（realpolitik）之间的这一碰撞预示了苏联政策的一种核心性的、持续不息的内在紧张。因而，苏联大战略的信条，或一个旨在对付战争与和平问题的蓝图的形成，在欧洲列强中间是独一无二的。苏联领导人一直不得不与种种经典的治国方略问题打交道，同时一只眼睛盯住他们的合法化神话——争取无产阶级的国际胜利。

或许这一遗产部分地解释了为什么没有一位苏联的利德尔·哈特或克劳塞维茨，为什么他们对大战略概念感到不自在。大战略一语本身显然与苏联人的观点格格不入。苏联的战略思想家们往往蔑视它，而且总是将大战略讲成西方的概念。正如苏联元帅、前国防部长 V. D. 索科洛夫斯基所说，“在西方，一种对军事战略的拓宽了的理解被展示为政治的同义语。他们提出了‘大’战略概念……有人甚至将它扩展到一国对外活动的一切领域。在我国，有一种军事战略，它从未超出最广义的军事范围……（即）国家全面备战理论”。[2]

另一方面，自列宁以来苏联领导人始终被克劳塞维茨及其对于战争与政治之间关系的复杂阐说所打动。列宁自己手头的克氏《战争论》一书被写上了评注，论战争与政治的关系的一节被称为“非常聪明”。我们还知道，苏联人一直在军事力量方面投入巨量资源，并且由此实行一种积极有为的对外政策。苏联拥有一支在经典的欧洲参谋本部领导下的庞大陆军，由此掌握了一个完全传统的军事工具。因此，就像许多事情一样，虽然“大战略”没有一个十足的苏联对应物，但这并不意味它未能赏识这概念。相反，苏联人有他们自己的术语，那掩盖了他们对大战略经典问题的根本关注。

现代苏联思想在将构成“大战略”的各层次政策分门别类方面精确无误，那在此是指政治目的和政治—军事目标的制定，连同贯彻它们的军事手段的形成。评估国际体系性质和苏联人在其中作用的政治信条是宽泛的，很少有变化。然而，它确实为军事信条提供了大框架，而军事信条又包含两个方面，分别大致等同于政治—军事目标与军事手段。政治方面首先和最为关心的是避免战争。但是，因为苏联人将准备战争与避免战争联系起来，这个层次的信条还力求回答下列问题：对谁和在哪里打仗？要耗费什么资源？什么时候投入战争？这套信条的军事—技术方面关注怎样使武装部队做好战争准备，加上形成军事战略，即“怎样”打仗。

这一正式化的概念体系显露出对大战略经典问题的压倒性关注。战争如何能被避免？如果不能，那么战争结束时什么样的和平值得向往？可以使用自我依靠与同盟和联盟的怎样的结合？在和平时期，什么资源应被投入军事力量的构建？苏联人与克劳塞维茨的观点一致，将这些关切交给政治家。如何打仗，亦即使用什么手段的问题则是军事职业的专职领域。

鉴于上面说过的原因，使政治目的、政治—军事目标和军事手段互相和谐的努力对苏联来说比对任何其他大国都困难。苏联领导人面前最令其烦恼的问题，一直是将两个有时彼此冲突的政治目的统一起来：(1) 在国际体系内保卫苏维埃国家，(2) 追求社会主义的最后胜利，那可望摧毁国际体系。[3]

时髦的说法是，第一个目的总是主宰第二个目的，意识形态不过是苏联大国利益的事后辩词。这个说法过于简单，遮盖了苏联大战略的内在紧张。避免战争和保护苏维埃国家当然一直是压倒性的关注。然而，大国不仅谋求避免战争，还谋求在不诉诸战争的情况下塑造国际体系。因而，对于国际无产阶级秩序这一合法化神话的依赖，始终制约苏联领导人作为一个大国来行事的努力。

关于一国战略计划如何演化的任何再现总是包含一个危险，就苏联这一实例而言尤其如此，在其中无法达到通常的档案证据标准。然而，我们知道的情况够多，足以推想苏联领导人怎样理解世界、怎样形成一套战略来追求他们的利益的史事。这套战略有一批重要的“分支点”，每个都推动它越来越接近国家利益的传统观念。然而事后来看，避免此乃事先注定的意识至关紧要。与事先注定相反，苏联人曾在几个关头面对关键性的不同抉择。反过来，这些选择从根本上塑造了苏联领导在同其余世界打交道时可有的种种选项。

第一个关键的“分支点”可能引起某种辩论。列宁不顾那些希望“发动赤手空拳的革命战争”的人反对，坚持谋求对德媾和，这显然代表了保护新生的苏维埃国家乃当务之急的首次决断。苏俄有紧迫的安全关切，其中并非最次要的是全国各地叛乱愈演愈烈、在崩溃中的沙皇帝国的许多角落建立起“白色”政府。在四面八方遭遇威胁之际，苏俄于1918年创建工农红军，虽然只是作为一个“暂时”措施。它只是在力求生存下去，但为建立一支军队——看起来很像世界各地资产阶级政权的军队——打下了基础。[4]

尽管维持羸弱的苏维埃国家生存是创建军队的主要原因，但事实上仍不无幻想，即它能够是无产阶级革命的武装的先锋队。米哈伊尔·屠哈切夫斯基（以后将富有讽刺意味地成为一种非常传统的军事战略的缔造者）提出苏俄组建一个“无产阶级国际主义参谋本部”，以规划工人革命的军事部分。[5]无论苏俄对依靠红军输出革命抱有怎样的迷恋，它都由于1920年“解放”华沙未遂而大为降温。布尔什维克采取了一种军事上冒险的战略，发觉自己不能击败波兰人。当波兰工人揭竿而起，不是反对其阶级压迫者，而是抵抗红军时，他们对有一场自发的工人起义怀抱的希望同样破灭了。红军幸运地将一条在俄国领土上的防御阵线稳定下来，虽然某些人依旧希望武力将有助于社会主义的胜利，但是用“刺刀尖”输出革命失去了很大部分吸引力。[6]

随着政权面临的内外危险过去，年轻的苏维埃国家起什么作用这一根本问题重新浮现出来。革命浪潮正在整个中欧消退，苏联发现自己被敌对的资本主义大国包围，它们当时由国际联盟代表，意欲将苏联孤立于国际秩序之外。这个国家只是在罗曼诺夫王朝末两代统治者之下才开始工业化，现在由于战争而虚弱有加，筋疲力尽。在此情况下，社会主义的胜利必定显得至多是聊胜于败，因为代价极大。眼下许多事情的前景系于一旦，因为关于大战略的辩论是在决定列宁之后谁当权的政治斗争环境中发生的。约瑟夫·斯大林的“一国建成社会主义”力克“不断革命”论，从而结束了这么一种观念：以牺牲世界各地的武装起义为代价来保护苏联革命只是一项暂时的妥协。这样就提供了理论上的基本理由，能够将保卫苏联国家奉作恒常经久的平时目的。[7]

斯大林相信，在20世纪20年代初急剧退落的革命浪潮少有可能迅速重现。他争辩说，苏联应当接受这一现实，变得尽可能强大，以准备迎接下一次战争。布勒斯特—里托夫斯克战略，即列宁不惜一切代价与德国立即媾和的想法只有一个问题，那就是苏俄过于羸弱，在其退却时期不必要地饱受苦难。斯大林以令人难忘的言辞宣布：苏联不应该“没有牙齿，再次在西方面前卑躬屈膝”。[8]资本家迟早会发动进攻，而且虽然世界革命终究会到来并实现社会主义的最后胜利，但一个强大的苏联仍应是这个年轻国家的头号考虑。早先的布尔什维克相信，对无产阶级国际主义好的就是对苏联好的；斯大林将这一顺序颠倒过来，认为无产阶级国际主义可以被搞得为苏联国家效劳。

那些反对斯大林的人，以列昂·托洛茨基为首的不断革命论者，有时在西方得到称颂。他们本来似乎没有什么对他们有利的论点，但假如他们得势，苏联国家就肯定会走上不同的发展道路。例如，要是目的在于促进国外的革命，以此作为苏联的生存必需，红军就可能被转向这一目的。但是他们没有得势，苏联的首要目的成了确保自己的边界，并且准备迎接下一次战争。[9]

人们经常忘记，还有M. P. 托姆斯基之类更右的人物所持的第三种观点。他们也拒绝不断革命论，但认为苏联的目的无法在孤立之中实现。特别是，他们是引进外国资本的早期支持者，将此作为苏联政策的一个中心目标。因此，虽然不断革命的提倡者们在政治目的上不同意斯大林，更右的人物却是在怎样和多快地实现这些目的方面与他相左。[10]

当斯大林的“一国建成社会主义”在1928年赢得胜利后，政治目的确定下来，左派被击败。两年内，实现这些目的的手段也得到了确定。右派的失败意味着苏联将在世界上独自行事。不是苏联拒绝了西方的帮助；贸易和信贷仍然起作用。然而，斯大林领导下的工业化旨在建设一个苏联经济体系，西方从而无法发动对苏“经济战”。斯大林认为，依赖资本主义就像过早地力图推翻资本主义一样危险。这意味着要以非常高昂的代价实现工业化，主要是靠牺牲农民的生命和财产。残酷的农业集体化运动是苏联为迅速和独立的工业化付出的代价。[11]

斯大林相信，经济实力是头号优先，新的工业基础能够支持大规模急速建设国家武装力量。随着红军的任务现在被明确界定为保卫苏联，军事规划就成了苏联生活永久的固定组成部分。这并不足怪，例如第一个五年计划产生于1927年。苏联意欲尽可能长久地避免战争，但斯大林决心一旦进行战争，苏联的军事力量将不亚于任何国家。

有趣的是，虽然立意建设苏联的军事力量，斯大林却不准轻重缓急次序有任何牺牲总的工业实力以利军队的逆转。米哈伊尔·屠哈切夫斯基在他整个苏军服役生涯里始终既得到斯大林赞美，又不被斯大林信任；他因为将军队利益置于经济利益之上而再三受到斥责。例如，屠哈切夫斯基喜欢表示外交和经济计划应当有总参谋部的认可，以保证军事力量目标得到考虑。然而，当他于1927年向斯大林提出一项特别巨大的军事资源要求时，他却被告知要修改这些估计。“当前的要求”，斯大林据称说道，构成了“红色黩武主义”。[12] 1931年，随着日本人侵入满洲，斯大林朝上修改了自己的估计，加速了军队的发展。

常设军事规划机构也在20世纪30年代初这一时期问世了。劳动和防务委员会——先前被责成掌管内战总体指导的一个机构——得到改组，此后被改名为国防委员会。像V. M. 莫洛托夫、克列门特·伏罗希洛夫和斯大林本人那样的政治领导是该机构的关键人物，被委托负责国家战备。

同样，红军被改组和被职业化。起初，就一个社会主义国家的军事力量是应当被组织为一支民兵，还是应当被组织为一支职业军队，有激烈的意识形态辩论。这场辩论以决定采纳较为常规的职业军队模式告终。20世纪30年代早期也是作战方式发生迅速变化的一个时期，因为苏联的战略家们与世界各地的军事理论家一样，脑海里萦绕着第一次世界大战代价高昂的堑壕战。新技术，连同其迅速发展潜力，被认为提供了答案，但机械化装甲部队的有效使用办法并非不说自明。苏联的军事思想家们最终制定出了一种“纵深作战”战略，并且使得有关的政治领导人特别是斯大林确信，机械化部队而非骑兵将支配现代战场。[13]

随着第二次欧洲大战临近，苏联的规划体系和苏联的担忧看来确实非常传统。政治目标包括依靠外交手段避免战争，如果不成的话就使国家做好战争准备。由一批专业干部任职的苏联军方关心现代战争的特点和新技术的采纳。然后，大为突然，斯大林帮助毁掉了他一直决心创建的东西。20世纪30年代末期血腥清洗引起的混乱席卷苏军，五位苏联元帅中的三位和大约60%的高级指挥官被消灭了。可以理解，军官队伍变得噤若寒蝉，许多保住了性命的干部放弃了任何提供直言不讳的军事建议的企图。[14]

在个人生活上日益孤独但对自己的外交技巧过分欣赏的斯大林，严重误算了欧洲形势，结果实行了一种错误的战略。考虑到他自己的前提假设——确实也是布尔什维克的基本假设——即所有其他大国都对苏联怀抱敌意，“挑拨利用”敌对的资本主义国家，甚至签署1939年8月的纳粹—苏联条约就是完全合乎逻辑的。但是，鉴于大部分其余世界的敌意，远不那么合乎逻辑的是清洗军队领导，毁坏情报搜集网络，查寻和迫害一切有外国经验的人，并且总的来说令苏联国家武装力量衰退。斯大林也许达到了他的政治目的，即强加意识形态正统和对他个人权威的绝对服从，然而是以削弱苏联大战略的军事工具为代价。他老是拒绝接受1940年至1941年间关于希特勒不久将进攻苏联的所有情报，从而加剧了这个更大的错误。由此看来，他在许多方面是幸运的，因为“制度”挺过了纳粹的凶残杀戮存活下来，尽管付出了惊人的代价——伴以对职业军人的姗姗来迟的认可。[15]

另一方面，斯大林的忧患意识确实有助于总的大战略，那就是认为即使在和平时期，苏联社会和经济的所有部门——工业、农业、党、青年组织和报纸——都应做好准备，以迎接一场与嫉妒和强大的外国敌人的殊死战斗。在许多方面，苏联在第二次世界大战中的胜利就是他动员整个国家备战这一观念的胜利。一旦纳粹对斯拉夫人的态度明朗化，平民大众便通过游击战和自愿忍受经济艰难来对苏军在前线的奋斗做出贡献。大规模的工业搬迁最充分地运用苏联的陆上地利，将关键性工业放置在了敌人鞭长莫及之处。焦土战术进一步表明了苏联人尽一切努力保证成功的决心。斯大林甚至愿意放弃某些意识形态考虑，既向无产阶级也向农民呼吁，既诉诸共产党人也诉诸民族主义者，以求全民捍卫“俄罗斯母亲”。当苏联最终在第二次世界大战的废墟中胜利崛起时，它在政治上比以往任何时候都更强大。

可以质疑斯大林对二战胜利的利用是否应当被认为是精明的大战略。显然，他一贯明白自己要追求怎样的和平。在战时，斯大林利用红军取得的每一个胜利索取政治要价，不是从敌人那里，而是从他的临时盟友那里。德黑兰会议上（到那时苏军已扭转了战局）斯大林的和平蓝图已变得明朗起来。

自相矛盾的是，从第二次世界大战中崛起的苏联既遭到了严重破坏，同时又比它历史上其他任何时候更强大。以其在平等地位上进行谈判的新机会，从大战结束到1948年为止的那个时期本来可能带来苏联大战略的转变：从孤立于西方之外并予以敌对的大战略变为较大程度参与国际体系的大战略。然而最终它没有这么做。

最大的历史疑问之一始终在于：战时的反希特勒同盟在和平状态中是否注定要破裂？人们的评估通常集中在一系列事件上，它们逐渐导致战后世界的集体管理变为两大敌对阵营之形成。关于冷战的起源和责任辩论多多，有一种感觉是假如一方或另一方较好地理解了对手的恐惧和关切，那么冷战仅此就可能被避免。还有人争辩说，同盟的瓦解应当被归咎于误解和误判，就像同等程度地被归咎于实际事件那样。[16]

但是，从苏联大战略的角度来看这一问题，苏联与西方的国际体系观和大国作用观之水火不容便突出得一目了然。斯大林相信，资本主义大国只要有机会，就会力图摧毁苏联。"国际体系"不是苏联利益的保障，而是对苏联利益的威胁。在斯大林看来，与西方的任何合作都必须是策略性的；融入国际体系等于自杀，因为这将导致依赖那些以摧毁社会主义为首要目标的国家。绝对没有证据表明二战中的同盟经历淡化了这一看法。

于是，当苏联人签署列举国际行为准则的《联合国宪章》和就任安理会理事国时，他们并不认为安全利益将由这些机构得到促进。相反，苏联开始构建一种替代性选择，不同于经济和军事上强大的美国支配的国际体系。在军事领域，斯大林要苏军为打一场大规模重工业基础支撑的大规模陆上战争做准备。东欧的经济被强行盘剥，以帮助苏联经济重建，由此"苏联堡垒"扩展到了柏林。

虽然核武器业已问世，斯大林仍认为第三次世界大战的打法会像上次大战一样。但尽管如此，他确实显然理解核武器的潜力，而且命令内务人民委员会头目L. P. 贝利亚动员苏联科学界进行努力，成功地发现了原子弹的秘密。然而，认识到核革命要求一种新战略，需待斯大林的后继者。马林可夫和以后的赫鲁晓夫否认两种社会制度之间"战争的不可避免性"，而苏联大战略的一个新时期便从20世纪50年代中期开始，那是到戈尔巴乔夫上台为止最后一次大转变。它使得苏联解放了思想，去思考一个在其中资本主义与社会主义之间决定性的武装冲突可能永不来临的世界。[17]

即使在这以"和平共处"为人所知的新信条之下，苏联继续将西方资本主义支配的国际体系视为基本上敌对的。然而也存在着新的机遇，例如与正在崛起的第三世界结成联盟。因此，苏联的战略思想越来越远离与西方直接对抗的概念，并且越来越强调利用发展中世界的新兴民族主义。人们经常说，和平共处是从积极打败资本主义这一立场的退却。但是，这个概念也有另外一面；资本主义也不再能够指望用军事的或其他"反革命的"手段推翻社会主义了。因此，在放弃将战争作为一种手段选择的同时，和平共处在其核心部分仍坚持两种天然敌对的制度之间的生死斗争。

赫鲁晓夫的第三世界战略还由于另外一个原因具有吸引力：它使苏联人能够尽量低代价地扩展其权势，在西方政策失败的地方捡取少许支持。这一政策的首要例子在埃及。在那里，在美国因拒绝建造阿斯旺高坝恼怒了纳赛尔之后，苏联捡起了这项工程，并且利用捷克斯洛伐克为代理人开始向埃及出售武器。几年后，第一批军事顾问从苏联、捷克斯洛伐克和波兰抵达。[18]慢慢地，苏联在中东取得了一个巨大的立足地，最终与以色列断绝了外交关系，将自己的赌注投到阿拉伯世界一边。然而无疑，苏联人首先只是回应机会，而非创造自己的机会。

在非洲和东南亚的政策似乎制定得再好不过了。在赫鲁晓夫掌权时期，非洲的社会主义与西方殖民统治的瓦解响应，正处于最高潮。在那些岁月里，苏联作为西方的“替代”被人喜欢。同样，苏联人试图通过军事援助，和往往对当地经济产生灾难性后果的大肆张扬的经济援助，廉价地充分利用这些机会。这极少符合经典的马克思主义假设，但赫鲁晓夫确实试图根据一种被曲解的意识形态理由来支持这些第三世界国家的革命，其中多数由富有个性的独裁者领导。它们被说成“倾向于社会主义”，或“走在通向社会主义的道路上”，或“具有民族主义性质”，表明尽管它们可能永不会成为真正的社会主义国家，但它们至少反西方。[19]

随着20世纪60年代初期来自中国的意识形态挑战加剧，这种政策对赫鲁晓夫来说变得更重要了。[20]决心显示苏联是世界革命的真正领导，赫鲁晓夫支持一系列有问题的依附者，其中许多人都以完全垮台告终。然而，除了埃及可能例外，苏联人似乎没有任何为**稳定**苏联在这些国家的影响而制定的长期计划。更重要的是，当这些依附者不能使自己保住权力时，苏联缺乏就此做任何事情的军事力量，例如在恩克鲁玛的加纳便是如此。这一事实将成为利用“和平共处”的这些早期尝试同列昂尼德·勃列日涅夫的第三世界政策之间的关键区别。

但是，苏联在第三世界的军事羸弱并非赫鲁晓夫的主要问题。20世纪50年代中期，苏联很难说处于一种能确保**它自身**安全的地位。到1957年，当赫鲁晓夫巩固了自己的内部政治地位时，苏联最迫切的任务在于取得可行的核威慑。斯大林将原子弹留给了他的继承者；1948年，通过动员这个国家的科学智慧，并且给予它一切所需资源，苏联人设法（根据西方的估计）比计划提前五年左右爆炸了一个核装置。有意思的是，置于贝利亚监督之下的原子弹开发被从职业军方的视野范围移开。接着在其第一颗原子弹爆炸六年后，苏联人爆炸了一个热核装置，然而整个20世纪50年代他们始终处于一种靠不住的地位，那就是极易受美国攻击毁伤。不仅如此，美国主义的信条认识到这一状况，因为它以一种“大规模报复”战略威胁毁灭苏联，如果苏联使用其武力的话。[21]

赫鲁晓夫在成功发射第一颗人造地球卫星后夸大苏联的核力量，并且鲁莽地将苏联投入几次欧洲危机。他的行为方式，很难说像一个易受毁伤的国家的领导人。然而在暗地里，苏联人疯狂竞赛，要获取投掷核武器的手段，以便置美国于危险境地。苏联人需要快快发展出投掷手段，为此他们使用了一种老战略，即动员该国的资源，以求迅速（在这场合是不对称地）回应美国的核力量。苏联人断定，鉴于他们的地理和技术状况，应当全力发展导弹作为投掷工具。1959年以后，他们大大削减了自己的战略空军计划，而且同样削减了水面舰只和潜艇的发展。逐渐，洲际弹道导弹项目得到了最大的资源份额。[22]这是在理解苏联战略规划方面的一个有启发性的插曲。在一个中央集权指挥体制内，一项真正的长处在于很能动员资源和才智来实现一个明确界定的目标。苏联人正是这么做的，其目标是获取最迅速地可得的核武器投掷手段，在大约10年时间内消除他们在美国先发制人打击面前的易受毁伤性。

在向苏联提供它需要的投掷手段上，这个体制运作良好。然而，在职业军方与赫鲁晓夫之间，就战略信条的社会政治方面与其军事—技术方面的联系存在非凡的紧张。从1954年起，苏联军方就核时代战争的性质问题曾有非常激烈的辩论。有些人争辩说核武器不会是决定性的，将洲际弹道导弹当作更大的大炮：射程更远，火力更猛。另外一些人争辩说核战争将不同于任何先前的武装冲突，取消了对于地面部队的需要，将战争方式简化为只是战争伊始的巨大规模交火，那将是两大社会制度之间的决定性冲撞。[23]显然，这一辩论的结果蕴含着巨大意义。要是接受后一信条，常规防御兵力的大规模削减就能被容忍，对指挥、控制和（或）战争计划的关注就将过时。

赫鲁晓夫亲自投入这一激烈辩论，阻断了（从总参谋部的观点看过早地阻断了）军方对于核战场的考虑。赫鲁晓夫将自己幻想为军事天才般的人物，或者不如说坚持认为核武器取消了军事天才的必要。他独自宣布导弹是军事力量的决定性因素，主张大规模削减军队，而且撤销了地面部队司令部。他在军内显然有自己的支持者，例如A. I. 加斯季洛维奇之类人物，他们相信任何战争都将以核打击开始，而且确实将是非常短暂的战争。这些观点被称作“单一变量战争”论，设想在战争伊始对敌方领土进行一次规模巨大的核打击，那将决定战争结果。[24]

这一出自最高层的干预还在苏联为容纳核武器而采取的组织形式上打了深深的烙印。根据前战略火箭军首领V. F. 托卢勃库的说法，若干组织形式得到了考虑，包括设立空军的一个特别兵种（与美国的战略空军司令部没有什么不同）和将核武器分配到现有各军种中间。[25]但是，赫鲁晓夫分明倾向于创建一个独立的军种，而被选中的正是这一办法。

然后，上述决定又推动了其他重大决定。赫鲁晓夫下令从军队裁员两百万人，相应地削减防务预算，并且将所有重要军官减少四分之一。因为总参谋长M. V. 扎哈罗夫不赞成这一做法，赫鲁晓夫就撤了他的职。与此同时，赫鲁晓夫一心追求捷径来利用核武器的外交潜能。其中最为臭名昭著，并且对赫鲁晓夫最具灾难性的，就是为了给苏联提供一种“速成”威慑而将核武器放置在古巴的决定。

紧随这一灾难，先前在职业军方内部只是被勉强遮掩着的对总书记的批评开始露头。两年后，当赫鲁晓夫由于支持了各种各样“轻率的方案”而被赶下台时，这种批评被苏联军方用来当作一个论据，以要求有一套更系统的战略规划手段。[26]处于中心的是总参谋部，决心使苏联回到一种更像20世纪30年代初的、大量军官死于斯大林清洗以前的体制，它曾造就了部队的机械化。

因而，到1965年，总参谋部争取苏联军事规划“合理化”的条件已相当有利。尽管我们无法了解导致苏联军力从赫鲁晓夫垮台到大约1976年间非凡扩充的高层决策情况，却仍有可能重现一种支持了它的“战略计划”，或至少“战略哲学”。事后设想总是危险的，然而为了具体说明，让我们尝试重现苏联政治领导人在赫鲁晓夫之后的岁月里试图做些什么。

有一些证据表明，军力扩充的催化剂是古巴导弹危机——跟跄踏在超级大国地位门槛上的苏联经历的一场严重困窘。当然，有苏联谈判者V. V. 库兹涅佐夫的一句名言：西方将永不能再次把苏联置于那种境地。其他证据较为详细。赫鲁晓夫被解职后做出的决定将表明，他的后继者明白“核外交”的弊病在于缺乏可信性，尤其在它基于薄弱的能力时。赫鲁晓夫已乞灵于所有怪诞手段，力求使西方相信苏联比事实上强大，为此有一次实际上改变了五一节阅兵期间轰炸机飞行的编队方式，以便装出一个庞大的轰炸机群的表象，而事实上只有不多几架飞机。无论如何，卫星摄像很快就会使这种做法变得不可行。然而，既使苏联政治领导、也使苏联军方领导担心的更多的是赫鲁晓夫愿在这劣势情况下将苏联带到战争边缘，而不那么是上述愚蠢无聊之举。

赫鲁晓夫下台的直接受益者勃列日涅夫完全不愿有他那种危险的战略，即对外政策高度冒险，军事力量却羸弱单薄。在许多方面，勃列日涅夫是苏联领导人当中最为克劳塞维茨式的。对他来说，避免战争和准备打仗密不可分地结为一体。他对国际体系的根本方略，是在不大可能发生战争的地方——例如第三世界——试图重塑之，同时试图在符合苏联利益的时机和场合与该体系的强国进行合作。

避免战争同时却小心地扩展力量的双重主题就被融进了苏联版的缓和中。苏联人认为，缓和不是西方的政策选择，而是一种“客观情势”，在其中西方认识到力量对比（历史在怎样进步的一种衡量尺度）正在转变得有利于苏联。[27]由此推断，苏联越是强，其他国家就越是合作。这同斯大林和赫鲁晓夫相比，都代表着一项有趣变化：斯大林害怕国际体系，力图首先在苏联，然后在东欧建立一个堡垒，赫鲁晓夫则力求形成一种积极有为的对外政策，靠大声咆哮和多半空洞的核威胁来保护苏联。勃列日涅夫明白，保护祖国与投射权势必然彼此关联。

勃列日涅夫认为，恰当的备战——避免战争的一个先决条件——当使苏联具备一系列军事力量，既有核的，也有常规的。转过来，这些武力能被用来使苏联取得与美国平起平坐的地位，充分利用正在衰弱的资本主义，并且赋予苏联一种广泛的世界作用，那是它先前由于可怕的易受毁伤程度而病态地害怕的。

国防建设依据的哲理或许最好被理解为有两个层面。在第一个层面上，要使国家做好对付危险的准备。勃列日涅夫曾经宣布：“任何人都不要试图以最后通牒和炫耀实力方式对我们讲话……我们拥有必要的一切——真正的和平政策、军事力量和苏联人民的团结——来保证我国边界不受任何外来侵犯，并且保卫社会主义成果。”[28]简言之，在勃列日涅夫治下，苏联将实现斯大林梦寐以求的领土不受侵害性。然而，还有着一个外交的层面，因为勃列日涅夫关于同西方缓和的观点意味着一种积极有为的外交政策。在他看来，苏联的军力现在已经那么强大，以至于西方不得不将它当作与之平等的强者来接受。正因为如此，它有资格在世界所有地区发挥作用。

这就是勃列日涅夫为首的苏联领导人所理解的大战略。苏联愿意为实现自己的信条投入非常巨大的资源。“军方影响”往往被当作解释，拿来说明何以有巨量防务预算。然而在仅仅几年以前军事机构还无力制止赫鲁晓夫大量砍削其资源的苏联，殊难将机构权势当作苏联防务开支的原因。替代性的解释在于，政治领导将军事权势视为国家最重要的目标，从而着手扩充军力。

以确保国土安全和对外扩展权势为双重目的的苏联战略思想，其“黄金时代”并未延续许久。苏联确实被承认为超级大国，而且从非洲之角到中美洲找到了各种依附者并予以支持。另一方面，诸如戴维营协议之类事件使一种厚颜大胆的说法变得可疑，那就是在一切重要的外交努力中，将始终必须同苏联协商。但是，总体而言，假如勃列日涅夫的统治在入侵阿富汗似乎注定会取得胜利结果的1979年告终，他的对外政策就极可能被评判为辉煌成功。

然而，到1982年他死去时，苏联的大战略业已搁浅。苏联在四面八方面临挑战。十多万苏军陷于一场无望的阿富汗战争。这场战争和关于苏联权势不被制约地节节增长的看法促成了罗纳德·里根的上台。在里根那里，苏联碰到了一位致力于巨量扩充美国军力、立志重新弘扬美国权势的领导人。

另一方面，苏联人却有着一个陷于危机的经济，它停滞不前，而且是按照20世纪30年代的要求构造的，当时钢产量乃经济实力的衡量尺度。不仅如此，苏联人还发现他们帮助上台掌权的革命运动已完全成了羸弱乏力的反西方国家，需要苏联业已供不起的经济援助。在某种意义上，西方领导的国际体系有了一个社会主义替代，然而那由经济状况比苏联自己更糟的一些国家构成。对苏联经济资源的消耗和政治成本正在愈益增大。勃列日涅夫错了：一个越来越强、决心以损害西方来扩展自身权势的苏联无法同时指望美国及其盟国的合作。一国可能在军事上过于强大，由此损伤了自己的战略和政治目标。

因而，当米哈伊尔·戈尔巴乔夫在1985年3月上台掌权时，他面对一个正在失败的对外政策，就像他面对一个已经失败的经济那般无可置疑。这两者还彼此关联，因为在苏联的改革者看来一目了然，经济将永不能孤立于国际体系能够提供的贸易、信贷和技术知识之外复兴。然而，一种那么显然地挑战日本、美国和中国之类经济巨人的利益的对外政策只是加剧了这一孤立。戈尔巴乔夫在1986年2月对党代表大会做他的首次重大演讲时，号召与国内的“改革”（perestroika）平行，在对外政策方面搞“新思维”。[29]尽管政策信条形成缓慢，而且在当时看来像是空洞的大话，然而在后来的多次演讲中他谈论“共同安全”取代单边手段，谈论互相依存而非孤立自处，谈论人类利益而非阶级利益。随着政策得到展示，可以论辩说“新思维”事实上是苏联关于国际体系的思维的重要转变。

自斯大林时代往后，保护苏联这一核心信念作为关键始终未变。但是，在戈尔巴乔夫之下，一种意识开始浮现，那就是安全不必仅仅依靠军事力量来实现。戈尔巴乔夫所处的形势根本不同于他的前任们，为此他可以感谢勃列日涅夫。确实，苏联在军事上那么强大，以至于任何敌对国家的盘剥、讹诈或直接进攻看来都很遥远。

另一方面，军力扩充的自相矛盾，勃列日涅夫看不到的自相矛盾，导致了“新思维”。首先，军力扩充的经济代价一目了然，而且越来越受到指责。在西方，已有许多关于新思维的经济逻辑的著述。[30]然而，至关紧要的是不忽视新思维的政治逻辑，对于过去的重大背离的关键可以依靠理解这种逻辑来找到。政治第一始终是苏联辞典中的一个术语，但按照勃列日涅夫的苏联批判者们的看法，这个术语从未得到过充分理解。

许多例子现在被人援引：没有看到部署SS-20中程核导弹的决定将激起北约的反部署；不能认识到军事力量不大可能带来在阿富汗的政治胜利；在20世纪70年代错误地认为苏联军力的扩充不会有反作用。[31]

苏联人正在寻求理解政治与军事力量怎么变得彼此脱节。有人指责现已名声扫地的勃列日涅夫，说他是个军力崇拜者。“苏联元帅”勃列日涅夫佩戴着他未曾获得的军事勋章：这样的画像当今成了人们的笑料。另外一些人将矛头指向决策体制。他们争辩说，对外政策是由一个以黩武主义眼光看待世界的小集团制定的。这一观点据信由于体制而变得更有说服力，后者看重孤立于政治常识之外的军事意见。[32]

然而，这些辩论越来越透露出对于更基本、更引人入胜的问题的兴趣。苏联第一次似乎准备将自己的命运同它历来不断谴责为剥削性的国际体系的命运永久联结在一起。一个人可能争辩说，在军事领域，核武器的问世使此种联系成了生活事实而非政策选择。“共同安全”是个产生共鸣的术语，但苏联人依旧决心建设他们在预算限度内能够建设的最强军力。苏联的全面裁军呼吁掩盖了强硬的谈判立场，那谋求在减小西方威胁的同时护卫苏联的优势。然而，单方面削减其军力的主动提议似乎显示他们默然接受了西方的一贯说法：苏联军力超过了为正当地保卫苏联所必要的。

有可能论辩说，“共同安全”不过是又一次从最终军事优势目的策略性地后撤。苏联的经济技术基础目前太虚弱，无法支撑又一轮经久的军力扩充。有大量支持这一观点的证据。在戈尔巴乔夫以前许久，苏联的一些军方人士就大声直言必须重构技术和经济基础，以达到21世纪战场的要求。[33]

另一方面，无论如何这可以是一种为时很长的策略性后撤。苏联经济不会迅速得到改革，而且越来越多的证据表明现在的目的是为经济构建一个较强的民用基础。这个基础能够转过来促进军事目的，然而军方对熟练劳力和紧缺资源一直享有的优先权正在被剥夺。[34]

在苏联人的辩论中，国家间愈益增长的互相依赖得到了强调，这使上述认识变得更有趣味。苏联人开始自问，苏联与其余世界之间的紧张是否在很大程度上要归咎于他们自己对国际体系的恐惧，连同在国际体系外的孤立自处。他们也许准备承认，相信国际体系意欲摧毁社会主义，无异于一种自现预言。毫无疑问，总是将大国合作视为策略行为的“单干”战略代价高昂。然而，现在某些苏联人争辩说，无论它过去的代价如何，在当代它完全是自杀性的。

如果互相依赖这一事实被推至其逻辑结论，那么苏联除放弃经济孤立外将别无选择。一度将其称为资本主义剥削工具的苏联人已经表明，他们希望加入关贸总协定，并且将来对国际货币基金组织会感兴趣。[35]莫斯科必定知道，它的经济结构远不能与这些体制相容。但是，加入其中的希望本身显示出莫大含义，如果拿这同战后初期相比的话，当时对西方通过经援进行盘剥的恐惧导致苏联拒绝了马歇尔计划。经济情报的互换和国际货币基金组织将在苏联国内经济中起的作用远甚于马歇尔计划的要求。

最后，还有人类利益高于阶级利益的问题。苏联所以孤立自处于国际体系之外，核心原因是一项信念：苏联不同于支配该体系的资本主义国家。尽管意识形态并未主宰苏联的国际行为，但它提供了一个框架，一种看待世界的方式。因此，当苏联寻找朋友时，它找的是那些对国际体系大为不满的国家。苏联声称自己喜爱世界上被剥夺了权利的国家和人民，而且在无需害怕战争时它代表它们行事。

这一基本概念经历了列宁、斯大林、赫鲁晓夫和勃列日涅夫留存下来。与国际体系中强国的合作从未被排除。事实上，当有助于苏联利益时它就得到追求，无助于苏联利益时它就被放弃。但是，如果无产阶级的最后胜利通常成为一个遥远的回音，它至少可以听得见。慢慢地，特别是在外交部长埃多尔·谢瓦尔德纳泽的讲话中，捍卫阶级利益和无产阶级胜利云云不见了。取而代之的是国家利益，那根本没有反映无产阶级利益与现存国际秩序之间的紧张。也许正是这一点，导致叶戈尔·利加乔夫说有关“人类利益”的一切谈论令“我们的朋友困惑不解”。[36]事实上，苏联人通过其对外部世界的政策，已有可能处于最终解决这些困惑的边缘。这些困惑是他们在1917年取得世界范围内社会主义的胜利时继承下来、却未能解决的。确实，苏联的那些更激进的内部改革（放弃苏联共产党对政治权力的垄断，鼓励向“市场”经济迈进）提示，这样的时候或许很快就会来临：其时，甚至最根本的马列主义哲理假设——“社会主义的”苏联被锁在与“资本主义的”外部世界无止境的斗争之中——也可能被弃置一旁。它将成为一个“正常的”大国（除非它从内部瓦解），有一种“正常的”大战略。

但是，苏联大战略“双重身份”（如果它确实如此）的解决并非没有代价。苏联在世界上的巨大影响基于扶弱抑强。军事力量使苏联得以在非殖民化这出大戏中扮演一个特殊角色，并且导致几个新的社会主义国家问世。戈尔巴乔夫尚须为苏联对外政策编造一种新的组织性神话，以取代无产阶级的胜利。

如果苏联相反要变成一个“正常”国家，谋求在各强国中间发挥自己的影响，它就将需要找到新工具，因为这些国家不会被轻易吓倒。在这一方面，对政治手段的侧重或将有其自身的活力，军事力量的作用可能永不会一如往昔。这不是说军事力量将没有作用可起，而是说它在支持苏联目的方面一直有的魁首地位将不得不改变。

勃列日涅夫时代的最大教训不在于军事力量花钱，而在于用军事毁灭威胁其他强国不可信，并且适得其反。苏联在国际体系中受到敬畏，但同时也被认定绝非一个合适的长期合作伙伴。

然而无疑，放弃旧政策要比使新政策经久长存来得容易。敏捷温和的外交是戈尔巴乔夫时期的一项巨大长处，但它本身不会足够。苏联需要其他传统的力量要素，最重要的是经济实力，以便玩这一新的游戏。苏联只有很少的牌能打。新的对外政策所以产生，很大程度上是为了支持国内改革。然而，这种关系最终可能被逆转；新的对外政策无法长时间存在下去，除非改革能给予苏联使之成功的经济实力。

注　释：

1 通过细读下列两本英语文集，可以知道马克思主义战争观的某些思想：Bernard Semmel, ed., *Marxism and the Science of War* (Oxford, 1981); *Marxism-Leninism on War and Army* (Moscow, 1972), 后者由一些苏联军事著作家“集体”写成。

2 Marshal V. D. Sokolovskii, “Some Problems of Military Science,” *Military Thought,* September 1964.

3 亚历山大·达林（Alexander Dallin）将此称为“享受的欲望与摧毁的需要”之间的冲突。

4 对于一个革命政府如何创建了一支非革命的军队，列昂·托洛茨基提供了一种解释，见 Leon Trotsky, *My Life: An Attempt at an Autobiography* (New York, 1970), p. 438; idem, “Military Doctrine or Pseudo-Military Doctrinairism”, 载于 *Military Writings* (New York, 1971), pp. 34-36。

5 屠哈切夫斯基：“1920年7月18日致季诺维也夫函”，重刊于 John Erickson, *The Soviet High Command: A Military-Political History, 1918-1941* (New York, 1962), pp. 784,785。

6 例如见托洛茨基在其“Military Doctrine or Pseudo-Military Doctrinairism”一文中反对输出革命的论战性言论。

7 斯大林首次公开阐说“一国建成社会主义”是通过一篇作为他《论十月革命的道路》*(On the Road to October)* 一书前言的文章，题为“十月革命和俄国共产党人的策略”。

8 I. V. Stalin, *On the Opposition* (Peking, 1974), p. 325.

9 与拥有强大的军事力量相关的、“一国建成社会主义”的必要由斯大林在下面的文章里做了最清楚的讨论：“Ob oppozitsionnom bloke v VKP (b)”, “O sotsial-demokraticheskom uklone v nashei partii”, 俱载于 I. V. Stalin, *Sochineniia. Tom 8, 1926: Yanvar'-Noyabr'* (Moscow, 1948)。

10 包括托姆斯基、李可夫和布哈林在内的“右派”的影响，在 Stephen F. Cohen, *Bukharin and the Bolshevik Revolution: A Political Biography, 1888-1938* (Oxford, 1980) 一书中得到了彻底的考察。

11 Robert Conquest, *The Great Terror: Stalin's Purge of the Thirties* (New York, 1973) 一书对这一点做了很好的讨论。

12 M. N. Tukhachevsky, *Izbrannyye Proizvedeniya, Tom Pervyy: 1919-1927* (Moscow, 1964), p. 12.

13 在创设纵深作战概念方面参与最多的军官是屠哈切夫斯基、A. I. 叶戈罗夫和 V. K. 特里安迪非洛夫。见 N. V. Ogarkov, “Glubokaya Operatsiya”, in *Sovetskaya Voyennaya*

Entsiklopediya (Moscow, 1976-1980), pp. 574-578。

14 整个事态详见 Erickson, *Soviet High Command,* pp. 449-509。

15 对斯大林战时错误的最早讨论之一可见于一部党史文献：Ministerstva Oborony Soyuza SSR, *Istoriya velikoi otechestvennoi voiny sovetskovo soyuza 1941-1945* (Moscow, 1960)。"公开性" 已允许更敞开地谈论第二次世界大战中斯大林作为军事领导人的作用。特别令人感兴趣的是一部斯大林传记 Dmitry Volkogonov, *Triumf I tragedia* (Moscow, 1989), 连同 G. Kumanev, "Razmyshleniya istoika: 22-vo, na rassvete" 之类文章，该文载于1989年6月22日《真理报》。

16 John Lewis Gaddis, *The United States and the Origins of the Cold War, 1941-1947* (New York, 1972), pp. 353-361。该书包括对冷战起源问题上的辩论的一番极好概览。

17 N. S. Khrushchev, *Report of the Central Committee to the 20th Congress of the CPSU* (London, 1956), p. 28。这一信条在赫鲁晓夫下台以后许久继续得到奉行，V. D. 索科洛夫斯基的下述断言就是明证："马克思列宁主义教导说，社会主义革命并非必然涉及战争……工人阶级在当今时代的伟大目标能够在没有世界战争和没有内战的情况下得到实现，即依靠和平的手段得到实现。" V. D. Sokolovskii et al., *Soviet Military Strategy* (New York, 1975), p. 182。

18 Uri Ra' anan, *The USSR Arms the Third World: Case Studies in Soviet Foreign Policy* (Cambridge, Mass., 1969), pp. 13-158.

19 这种政策的表述之一，见 Khrushchev, "Concluding Speech Delivered at the Twenty-First Extraordinary Congress of the CPSU", 载于 N. S. Khrushchov (该书原文如此), *World without Arms, World without Wars,* Book 1: January-July 1959 (Moscow) (无出版时间), pp. 65,66。

20 关于中苏冲突对苏联的第三世界政策的影响，见 "Chinese Party's '25 Points' (June 1963)"; "Soviet Reply to the '25 Points' (July 1963)"; "Mikhail Suslov's Report to the CPSU Central Committee (February 1964)", 俱载于 *China and the Soviet Union,* compiled by Peter Jones and Sian Kevill and edited by Alan J. Day (New York, 1985), pp. 31-44, 49,50。

21 大规模报复战略最初于1953年通过国家安委会162-2号文件表达出来，那是一项修改了杜鲁门国家安委会68号文件的政策陈述。见 Norman A. Graebner, ed., *The National Security: Its Theory and Practice, 1945-1960* (Oxford, 1986), p. 51。

22 Robert P. Berman and Johe C. Baker, *Soviet Strategic Forces: Requirements and Responses* (Washington, D. C., 1982), pp. 46, 47, 55.

23 核武器永远改变了战争方式的观点，连同相反的观点，即核武器不过是威力更大的大炮，俱可见于 Sokolovskii et al., *Soviet Military Strategy,* pp. 170,171, 191-194, 241, 242。

24 David Holloway, *The Soviet Union and the Arms Race* (New Haven, 1983), pp. 37-41.

25 V. F. Tolubko, *Nedelin* (Moscow, 1979), pp. 187, 188.

26 M. V. Zakharov, "Vlastonoye trebovaniye vremeni," *Krasnaya zvezda,* 4 February 1965, pp. 2, 3.

27 Coit D. Blacker, "The Kremlin and Détente: Soviet Conceptions, Hopes, and

Expectations”, 载于 Alexander L. George, ed. *Managing U.S.-Soviet Rivalry: Problems of Crisis Prevention* (Boulder, Colo., 1983), pp. 120,121。

28 L. I. Brezhnev, “Report of the CPSU Central Committee to the Twenty-Fourth Congress of the Communist Party of the Soviet Union”, 载于 *Following Lenin's Course: Speeches and Articles* (Moscow, 1972), p. 355。

29 Mikhail Gorbachew, “Politicheskii doklad tsentral’ novo komiteta KPSS XXVII c’ yezdu kommunisticheskoi partii Sovetskogo Soyuza,” *Pravda*, 26, February 1986.

30 这在苏联也正得到公开承认。见 Ye. Primakov, “Novaya filosofiya vneshnei politiki,” *Pravda*, 7 July 1988, p. 4。在这篇文章里，普里马科夫就像苏联任何最高层领导人一样，近乎不得不承认减少军事开支的需要与愈益恶化的经济直接有关。

31 关于勃列日涅夫对外政策弊端的最有趣的讨论之一，来自1988年6月29日由 *Literaturnayc Gazeta* 杂志主持和报道的一次圆桌会议。

32 见 Condoleeza Rice, “The Party, the Military, and Decision Authority in the Soviet Union,” *World Politics,* October 1987, pp. 55-81.

33 例如见 M. A. Gareyev, M. V. *Frunze: Voennyi teoretik* (Moscow, 1985), pp. 242,243. 这还在 Abraham Becker, *Ogarkov's Complaint and Gorbachev's Dilemma: The Soviet Defense Budget and Party-Military Conflict* (Santa Monica, Calif., 1987) 一书中得到了讨论。

34 有一篇文章很好地展示了在“防务转化”问题上的辩论，此即 A. Kireyev, “Conversion to Economic Accountability”, *Ogonëk*, 27 (July 1989), pp. 6,7, 26,27 (Foreign Broadcast Information Service translation)。

35 “Soviets Seek GATT Entry,” *The New York Times,* 14 March 1989, p. D26; S. Karen Witcher, “Soviets Consider Joining IMF, World Bank,” *The Wall Street Journal,* 15 August 1986, p. 19.

36 TASS, “Za delo-bez raskachki”, Pravda, 6 August 1988, p. 2; Bill Keller, “Gorbachev Deputy Criticizes Policy,” *The New York Times,* 7 August 1988, section 1, p. 11.

第 三 部 分

美国与大战略

第十章 当今和未来的美国大战略：学习欧洲经验

保罗·肯尼迪

所有强国都是独一无二的，原因很简单，那就是它们在时间和地点两方面都互相有别。维多利亚时代的英国声称给世界带来了“不列颠治下的和平”，但它不同于它拿来比较的罗马帝国，就像它不同于一个世纪后的美国那样，后者往往被认为建立了自己的“美利坚治下的和平”。在地理、政体、人口、文化和在世界历史上的地位方面，所有这三个强国之间都有巨大差别。然而，在实施大战略上，它们全都——正如从奥斯曼帝国到苏维埃俄国的许多其他强国——面对同样的考验和难题。

那是些什么考验和难题？从根本上说，它们全都必定同战时与平时广义的寻求“安全”有关。在缺乏单单一个主权权力来规定其命运的世界上，各部落、城市、帝国和民族国家互相推挤，而且太经常地出于一整系列不同动机而投入彼此间的战争：因为要夺取土地、贸易和黄金，因为有王朝、宗教或意识形态性质的敌对，因为害怕被对方压倒或渴望压倒对方。因此并不惊奇，寻求“安全”通常被按照**军事**方式看待：足够强大以威慑潜在敌手，或倘若威慑失败就在战场上击败之，以维护部落（或帝国等等）的生存和利益。

然而，超出这一狭窄的军事安全概念（它极容易见于总理或总统“安全”顾问一职的相对晚近的设立，其任务是就武装力量的作用和政策提出建议），还有一个总之更广泛的概念。在一种古怪的意义上，它是非常美国式的：它关乎的是实施种种政策，那将为有关政治实体确保（用国父们的话说）“生命、自由和追求幸福”，不管这政治实体可能多么有限。*这是与本书前面描述的、克劳塞维茨和利德尔·哈特更广泛的战略观念密切相关的一个概念：“首先，真正的大战略现在像关注战争一样多地（或许甚至更多地）关注和平。它关系到应当作用几十年甚或几百年的政策的演化和整合。它既非止于战争结束，亦非始于战争爆发。”[1]

正是由于大战略根本上的政治性质——该国在世界上的更大目的是什么，它们怎样能最好地得到实现？——因而才不能不那么高度地集中关注将目的与手段调和起来的问题。例如，从奥利瓦雷的观点看，将西班牙在17世纪30年代的全部资源投入打败尼德兰近乎全无道理，如果这意味着撤出哈布斯堡帝国的其他重要部分。[2] 20世纪头几十年里，英国的政客们非常担心，而且必然如此，如果他们将该国的人力和资源中大得不成比例的部分投入欧洲“大陆义务”，他们就会葬送他们的帝国防卫，并且削弱他们的整个经济；但是，如果他们不用一切手段争取维持欧洲均势，德国霸权就简直不可避免。[3]自核时代开始以来，一直有个被反复提出的疑问：在一场全面核战争中“打赢”有何用处，如果——譬如说——北半球毁于核战争的种种效应。确实，核武器的问世为利德尔·哈特早先的观点提供了可能有的最有力佐证，即由于“战争的目的在于获得一种更好的和平——即使只是从你自己的观点来看更好的和平……因而带着对你期望的那种和平的不断关注来进行战争至关紧要。”[4]同理，可以认为，带着对一场（或几场）你可能会被要求去打的战争的不断关注来经营和平至关紧要。

这不是说平时大战略与战时大战略并无二致。显然，战争状态在一种根本不见于和平时期的程度上索取“鲜血、汗液、辛劳和泪水”。有如一名业余运动员，民族国家在平时（即不从事完全实在的比赛时）不能不平衡许多考虑——赚取生计，享受快乐，**并且**保持健康强壮；然而当比赛（或一场冲突）开始时，更大的精力和努力被投入取胜和拼搏，其他因素被留待以后。事过之后，总是能够回到“正常状态”。

因此，战时大战略必然比平时大战略更具军事性。[5]有关的政治实体的

---

* 在此，**政治实体**一词至关重要。谁也不会认为明王朝，或都铎王朝，或苏联政治局主要意在协助其臣民（即大多数人口）的自由和幸福，因为后者没有被**包括**在有关国家的“政治实体”之内。在一个民主国家里，目的如故，但是组成的“政治实体”、因而被要求来达到这些目的的手段有了巨大的扩展。

真正任务，一是确保非军事方面在战时不被完全忽视（德国在两次世界大战中都未能做到这一点），二是确保军事方面在平时不被丢诸脑后（1919年以后民主国家的公众经一战冲击而大为畏缩，特别容易受此诱惑）。同样，这是个不能变得完全失衡的问题。

然而，如果说战时平衡目的与手段的任务也存在于一国平时大战略的实施之中，那么还有一个难题，即在政治上它可能更难年复一年地做到，因为和平环境促使政治实体转而注意其他优先事项和活动。在一个漫长的和平时期里，或者当一国的军事安全主要在由别国提供时，情况尤其如此。很容易断言必须始终在一方面防务投入过少与另一方面防务投入过多之间保持平衡，然而鉴于国际事务波动不已，可能影响一种均衡的国家“安全”之实现的变量是那么众多，因而很少有政治实体在长期维持恰当的平衡方面获得成功。

1945年后的几十年里，是防务投入**过少**这一危险在西方政治家和战略家脑海中占据更显著的位置，而且出于非常明显的原因。他们对下列情景牢记在心：在第一次世界大战以后，根据当时流行的政治假定即一战是“结束一切战争的战争”，西方民主国家怎样不断削减自己的武装力量，冻结大量武器发展，将自己的注意力集中于国内事务，听任先前的同盟衰败瓦解，从而当修正主义和法西斯主义的国家在20世纪30年代期间开始袭击国际现状时，将自己置于再虚弱不过的境地。军事上易受毁伤，外交上分崩离析，同时又分心于国内政治和经济问题，民主国家根本不能制定一种（再次用厄尔的定义来说）“将国家的各项政策和各种军备如此地整合为一体，以致诉诸战争……成为不必要的”大战略。[6]鉴于这些不幸的“绥靖教训”1945年以后被深为担忧苏联军力威胁的接下来一代西方国务家吸取，因而完全可以理解他们将自己的首要政治任务设想为告诫选民谨防国防开支不足，连同必须坚定地反对侵略。[7]

然而，值得回忆的是，在甚至更早一代西方国务家中间，更大的担忧在于**过多**国家资源、人员、精力和注意力会被投入军事目的和用于不惜一切代价地追求战场胜利，以致不仅损害国家的经济前途，而且也许更重要的是损害它的自由政治文化。或许这种担心的最好例子可以在1890年后的英国政治家和思想家当中见到——主要在自由党内，但也包括许多传统的保守党人，当时英国辩论如何回应增大了的国际压力，特别是如何回应德意志帝国越来越严重的挑战。英国右翼提倡的“回应”使传统派大感震惊，包括放弃自由贸易和返回保护主义，大规模增加防卫力量，采用征兵制，控制外侨和其他“颠覆性”人物，还有坚定地信守英国的一切海外义务。传统派问道：增强了的军力有什么真用处，如果其代价是损害英国的公民自由、“自由放任”政治文化和经济福利？难道英国只能靠自己成为一个“兵营国家”来同普鲁士德国这保护主义、专制主义和军事化了的兵营国家竞争？[8]在某种程度上，这一辩论预示了20世纪50年代艾森豪威尔和以后的批评者们提出的许多问题，后者不仅抨击所谓军事—工业复合体，还抨击限制个人自由和新闻自由的倾向，连同在追求“赢得”对苏冷战时扭曲美国的工业、技术和科学的倾向。螺旋式上升的**军事**安全要求是否意味着美利坚国家将不得不忽视或降低**社会**安全、**教育**安全、**财政**安全甚至**环境**安全的需要——而且以何种后来的、长期的代价？[9]另一方面，如果没有足够的武装力量来遏制苏联并对付地区安全威胁（例如利比亚和朝鲜），那么国家利益——及其公民的具体安全——难道不会被严重损伤？

在爱德华七世时期的英国和艾森豪威尔时期的美国——或就此而言在戈尔巴乔夫的苏联和白里安的法国——情势都是一样的：辩论都在政治层面进行（并得到解决）；它涉及强烈地意识到目的与手段、国家眼前需要与其长期要求之间的“交换”；它还涉及认识到平时和战时的大战略包含的远不止纯军事政策。

然而，如果这些就是所有强国在力图实现一种平衡的平时大战略时碰到的“考验和难题”，那么——像我在本文第一段里提到的——每个强国在时间和地点两方面都互相有别这一说法仍然是正确的。因而，在试图对照前面详述的一般原理和欧洲经验衡量美国的大战略以前，有必要理解美国决策者不得不在其中运作的独特的历史环境。

从它最初几十年起，美国一直是一系列高度有利的地理和技术因素的得益者。由大西洋——以及皇家海军——保护免遭严重的外来威胁，美国在19世纪大部分时间里就其精力使用而言始终能化剑为犁。它富有原料和食物，但人口相对稀少，拥有的资源只能靠采用替代劳动密集的机器设备和交通通信革命（蒸汽船、铁路、电报）得到充分利用，前者给了它的企业家一种超过外国竞争对手的优势，后者则极大地加强了它在全球市场中的地位。不仅如此，美国坚持规避欧洲的政治军事争斗，同时一向得益于一种巨大的双行经济关系：输出巨量棉花、木材、牛肉、（后来还有）机器设备，同时输入早先的欧洲技术和大量资本来推进自己的工业化。它并非在真空中发展成长。

1914—1918年和1939—1945年两次大战所成就的，是加速了全球政治中的两大趋势。第一在于既为和平目的也为军事目的利用（并且加强）总是巨大的北美大陆潜力，第二在于通过将欧洲列强有限的资源过多地转用于军备，然后转用于互相毁伤的战争来削弱它们的经济。[10]伴随着一个大陆衰落，另一个大陆崛起，战争则加速了变更步伐。

因此，1945年以后，美国发现自己处在一个突出地位（某种意义上多少等同于1815年时英国的地位）。它拥有自由世界工业制造能力的一半以上，大量投资于新工业和新产品，并且设法将自己大得惊人的战时精力转入了随后岁月里同样令人印象深刻的平时增长。由于它先前的贸易竞争对手全都毁于战争，美国在国内市场和许多外国市场上享有近乎垄断的地位。并不惊奇，这一显赫地位在许多人心里，或许它的绝大多数公民心里证实了“美国方式”的优越性，那就是自由市场、少有政府干预、权力分立政体、新教“工作伦理”等等。[11]

正是在这些有利环境中，连同美国已成为世界事务中昭然无疑的头号角色，而且其政治实体欣然假定从印度到匈牙利的其他一切社会都希望模仿它的自由放任和民主惯例，华盛顿发觉自己处于一场同苏联的“冷”战。拒绝回到1920年以后的孤立主义，美国领导人在军事、外交、经济和意识形态等每个层面都迎头回应苏联的挑战。1947年以后，苏联被一个从挪威延伸到日本的同盟、条约和基地环带所“遏制”。经济上，欧洲和日本被战争敲碎了的社会将在西方资本主义体系内得到完全康复，办法是注入巨量马歇尔计划援助和树立一个强有力的、旨在“开放”贸易和投资的国际框架。意识形态上，将进行一场赢得别国民心和引导别国人民远离共产主义思想的斗争。诚然，这一更积极的作用涉及巨大的代价——在对外经济援助方面、防务开支方面和（特别随朝鲜战争来临）人的性命方面；然而，这些是美国人现在既愿意、也能够付出的代价。

40年后，而且诚然以事后聪明之利，观察者不能不对美国基本的大战略总的来说多么成功持有深刻印象。开放性的世界贸易体系框架使得全球制造业、商业和投资能有非凡的巨大增长，[12]将亿万人的生活水平提高到了未曾想象的地步。苏联军事威胁在世界广大地区被“遏制”住，主要的同盟（北约和美日共同防御条约）保持坚固。总之，如果杜鲁门、马歇尔、艾奇逊和他们的幕僚被请来描述40年前他们希望哪种世界秩序将得到确立，其基本轮廓可能看起来同今天实际存在的非常相近。

尽管如此，世界自冷战初年以来业已大为改变，其变化方式可以深远地影响美国长期大战略的演变。此类变化提示，至少1945以后的战略的各个组成部分应予重新审视，以便发现它们是否需要根据这些全球性转变被重新调整，并且看看政策的轻重缓急次序是否也需要予以修正，以便使国家战略能够在更强固的基础上得到重塑。这样一番重新审视远非过激，而是依其本性**保守的**，有如索尔兹伯里勋爵所言最常见的政治错误在于“死抓住过失政策的僵尸不放”。[13]

可以论辩说，美国大战略有三个，或许四个方面自1945年以来大为改变。第一，美国本身在战略上的不易受伤害性已经一去不返，那在两个世纪里给了它一种大多数其他强国（法国、荷兰、俄国）羡慕但绝无希望模仿的长处。虽然超远程轰炸机和洲际弹道导弹的问世令任何国家都难以保护，甚至不可能保护自己免遭此类袭击，但以某些方式因为这一发展而遭受了最大损失的正是美国。不仅如此，这一转变由于差不多同时被创造出来的核武器而变得更糟，至少美国早先在这些技术领域的垄断一旦被打破后是如此，因为一场全面核战争的结果会使美国在两次世界大战中拥有的通常地缘政治优势变得毫无用处。随着数以千计的苏联核弹头显然瞄准美国目标，这个国家已急剧地移到了前线，一旦未来冲突升级为原子战争便首当其冲。

第二项改变在于，美国在技术、制造和金融方面无可争议的显赫优势慢慢销蚀，而它作为一个强国的“崛起”说到底正是基于这优势。确实，美国的经济优势在20世纪头三分之二时期里是那么明显，以致它一直被视作在战时亦属当然。[14]在1945年以后的岁月里，美国决策者偶尔会担心“过度伸展”其义务承诺和资源；[15]但是，他们当中大多数人也默然假定只要有足够时间（两次大战中，美国在冲突的前三年都保持中立，只是在第四年里它的部队才开始在欧洲战区打仗），“巨型锅炉”就能够再一次被动用起来，产生源源不断的巨量军火来救援危难之中的盟友和压倒枪炮不足的敌人。借用另一个时期的一则短语说，美国大战略的庞大经济基石是该国内外决策者们的一项“不予明言的前提假设”。[16]

由于两个（彼此关联的）原因，我们当今的全球形势不再允许人做这惬意的假设。第一正如在核层次那样，美国目前在其自身和从富尔达隘口到波斯湾、再到朝鲜非军事区的总的西方利益的常规防卫方面，处于前线位置。1917年和同样1941年时，美国享有在它自己与敌人之间的一个宽达3500英里的“缓冲区”（在太平洋那边超过6000英里）。当它在1945年以后明确无疑地继承了西方民主国家的领导地位时，这一地缘政治形势逆转过来。正如近来五角大楼主持的综合性长期战略委员会所说，“在美国，防务规划多年来都以一种非同寻常的全球范围大战略为中心。这一战略可以颇为简单地被表述如下：美国兵力前沿部署，用以抗击入侵军队，得到强大的后备役和必要时使用核武器的能力支持。基于和其他民主国家的同盟，该战略旨在划出一条没有任何侵略者胆敢跨越的界线。”[17]

美国战略态势的这一战后改变有个明显的后果，那就是同20世纪头10年中期和30年代中期相比，它需要将自己国民生产总值的一个大得多的部分分给防务，并且维持大得多的随时可用的武装部队。不仅如此，它比它的朋友和很可能的战时盟国花费大得多，维持的部队也多得多。由于变成了“前线”而非“后方”强国，美国已不得不——例如像1910年时的法国——为有备状态承受更高的代价。

考虑到武器投掷技术的革命和一项同样明白的事实——没有任何其他一个或多个国家能够在其1945年后作为西方利益保障者的作用方面取代美国，这一转变大概必不可免。然而因为上述变化，至关重要的是要注意到：几十年里持续支撑美国大战略的美国技术、制造和金融决定性优势当今不再那么明显了。限于篇幅，本文不重述关于“美国相对衰落”的许多复杂的论辩，无论是肯定的还是否定的。[18]然而无可争议的是，例如与艾森豪威尔时期相比，它的经济地位变了：它的技术领先已在一个又一个领域销蚀；它的制造业竞争力比起其他工业国家已被减弱，而且在某些部门（甚至包括与军事有关的部门），国内生产已被取消，从而造成了对外国供给的依赖；除非靠举借外债，它就无法在世界上为自己付款；还有，在许多有关方面（教育技能、储蓄率、研究和开发水平），它的国际地位排名都不靠前。这个国家仍然拥有巨大的实力，但在此被指明的是，与富兰克林·罗斯福时期相比，它现在作为“民主国家的兵工厂”已远不那么明显。人们可能认为，在一场未来大冲突的威胁下，这些令人担忧的趋势中有许多能随时间推移被扭转过来（例如各种战略用品的国内生产能得到恢复）；可是——且不论这场冲突是否会升级到超出使用常规武器——下述事实依然存在：美国处于前线位置，不大可能享有此种喘息时间。

第三项改变在很多方面与第二项有关（并且是其反面），那就是自冷战初期以来全球经济甚而战略力量对比业已发生的变化。先前是一种本质上“两极”的国际体系，其中美国和苏联在军事上远远领先于其他每个强国，而且一起拥有世界总产量的约60%以上，然而现在取而代之的是一种大为不同的秩序。经济上，欧洲共同体的规模与美国一样大（根据某些衡量办法甚至更大），日本超过了苏联，包括中国在内的东亚正在经历非凡的高速增长。根据相对经济实力的多个传统评价标准——在世界制造和贸易、银行资产、投资流量中所占份额——已经存在一个“多极”体系，而且它看来正在随每10年为期的时间推移变得更加分散。与此同时，伴随规模可观的欧洲/北约和中国武装力量的增长，连同核武器及其投掷系统的愈益扩散，甚至两个超级大国在30年前拥有的显赫军事领先地位也在某种程度上遭到了侵蚀。[19]

国际体系的这一“多极化”代表并实现了1945年以后美国援助西欧日本复兴的政策，就此而言该项趋势可以被视为积极的。无论如何，苏联远比美国更多地受到了随欧洲复兴和中日崛起而来的，总的“力量相互关系”变化的影响；而且，苏联领导不能从长期展望得到任何安慰，因为那提示到下个世纪初苏联可能只拥有世界第五大经济体。[20]尽管如此，美国也面临对它自己的挑战，即如何处理同世界上其他一些重要国家的关系，它们在经济分量上与美国旗鼓相当，或近乎旗鼓相当，而且不再像30年或40年前那般仰赖华盛顿的恩惠。[21]不仅如此，如果全球力量对比的这些变化今后继续下去，即如果美国经济将不如日本和愈益统一的欧洲的经济增长得那么快，如果它的国际负债状况继续恶化，那么这可以意味着同盟内部关系进一步的反复的调整，尤其是在美国国会和公众舆论要求就防务费用更多地“分担负担”的情况下。但是，“分担负担”也意味着“分享影响”，而这又意味着与例如肯尼迪总统任内它自然期望的相比，美国在国际事务中的地位相对下降。

易受大规模毁伤，无可争议的经济优势遭到侵蚀，国际体系变得愈益多极：这些就是美国**平时**大战略自20世纪40年代后期以来已有最大变化的三个方面。[22]然而，可能还有另外一个方面，虽然它在写作本文时远不那么肯定，那就是共产主义扩张威胁的减弱甚至可能消失，而正是这种威胁一直不仅提供了（第二次世界大战以来）使西方同盟保持凝聚的“黏合剂”，也提供了辩解美国历史性大规模防务开支实属正当的依据，连同其军队很大部分作战规划、训练、部署和兵力结构的存在理由。是否真的能像人们现在经常声称（并且希望）的那样迎来"冷战的结束"，在未来一段时间里必将仍然难以确定；它在很大程度上不是取决于美国能够控制的任何事情，而是取决于苏联及其欧洲卫星国内正在展开的事态发展。尽管如此，苏联领导对国内改革这一关键问题的集中关注（迄今为止伴以相应的改善对外关系和削减防务开支及兵力规模的努力）仍使全球形势对西方利益远不像1950年、1960年甚或1980年时那么危险。而且，与苏联内部正在发生的变化相伴并互动，全球许多地方对马克思主义教条的热烈信奉正在严重销蚀；因此，不管未来岁月里美国会面对什么挑战，都难以想象一个主要分裂为共产党集团与非共集团的世界，就像它在过去几十年里往往被看成的那样。

苏联"威胁"的减弱和全球共产主义挑战之可信性的减小不仅将影响美国军队的规模和未来，[23]而且将增强当前就"国家安全"的传统定义提出质疑的趋势。在美国（以及总的西方）公众舆论中间，现在已经有一种广泛的信念，那就是对军事安全的挑战远不如对国家经济安全的挑战那么紧迫，包括日本的技术和制造业挑战被认为是个比苏联军事危险更严重的对美国安宁幸福的"威胁"。不仅如此，注意力转向了关于下列情况的越来越多的证据：对环境的威胁，美国教育体系内种种弱点的长期含义（所谓"国家处于危险之中"），毒品走私对美国社会结构的破坏。其他评论家争辩说，联邦政府的预算赤字和它累积的国际债务是对国家安全的最紧迫威胁。伊拉克兼并科威特，连同美国对这一行动的令人印象深刻的初始反应，可能是个有益的提醒，即在一个无政府的世界上武力仍然**算数**，然而这不大可能平息正在美国各地发生的、关于美国进入愈益复杂的20世纪90年代时究竟什么构成国家安全的辩论。

这一切对美利坚政治实体的政治轻重缓急次序——因而其开支轻重缓急次序——有其含义。目前的趋势，是争辩在苏联正重构它自己的外交和防务政策的一个时代，在全球舞台本身正变得技术上越来越有竞争性的一个时代，资源将需要从美国军事部门重新分配到其他领域（减少赤字，对付环境问题，改善基础设施和教育，同毒品作斗争）。这是五角大楼会反对的一个趋势，特别是因为20世纪80年代初的政治环境使之能够向前走，订购许多昂贵的新武器系统的原型；它们所需的充足资金被假定在以后一些年里会到来，这是个随时间的推移越来越显得不那么令人信服的假设。[24]

如果说外部环境自冷战初期以来有了巨大变化，如果说它们在以超过先前的速度继续改变，那就对美国决策者构成了一种更微妙的考验：重新安排其平时大战略的各个不同成分的考验。至少一定程度上，美国在进入20世纪90年代时面对的安全环境可被比作英国和法国在20世纪20年代面对的。第一次世界大战以前，它们实施大战略一直相对容易，那就是只需一步一步地同德国在陆海两方面的力量增长竞赛，就像罗纳德·里根和卡斯帕尔·温伯格比较容易争辩说，美国在1980年以后的大战略目的就是同苏联的防务开支竞赛。在改变了的20世纪20年代全球政治环境中，法国和英国的战略家要确定自己的方向就困难得多。旧的敌人已变得不那么有威胁性，甚至可能根本不是敌人了。较新的强国在国际事务中起着更大的作用。先前的盟国不再那么可靠，反而带来更多麻烦。不仅如此，这一基本上是军事性的谋算本身受到非军事考虑的影响。民主国家的公众舆论一边倒地相信强国间的战争一去不返；武器太可怕，代价太高昂，以致不允许在将来有任何大冲突相反，注意力转而集中于国家的经济和“社会”安全：贸易竞争，金融不稳，保护主义威胁，结构性失业，教育、住房和保健需要。足可预料，军队发觉在此改变了的环境中难以辩护高水平的防务开支；制造业者移出“军事—工业复合体”，而且其中许多完全衰败。然而，军事开支和工业“飙升能力”的这种萎缩并未伴有对外义务承诺的减少。结果，当外部安全环境在20世纪30年代再次变得远为危险时，英法两国的决策者发觉自己处于深受制约的不快境地。[25]

这当然不是预言美国在例如1997年左右将发觉自己处于一种易受损伤的地位，就像英国人和法国人在1937年左右感到自己所处的那样。但是，由于美国决策者们意欲设计一种“长期的”“旨在对付多种多样冲突”的战略，因而值得发问的是当代智慧[26]是否已实现了正确的平衡。

目前，仍然有太多迹象表明多数美国“战略家”依旧以过分狭窄的**军事**概念来思考：军备控制、超地域作战、“灵巧”武器、大“平台”对小“平台”、弹道导弹防御、军事采办、人力等占据了他们思维活动的中心。危险在于，有如苏联“改革”（perestroika）和缓和影响政策的轻重缓急次序议程、影响国会意见和公众舆论一样，分析的此种严重军事化可能显得是过时和不相干的，导致五角大楼的规划者们差不多像20世纪20年代英法两国的参谋本部一样丧失了方向。

如果说较为紧迫的问题在于美国政府方面避免以过于狭隘和保守的方

式对待大战略，那么长期的挑战就在于使美国做好准备，能够处于一种相当强大和灵活的地位，以便在20世纪90年代后期和21世纪初难以预测和也许变动不已的环境中行事。这就将我们带回了任何得到恰当整合的平时长期大战略的外交、经济和其他所有成分。

1. 在当今和可以预见的未来，美国大战略的最重要目标必须是避免核战争。核武器的问世已经以最深刻不过的方式改变了战略环境，因为它们给了任何拥有它们的国家进行不加分辨的大规模摧毁的能力，甚至是摧毁人类自身。正是由于这个原因，伯纳德·布罗迪早在1946年初就写道："迄今为止，军事机器的首要目的是打赢战争。从现在起，它的主要目的必须是避免战争。"[27]在两个超级大国拥有成千上万枚核弹头、有能力炸毁世界的今天，这个观点就更真确了。如果像罗伯特·杰维斯教授精彩地指出的那样，"部署核武器的合理战略是个自相矛盾的说法"，[28]那么治国方略的压倒一切的任务在于**核防止**（nuclear prevention），连同其由此而来的一切含义。

在这些含义当中，一个人会期望看到"指挥和控制"的技术方面被予以巨大关注，以防止可能爆发事故性核战争，或防止意外的（或未经授权的）核打击升级为一场毁伤性远大得多的核交火。[29]第二个含义在于：需要完全放弃北约在规划方面的一项旧信条，即一旦红军在一场常规战争中"突破"中欧（一项由于苏联地面和空中部队撤出中东欧很大部分地区而变得越来越不能让人信服的可能性）就使用核武器；还需要改换西方拥有的核武器的类型，以便侧重于那些"适于报复而非率先攻击的核武器，那些能够经苏联第一次打击留存下来、却很不适于用来对它作解除武装的第一次打击的核武器"。[30]第三个含义是大规模缩减导弹和投掷系统总数，使之降到威慑所需的不可再减的最低限度——基于一个前提假设，那就是没有哪个超级大国会放弃自己的一切核武器，因为害怕遭到核讹诈，并且担心越来越多的第三国扩散和发展其核能力。第四个，也是最后一个含义来自第三个。美国和苏联需要协作阻止核扩散（那符合两国的利益），还需要共同努力说服其他拥有核能力的国家（法国、英国、中华人民共和国）同意多边军控和核查。确实，有许多好理由要求美苏在其他许多方面协作，从环境问题到外层空间探索，再到解决世界上某些地区性冲突；然而，最显著也最值得的将是采取措施制止核扩散。

2. 美国大战略的第二个目标，应当是创建灵活得足以对付各种各样可能的紧急战斗情势的武装部队。对于像美国这样一个全球性超级大国，那是个非常困难的任务。在最可能发生的针对华约的大规模常规冲突时，资金就需要花费在战术飞机和主战坦克等上面。由于情况已发生改变，美苏很可能会避免直接冲突，但在第三世界很可能会发生许多事件，因而武器系列必须有别：小型武器、直升机、轻型航母，加上美国海军陆战队的强化了的功能。在此，美国的困境同样并非不像英国的规划者们在20世纪早先所面对的，他们的地面部队被设想要有能力在印度西北边境和欧洲大陆打仗，而且是在一个用于军队的资金正遭砍削的时候（1920年以后）。[31] 如果说从这一经历（它导致实际取消了英军在欧洲打仗的能力，然后在20世纪30年代终了时又孤注一掷和为时过晚地试图恢复这能力）可以吸取什么“教训”，那就是在资金拮据时期，灵活得足以在各种各样可能的战斗情况下作战的兵力和武器要被保存下来。（直升机的用处大于主战坦克；毒刺式导弹的功能多于“宙斯盾”型驱逐舰）。这说起来比做起来容易得多；然而除非一般原则能得到坚守，军事削减就可能导致取消这些较灵活的武器系统，以利昂贵的单一目的项目。在整个20世纪，空军元帅们一直偏爱战略轰炸机而非地面支援飞机，海军上将们则始终偏爱战列舰而非登陆船。

3．美国大战略的第三个目标和特征同第二个密切相关，那就是要保持，可能一定程度上还要重新界定美国自20世纪40年代末以来在全球范围内构筑了的同盟体系。它们在今天的重要性丝毫不亚于它们在冷战高峰时期的重要性，而且随着20世纪最后十年临近，它们既带来了风险也提供了机会。风险在于，面对戈尔巴乔夫的缓和政策与同盟内部在防务“负担分担”上面的分歧，同盟有被侵蚀和削弱的危险；机会则在于，随美国对保护西方利益贡献减少，它的某些更繁荣的伙伴（日本、北约欧洲成员、澳大利亚）贡献增大，有机会来进行作用和兵力的某种重新分配。

由于两个原因，这个目标也是说起来容易做起来难。首先，对苏关系较好时期的来临取消了一直将美国领导的同盟体系结合在一起的“黏合剂”，与此同时帮助增强了一种印象，即“军事安全”需要远不如“经济安全”重要。因此，虽然美国的官员和外交家在试图说服不情愿的盟友，要他们在美国自己正计划按不变价格**减少**防务开支的一个时候**增加**防务开支，可是提供证据以理服人的重负在前者身上。此处的情况也有如远逝了的20世纪20年代，当时英国的政治家争取说服各自治领增大对共同防务的金钱和人力贡献，却几乎全无结果。[32]然而，无论前景多么困难，美国与其盟国间的分担负担问题需要得到认真对待，那只是因为它不会自行消失。让一个拥有5万亿美元经济的国家在防务上投入如此多得多的资金，以保护经济规模分别达6万亿美元（欧洲共同体）和3万亿美元（日本）的盟友免于一个拥有2万亿美元略多*的国家（苏联）构成的威胁：这就长期来说不是一种好战略。

这项目标为何在实践中难以实现的另一个原因，在于分担负担方面的变化极可能导致分享影响方面的改变。然而在心理上，同盟领导国通常发觉难以同意减小它影响事态的权势。[33]即使美国转向日本，让它来给第三世界国家提供华盛顿本身由于面临预算赤字现在无力提供的贷款，或者随它敦促联邦德国在援助东欧经济发展方面带头——即使如此，它仍会发现自己难以接受此类措施蕴含的影响力下降。

鉴于强调重新界定美国与其盟国的关系，并且是在大多数共产党社会正发生巨大变化、世界许多地区（特别是东亚）正经历显著转变的一个时候，显然需要美利坚政治实体多得多地理解在其国境外展开着的事情。在外交战线上，这不仅意味着国务院和外交人员的地位大为加强，也意味着关于国际事务的教育和媒体报道巨量增长。在一个被预料越来越“知识驱动”的社会里，对外国社会、文化和语言的无知很可能证明是个严重的战略弱点。

4．除了需要避免大战外，在此要提出的最后一个目标大概是所有目标中最重要的，那就是制定认真的措施，扭转那些已经开始削弱美国三四十年前在世界上占据的显赫地位的趋势。美国国债在和平时期竟如此迅速地增多；美国将自己从世界头号债权国变成了（按照某些计算方法）世界头号债务国，每个月都严重依赖外国购买国库债券；它听任某些关键性的美国战略工业部门衰弱甚至崩溃，以至它现在依赖东亚供货商为它自己的多种武器系统提供电子内脏；它的劳工队伍的教育和技术水平低于实际上所有其他发达社会，那反过来又反映了美国城市学校、教育标准和国民效率方面的危机。从一种大战略的观点（不用说道德、社会和人的观点）值得发问：这些趋势难道不是病态的和令人惊骇的？

虽然对这问题的答案只能是肯定的，挑战却在于恰恰是在这么一个时

* 所有这些数字都是经过四舍五入的近似数。

期要实施改革措施：其时美国政府的财政地位岌岌可危，因而有损投资于国内需要的意愿；其时它的外部地位尽管遭到严重的地区性问题（特别是中东问题）挑战，但就**全球**范围而言显著好于20世纪80年代开始时看来的那样。在此情况下，担心美国当前是否拥有今后一旦从事旷日持久的大战时供给其武装部队更大需要的制造业"飙升能力"，可能显得不合时宜。同样，就美国国防工业在跨太平洋航运和空运如此便利的时候依赖外国产品（例如微处理器）表示忧虑，也可能像是杞人忧天。而且，在一个只要有利息率上调之类技术性刺激、资本就似乎会一夜之间立即流入的时代，就美国严重依赖外国资金不断流入这一点焦虑不已可能看来全无必要。

也许这些担忧**现在**不合时宜和全无必要。也许在此"后广岛时代"存在的国际体系是个列强间战争在其中永不会再度发生的体系，国际合作和一体化（虽然仍有许多抱怨和间或照旧发生的地区性冲突）将成为常态。也许民族国家本身是过时之物，多国公司和国际金融机构之类"行为体"已侵蚀了国家先前的很大部分自主性。也许如此。但是，那些负责造就一国"统一的长期战略"的人们经不起做这样的假设，或将它们用作国家政策的依据。可能外资将继续流入美国，虽然值得回想起那也是20世纪20年代中期关于**美国**资本涌入欧洲的广泛假设，直到全球经济危机发生为止。可能外国制造的产品和武器部件将照旧跨太平洋运入，虽然值得回想起类似的情况也存在于爱德华时代的英国，它随后发觉自己在1914年非常窘迫地碰到一个局面：它的国防用品制造已变得那么依赖德国产品（滚珠轴承、飞机引擎、染料、光学器械等）。可能没有必要担心美国工业的"飙升能力"，因为不会再有大战，虽然还值得回想起那也是20世纪20年代西方民主国家的流行信念。所有这些减小了（或增大了）一国在战略上的易受伤害性。

无论如何，不管将来某个时候是否会有对美国军事效率的重大考验，下述做法都根本不是一种明智的战略：让西方世界的领导国家依赖国际竞争力与艾森豪威尔时期相比越来越弱的金融和工业基础，与此同时这同一个国家维持着（事实上还扩展了）在二战后早年承担起的所有军事和政治义务。如果说大战略关乎协调目的与手段，那么目的如故、某些手段却在相对衰减的情况便值得注意。[34]

上面的所有论述都指出处理所有各种变量的非凡复杂性（或许在平时

更甚于在战时），那是为贯彻一种有效的长期大战略而必须被整合在一起的；无怪乎克劳塞维茨将它说成是一门艺术而非科学。但是，要为21世纪初期难以预测和动荡不安的世界上的每一件事情做好准备并非人力所能，因而目前的任务在于构造武装部队与其经济和社会基础，使之处于对付不测事变的良好状态。换句话说，美国在谋求满足其民众的平时愿望的同时，应当维持生产、金融、技术和教育等方面的实力储备，以致倘若在未来什么时候一个“20年代”的世界不幸变成“30年代”的世界，这个国家就不会**在那时**发现它的大战略由于一整系列防务“缺口”[35]—— 一个步履踉跄的经济无法轻而易举地填满的种种缺口而陷于瘫痪状态。

注 释：

1 见前面第一章。

2 除了本文集所载约翰·埃利奥特的文章，又见 Geoffrey Parker, *Spain and the Netherlands, 1559-1659* (London, 1979)。

3 除了本文集所载迈克尔·霍华德和埃利奥特·科恩的文章，又见 Paul Kennedy, *Strategy and Diplomacy, 1870-1945: Eight Studies* (London, 1983), chapters 2, 3。

4 见前面第一章。

5 感谢埃利奥特·科恩坚持要我强调这一点，不在我就大战略的根本性质进行思索时“模糊”战争状况与和平状况之间的区别。思考（和方法论）方面的困难之一，在于很大部分历史文献要么集中于战时，要么集中于平时，而不是分析两者间的连续和断裂。

6 见前面第一章。

7 这一态度，即西方必须避免“绥靖者”的错误，在 Ernest R. May, *“Lessons” of the Past: The Use and Misuse of History in American Foreign Policy* (New York, 1973) 一书第50至51页得到了很清楚的揭示，在对1961年 A. J. P. Taylor, The Origins of the Second World War 一书出版所作的愤怒反应中也是如此，该书被某些批评者看作不仅替希特勒开脱，而且也为赫鲁晓夫的现行政策辩护；见 C. R. Cole, “Critics of the Taylor View of History”, 载于 Esmonde M. Robertson, ed., *The Origins of the Second World War: Historical Interpretations* (London, 1971), p. 155。

8 除其他外，下列两项著作论述了这一辩论：Geoffrey R. Searle, *The Quest for National Efficiency, 1899-1914* (Oxford, 1971); Paul Kennedy, *The Rise of the Anglo-German Antagonism, 1860-1914* (London and Boston, 1980), chapters 16-18。

9 例如见 James Fallows, *National Defense* (New York, 1981); Robert W. DeGrasse, *Military Expansion, Economic Decline* (Armonk, N. Y., 1985); Mary Kaldor, *The Baroque Arsenal*

(London, 1983); Richard Rosecrance, *The Rise of the Trading State* (New York, 1985)。

10 即使没有这些冲突，欧洲为中心的世界也由于美俄两国的崛起正逐步黯然失色；然而，世界大战肯定有助于加速这一趋势；见 Geoffrey Barraclough, *An Introduction to Contemporary History* (Harmondsworth, 1967), chapters 3, 4; Paul Kennedy, *The Rise and Fall of the Great Powers* (New York, 1987), chapters 5, 6。

11 Ronald Steel, Pax Americana, revised edition (Harmondsworth, 1970), chapter 2; Robert Dallek, "The Postwar World: Made in the USA", 载于 Sanford J. Ungar, *Estrangement: America and the World* (New York, 1985), pp. 29-49。

12 某种统计证据见 Kennedy, *Rise and Fall,* pp. 414,415。

13 引自 Kenneth Bourne, *The Foreign Policy of Victorian England, 1830-1902* (Oxford, 1970), p. 409。

14 一个人在此不仅想到罗斯福1940年信心十足地号召美国要达到"一年5000架飞机"的生产能力（见 Michael Sherry, *The Rise of American Air Power* [New Haven, 1987], p. 91），连同丘吉尔确信美国经济像一台巨大的机器，或一座"巨型锅炉"，其产出无穷无尽（见本文集所载埃利奥特·科恩的文章以及 David Reynolds, *The Creation of the Anglo-American Alliance 1937-1941* [London, 1981] 一书）。

15 见 John Gaddis, *Strategies of Containment* (New York, 1982), p. 59。

16 这是指一篇富有洞察力的文章：James Joll, "1914: The Unspoken Assumptions", 重刊于 Hansjoachim W. Koch, ed., *The Origins of the First World War* (London, 1972), chapter 8。

17 此为该委员会报告（题为 *Discriminate Deterrence* [washington, D. C., 1988]）的整个第一段，见其第五页。

18 有两项有用的概览：Samuel R. Huntington, "The U. S.—Decline or Renewal?" *Foreign Affairs,* 67, no. 1 (Winter 1988-1989), pp. 76-96; D.Reynolds, "Power, Wealth and War in the Modern World," *Historical Journal,* 33, no. 2 (June 1989), pp. 475-487。

19 关于这些事态发展的某些进一步的详情，见 Kennedy, *Rise and Fall,* chapter 8。

20 见 *Discriminate Deterrence,* p. 7 所载图表（不包括欧共体）。

21 就此，显然是美日关系在这个时期里变化最大。例如，尽管日本仍然依赖美国军事保护，但美国现在依赖日本资本输入，还依赖大量日本技术，有如日本的保守分子骄傲地指出的那样；见 Akio Morita and Shintaro Ishihara, *The Japan That Can Say "No": The New U. S.-Japan Relations Card* [*"No" to leru Nippon: Shin Nichi-Bei Kankei no Kaado*] (Tokyo, 1989)。

22 在此可能值得明确指出，其他某些方面没有很大变化，或根本没有变化（因而引起的注意小得多）；这些方面例如有共和与民主两党对同盟体系的承诺、对外交政策"现实主义"与"理想主义"观点之间仍在进行的公开辩论、军种间合作问题和改革国防采办的努力。

23 例如，倘若苏联舰队在数量和活动方面被大大削减，那么美国海军许多武器系统的当前规模怎么能被证明是合理正当的？本段起草时，传来消息说苏联打算废弃大量水面舰只和潜艇（*The Wall Street Journal,* 21 July 1989, p. A12），并且计划巨量砍削坦克的生产（*The New York Times,* 22 July 1989, p. 6）。后一篇文章被（讽刺性地或有意地？）紧挨着排在一篇关于美国空军请求保住 B-2(“秘密行动”) 轰炸机资金的报道下面。

24 见 L. Sullivan, Jr., “Major Defense Budget Costs” 一文的分析，该文载于 *Defense Economics for the 1990s: Resources, Strategies, and Options* (Washington, D. C., 1989)。

25 见下面两项著作对此的论述：Jean-Baptiste Duroselle, *La Décadence, 1933-1939* (Paris, 1979); Kennedy, *The Realities behind Diplomacy* (London, 1981), chapters 5, 6。

26 如 *Discriminate Deterrence* 这一报告所展示，引语取自其第1页。

27 引语取自布罗迪 *The Absolute Weapon* 一书。见 Lawrence Freedman, *The Evolution of Nuclear Strategy* (London, 1981), p. 44。

28 Robert Jervis, *The Illogic of American Nuclear Strategy* (Ithaca, N. Y., 1984), p. 19.

29 见 Paul Bracken, *The Command and Control of Nuclear Weapons* (New Haven, 1983)。

30 David C. Hendrickson, *The Future of American Strategy* (New York, 1989), p. 135。作者亨得里克森教授勾勒了符合这一描述的武器系统——载人轰炸机、三叉戟潜艇和巡航导弹。

31 见 Brian Bond, *British Military Policy between Two World Wars* (Oxford, 1980) 一书中极好的分析。

32 这在 Correlli Barnett, *The Collapse of British Power* (London and New York, 1972) 一书中有很好的论述，见其第四章。

33 只举一个例子：无论是奥利瓦雷，还是他的君主腓力四世，都没有考虑与西班牙哈布斯堡帝国的、他们正在逼迫其承担更大财政“负担”的那些部分分享“影响”（见本文集所载约翰·埃利奥特的文章）。

34 我相信，这就是我在《大国的兴衰》（*The Rise and Fall of the Great Powers*）最后一章关于美国的（现已声名狼藉的）一节里提出的那个直率的观点。那本质上是个很保守的观点，因为它说的是国力的长期维持（如前所述，那可能是一种不合时宜的思维方式）。

35 这个用语同样涉及英国人在20世纪30年代初期和中期，按照越来越恶化的全球形势重新评估自己的防务“缺口”和防务“需要”；见 Barnet, *Collapse of British Power,* pp. 342ff。

撰稿人简介

埃利奥特·A. 科恩，约翰·霍普金斯大学保罗·尼采国际问题高级研究院战略学教授。最近的著作是与约翰·古奇合著的《军事灾难：失败之解剖》。就当代战略问题有大量著述，包括情报、实力评估和防务组织，目前正在写作一部关于战时军政关系的书。参与国防部长办公厅政策规划处工作，并且担任一些政府机构的顾问。

约翰·H. 埃利奥特，牛津大学现代史钦定讲座教授。曾就学于伊顿学院，在剑桥大学攻读历史，随后在那里成为三一学院成员，大学历史讲师。1968年被任命为伦敦大学国王学院历史学教授，直至1973年出任普林斯顿高级研究院（新泽西州）历史研究院教授。1990年7月接受牛津大学任命，成为奥里埃尔学院成员。专门研究西班牙、西属美洲和16、17世纪欧洲的历史。发表的著作包括《西班牙帝国（1469—1716年）》《加泰罗尼亚人的反叛》《旧世界与新世界（1492—1650年）》（与乔纳森·布朗合著）、《一位国王的宫殿：布恩雷蒂罗与腓力四世》《奥利瓦雷伯爵》和《西班牙及其世界（1500—1700年）》。

阿瑟·费里尔，华盛顿大学（西雅图）历史学教授。《战争的起源》和《罗马帝国的衰落：军事解释》两书的作者。也是《军事史季刊》特约编辑和西景出版社（Westview Press）所出《历史和战争》丛书总编。他关于罗马帝国皇帝卡利古拉和罗马帝国大战略的新书于1991年出版。1989年时担任华盛顿大学人文学所罗门·卡兹杰出讲座讲师。

约翰·B. 哈登多尔夫，海战学院（罗得岛州纽波特）欧内斯特·J. 金海事史讲座教授和高级研究部主任。曾在布朗大学凯尼恩学院和牛津大学攻读历史，作为军官在美国海军服役，并且曾任新加坡国立大学军事和海军史客座教授和德国武装部队军事史研究所客座教授。最近与人合编了《海上战略与均势》和《军事力量的局限》两书。

迈克尔·霍华德爵士，耶鲁大学军事和海军史罗伯特·A. 洛维特讲座教授，先前任牛津大学现代史钦定讲座教授。著作包括英国第二次世界大战官方史系列丛书内《大战略》一书，连同《大陆义务：两次世界战争时代的英国战略两难》。他最近的著作是《第二次世界大战中的战略欺骗》。

保罗·肯尼迪，耶鲁大学历史学迪尔沃思讲座教授和国际安全研究项目主任。就学于纽卡斯尔大学、牛津大学和波恩大学，1970—1983年间在东安格利亚大学任教，随后转入耶鲁大学。曾是巴西尔·利德尔·哈特爵士的研究助理。所撰或所编的书籍包括《英国海军霸权的兴衰》《战略与外交》《英德敌意的兴起》《外交背后的现实》和《大国的兴衰》。

道格拉斯·波奇，1967年在南方大学（田纳西州塞瓦尼）获学士学位，1972年在剑桥基督文典学院获博士学位。几部有关法国军队的著作的作者，包括《军队与革命：1815—1848年的法国》《挺进马恩河：1871—1914年的法军》《征服摩洛哥》《征服撒哈拉》和《法国外籍军团史》。现为锡特代尔学院历史学马克·W. 克拉克讲座教授。

康多莉扎·赖斯，斯坦福大学政治学副教授。在丹佛大学获学士学位，美国大学优等生荣誉学会成员，以优等成绩毕业；在圣母大学获硕士学位；在丹佛大学国际问题研究生院获博士学位。著有《苏联与捷克斯洛伐克军队》一书，另有（与亚历山大·达林合著）《戈尔巴乔夫时代》以及许多关于苏联和东欧国家军事政策的文章。为胡佛研究所国内研究员和对外关系协会成员，并任美国广播公司苏联事务新闻顾问。最近，在担任国家安全委员会工作班子苏联事务高级主任，旋又担任一名总统国家安全事务特别助理之后，回到斯坦福大学。

丹尼斯·E. 肖瓦尔特，科罗拉多学院（科罗拉多斯普林斯）历史学教授。德国军事史专家。在此领域发表的著作包括《铁路和来复枪：军人、技术与德国统一》《1648—1982年的德国军事史：文献目录及评判》《坦能堡战役：帝国间的冲突》以及关于德国战争方式的大量论文和随笔。

致 谢

前面那些文章是一系列公开演讲的修订形态，它们在耶鲁大学1987年秋季学期的每周一下午进行。这些演讲现在通过林德和哈里·布莱德利基金会的慷慨援助获得所需资金，每年谈论军事史和战略史方面的一个特定主题。这一回，演讲者们被要求聚焦于最大的视野层次，那就是“大战略”。

若无多人相助，本文集便不可能问世，尤其是我的同事乔治·安德莱奥波洛博士以很多方式提供了协助。玛丽·哈贝克和马尔科·普莱勒克在准备最后定稿方面给了宝贵的帮助，劳拉·杜莉、哈里·哈斯凯尔和耶鲁大学出版社的工作人员也是如此。与该出版社执行主编查尔斯·格伦奇共事令人愉快，有我的文字助理布鲁斯·亨特尔和克莱尔·史密斯的惯例性协助和建议则令人轻松。

最重要的是感谢本书的各位撰稿人，他们肯定想知道他们的文章是否会出版。我希望他们不会不满意现在的结果。

保罗·肯尼迪

1990年10月于纽黑文

出版说明

耶鲁大学历史学讲座教授保罗·肯尼迪可被称为近20余年来最享盛名的国际关系史和战略史学家。他脱颖于富有历史/哲理思考传统的英国国际关系和战略学界，以《大国的兴衰》等著作显著地丰富了对现代国际关系与国家对外战略的微观探究和宏观认知，体现了对战略与其多方面环境的深刻理解，并且以出众的总体展示能力和恢宏文才，打动了从国务活动家到一般学人甚至普通公众在内的无数读者。主编1991年出版的《战争与和平的大战略》构成他的杰出成就之一，因为本书近乎里程碑式地代表了大战略理论思想在当代的首要关键性发展。

本书首次非常明确地提出：大战略不仅适用于战时，也适用于平时，只要一国有其根本的政治目标，就应当有为之服务的大战略；就大战略而言特别重要的是，无论在平时还是战时，都须争取实现目的与手段之间深思熟虑的平衡。保罗·肯尼迪本人撰写的纲领性的第一章尤其具有理论重要性。同等重要的是，本书还组合了迈克尔·霍华德、约翰·H. 埃利奥特、阿瑟·费里尔、埃利奥特·科恩、康多莉扎·赖斯等著名战略史家的相关论文，大战略研究的时空范围开始大为扩展：从传统的欧洲到全球，从古罗马和现代初期的西班牙到当代的美国和苏联。大战略的理论思想因此更为充实、精细和具有说服力。

需要说明的是，作者的立场显然是西方的，因而对于一些史实的评价和观点与我们很不同。考虑到书的完整性及参考价值，编者基本保持了全书的原貌，以供读者参考。

编　者

图字：01-2019-6828号

图书在版编目（CIP）数据

战争与和平的大战略／（美）肯尼迪编；时殷弘，李庆四译. —北京：世界知识出版社，2005.1
（国际关系学名著系列）
书名原文：Grand Strategies in War and Peace
ISBN 978-7-5012-2376-3-01

Ⅰ.①战… Ⅱ.①肯…②时…③李… Ⅲ.①国际关系史 Ⅳ.①D819

中国版本图书馆CIP数据核字（2004）第093081号

策划编辑	袁路明
责任编辑	张怿丹
责任出版	赵　玥
责任校对	陈可望
封面设计	小　月
书　　名	**战争与和平的大战略** Zhanzheng yu Heping de Dazhanlue
编　　者	［美］保罗・肯尼迪
译　　者	时殷弘　李庆四
出版发行	世界知识出版社
地址邮编	北京市东城区干面胡同51号（100010）
网　　址	www.ishizhi.cn
电　　话	010-65265923（发行）　010-85119023（邮购）
经　　销	新华书店
印　　刷	北京虎彩文化传播有限公司
开本印张	787毫米×1092毫米　1/16　12¼印张
字　　数	220千字
版次印次	2005年1月第一版　2022年7月第二次印刷
标准书号	ISBN 978-7-5012-2376-3-01
定　　价	58.00元